中国式教育现代化进路论丛

安徽师范大学教育科学学院
School of Educational Science Anhui Normal University

中国式教育现代化
定位进路

阮成武◎著

本丛书系：国家重大人才工程项目、安徽省政府高峰学科教育学、安徽省高等学校科学研究项目「安徽省教育治理现代化科研创新团队」研究成果

安徽师范大学出版社
ANHUI NORMAL UNIVERSITY PRESS

·芜湖·

图书在版编目(CIP)数据

中国式教育现代化定位进路 / 阮成武著 . -- 芜湖：
安徽师范大学出版社, 2024. 10. -- (中国式教育现代化
进路论丛). -- ISBN 978-7-5676-7034-1

Ⅰ . G52

中国国家版本馆 CIP 数据核字第 2024BV0682 号

中国式教育现代化定位进路

阮成武◎著

ZHONGGUOSHI JIAOYU XIANDAIHUA DINGWEI JINLU

责任编辑：吴毛顺　　　　　责任校对：李　玲

装帧设计：王晴晴　姚　远　　责任印制：桑国磊

出版发行：安徽师范大学出版社

　　　　　芜湖市北京中路2号安徽师范大学赭山校区　　　邮政编码：241000

网　　　址：http://www.ahnupress.com

发 行 部：0553-3883578　5910327　5910310(传真)

印　　刷：江苏凤凰数码印务有限公司

版　　次：2024年10月第1版

印　　次：2024年10月第1次印刷

规　　格：700 mm × 1 000 mm　　　1/16

印　　张：16.25　　插页：2

字　　数：274千字

书　　号：978-7-5676-7034-1

定　　价：108.00元

凡发现图书有质量问题,请与我社联系(联系电话:0553-5910315)

　　阮成武，安徽师范大学教育科学学院教授，博士生导师，教育部长江学者特聘教授，国家"万人计划"教学名师，享受国务院特殊津贴专家，荣获全国五一劳动奖章，安徽省学术和技术带头人，安徽师范大学首批学科领军人才。兼任中国教育学会初等教育学学术委员会副理事长，国家社科基金评审专家。主持完成国家社科基金多项；出版学术专著5部；资政报告被教育部、安徽省委宣传部、全国教育科学规划《教育政策要报》采纳10余项。获国家级教学成果一等奖、二等奖各一项，安徽省人民政府社会科学成果奖、全国教育科学优秀成果二等奖。

内容简介

道路与进路是相辅相成的。道路是方向性、原则性和根本性的，具有长远的历史性影响和深刻的全局性意义。道路决定之后，进路就成了道路实现及其成败的关键，是道路得到切实有效贯彻落实的过程保障。中国式教育现代化既要解决道路问题，也要解决进路问题。丛书以中国式教育现代化为论域，分别从战略定位、基础教育、高等教育和教师队伍四个关键性领域，进行理论探讨和问题研究，四卷既具有各自主题和逻辑，又相互支撑和关联。

丛书不仅有利于促进中国教育学的学科体系、学术体系和话语体系建设，更有利于在学理层面加强中国式教育现代化理论建设，增强中国式教育现代化的理论自信、制度自信和价值自信。

本卷主要内容包括历史研究、理论研究、政策研究和实践研究四个部分。历史研究通过新中国成立以来教育从部门性定位，到党的二十大确立的教育、科技、人才为全面建设社会主义现代化国家提供基础性、战略性支撑的全局性定位发展历程，论述中国式教育现代化的战略布局形成进路。理论研究在学理上探讨中国式教育现代化的路向、路径和路基问题，服务国家发展与服务民生的关系问题，以及如何落实以人民为中心发展教育，构建人生出彩的教育机会共享机制。政策研究深入到中国式教育现代化的具体问题域，研究教育利益定位、政府职能定位等问题，并逐步递进深入，从顶层设计通向中国式教育现代化的底层逻辑。实践研究进一步进入教育领域内部，深入研究如何通过教育利益的分化与整合，将利益实现与价值导向相结合、教育发展动力激发与压力纾解相结合，形成国家富强和人人享有出彩人生的中国式教育现代化之路。

总　序①

　　道路与进路是相辅相成的。如果说道路是战略问题，那么，进路则是战术和策略问题。道路是方向性、原则性和根本性的，具有长远的历史性影响和深刻的全局性意义。道路决定之后，进路就成了道路实现及其成败的关键，是道路得到切实有效的贯彻落实的过程保障。中国式教育现代化既要解决道路问题，也要解决进路问题。与"道路"相比较，"进路"作为一个悠远而弥新的古汉语词汇，一直以来人们较少关注和讨论。屈原《怀沙》有"进路北次兮，日昧昧其将暮"之句。梁启超也在《清代学术概论》中说："凡文化发展之国，其国民于一时期中，因环境之变迁，与夫心理之感召，不期而思想之进路，同趋于一方向，于是相与呼应汹涌，如潮然。"②对于"进路"一词，金开诚先生校注为"前进的道路"，胡念贻先生则释为"向前赶路"之义。

　　概言之，进路作为前行的路径，概指事物发展演进的方向和途径，具有形而下的具体实在性。进路重在解决从出发地到目的地过程通畅、安全到达，形成通向目的地的循环链条和保障机制。而且，通向目的地的进路往往是多条线路和多个站点。从实践看，中国式教育现代化的顶层设计在下行落实过程中，可能会出现"政策规定有十分，落实到位不充分"，有损耗、衰减甚至梗阻的现象，难以打通政策落地见效的"最后一公里"。为此，需要解决"出发地"和"目的地"的关系问题，锚定通向目的地的方向和路径，突破堵点、卡点和断点，加强对"站点"和"时程"的过程管理和监控，使中国式教育现代化道路转化为教育理念、体系、制度、内容、方法、治理现代化的具体进路。这种由

---

① 总序部分内容原载于《教育发展研究》2023年第21期，题为《中国式教育现代化：道路与进路的辅成》。

② 梁启超.清代学术概论[M].上海：上海古籍出版社，2019：1.

道路向进路的转化，将大大拓宽教育现代化研究的问题域。

诚然，"现代化"在中国的最初出场，就作为一种"救国之道"，并作为一个学术词汇逐渐融入社会具体领域，其中就包括"教育现代化"①。与之相应，教育现代化作为一个学术概念的提出及教育发展的未来图景，从一开始就置身并发生于国家政治、经济、文化和社会情境之中，与其他社会系统相掣互动。在中华民族图强复兴的道路上，教育同国家的命运改变紧紧联系在一起，经历从教育救国、教育兴国再到教育强国的跃迁，并伴随着教育现代化道路和进路的跌宕改变，以此支撑国家现代化，推动中华民族由"站起来""富起来"到"强起来"的历史新飞跃。在此历程中，强国建设和民族复兴进程也驱动着教育现代化，不断提升教育现代化内涵和水平。中国式教育现代化研究既是由中国式现代化的宏观语境演绎形成的问题域，也是教育现代化在中国国情和制度下必须解决的理论、政策和实践课题。它既需要遵循现代化的一般规律和共同特征，也要充分体现教育现代化的中国元素和特质。如何以中国式教育现代化支撑强国建设和民族复兴，不仅需要研究教育现代化的共同趋势和一般规律，结合中国国情实际和制度本质，研究确立教育现代化的中国道路，而且需要探索形成中国式教育现代化更加明晰和可操作的理论、政策和实践进路。

具言之，中国教育现代化道路和进路探索已然历经百年有余。早期教育现代化探索在洋务运动、维新运动及辛亥革命之际就已开始。五四运动后，"教育现代化"概念初步形成和得到使用，且多以"西化""欧化"的教育思想、制度、课程体系和教学模式为范本，以"西化""欧化"为其进路。在此之下，早期的教育现代化试图通过培养人的现代精神来促进社会改良而不触及社会政治制度和经济基础的"救国"之路，终究成为一场幻梦，无法实现教育救国的理想。中华人民共和国（以下简称"新中国"）成立以来，经历从全面"苏化"到独立探索社会主义教育现代化的历史变迁。前者，一方面以批判民国时期各种"西化"的现代教育思想和理论为进路，另一方面则以全盘引入苏联教育模

---

① 1933年，《申报月刊》围绕中国的现代化问题刊发了数篇文章，其中延展出"生产现代化""实业现代化""工业现代化""农业现代化""文化现代化""教育现代化""生活现代化"等多个建设话语主题，分别从不同领域具体详细地讨论了进行综合改革以实现中国的现代化。详见：陈红娟,姚新宇.出场、演变与形塑:现代化的概念史考察[J].社会科学,2024(4):77-86,108.

式作为教育现代化的进路。后者则更多是以教育革命、思想改造和政治斗争为进路，导致教育现代化进程一度中断。在经历与世界教育现代化潮流相隔断的特定历史阶段之后，改革开放翻开历史新的一页，社会主义现代化建设进入新时期。邓小平在提出"中国式的现代化"的同时，指出"教育要面向现代化，面向世界，面向未来"。1985年，教育与社会主义现代化建设的关系被提到"两个必须"战略高度。1993年，中共中央、国务院发布《中国教育改革和发展纲要》，将"实现教育的现代化"作为战略目标确立下来，教育在服务现代化建设的同时，必须实现自身现代化，把教育摆在优先发展的战略地位，努力提高全民族的思想道德水平和科学文化水平，作为社会主义现代化建设的"根本大计"。此后，国家提出实施科教兴国战略，教育现代化开始走向"兴国"的发展道路。相应地，以提高劳动者素质和培养人才为进路，主要为经济建设服务，大力发展生产力。然而，与之伴随的是横亘在人才培养和提高劳动者素质之间的招生考试制度，以考试分数实现教育分流和社会成层，由此带来以升学及以"跳龙门""改变人生命运"为目标的片面应试教育。同时，现代化带来的城乡、区域和阶层分化，也使教育现代化面临教育公平的现实挑战。随后，党和国家在以经济建设为中心的同时，进一步重视文化建设、社会建设，构建"五位一体"总体布局，推进社会全面进步和人的全面发展。2010年，中共中央、国务院颁布的《国家中长期教育改革和发展规划纲要（2010—2020年）》（本书以下简称《教育规划纲要》）提出：到2020年基本实现教育现代化，基本形成学习型社会，进入人力资源强国行列。相应地，全面实施素质教育、促进教育公平、保障和改善教育民生，办好人民满意的教育，成为教育现代化的新进路。

进入新时代以来，党和国家开启全面建设中国特色社会主义强国新征程，以中国式现代化推进中华民族伟大复兴，教育现代化随之走向"强国"的新历史阶段。《中国教育现代化2035》在坚持中国特色社会主义教育发展道路根本前提下，充分发挥我国制度优势，立足国情、面向世界，扎根中国、融通中外，以培养社会主义建设者和接班人作为根本目的，擘画中国式教育现代化的目标图景和战略进路。坚持教育优先发展，加快实现教育现代化，建设教育强国，培养担当民族复兴大任的时代新人；坚持以人民为中心发展教育，办好人民满意的教育。党的二十大报告提出以中国式现代化推进中华民族伟大复兴，回答了跨越"卡夫丁峡谷"的现代化问题，成为马克思主义基本原理与中国实践相结合的伟大创造。中国式现代化道路作为人类历史发展进程中社会文明新形态的重大转换，以教育、科技、人才作为基础性、战略性支撑，深入实施科教兴国战略、人才强国战略、创新驱动发展战略，开辟发展新领域新赛道，不断塑造发展新动能新优势。在此语境下，中国式教育现代化既是中国式现代化的重要构成部分，也是中国式现代化的战略先导。习近平总书记指出："现代化的本质是人的现代化"，"加快推进教育现代化，以教育之力厚植人民幸福之本，以教育之强夯实国家富强之基，为全面推进中华民族伟大复兴提供有力支撑。"①自不待言，没有教育现代化，就没有人的现代化；没有人的现代化，就没有国家和社会的现代化。

教育现代化作为国家现代化的重要部分，既有着超越不同国家和社会情境而殊途同归的趋同性一面，又表现出对国家发展和社会主体结构的依附性一面。换言之，教育现代化置身并发生在不同国家的政治、经济、文化和社会情境之中，又有着自身的内在结构和发展逻辑。如何在这种趋同性与依附性、外在制约性与内在规定性之间寻找一种张力平衡，形成中国教育现代化的理论、支撑和实践进路，扎实而全面实践中国式教育现代化发展道路，办出具有中国特色、世界水平的现代教育，是新中国成立以来特别是改革开放40多年来中国教育积极探索的重大理论和实践问题。诚然，开展中国式教育现代化进路的学术研究，进一步明确教育现代化的全局定位、制度逻辑、价值旨向、体系建构，这不仅有利于在学理上加强中国式教育现代化理论建设，积极回应人们对教育现代化的中国之问、时代之问、人民之问，增强中国式教育现代化的理论自信、制度自信和价值自信，也有利于促进中国教育学的学科体系、学术体系和话语体系建设。

正是基于以上认识，本丛书以中国式教育现代化为论域，力图对中国式教育现代化进路进行理论探讨和问题研究，从四个具有各自主题又相互支撑和关联的视角出发，即从战略定位、基础教育、高等教育和教师队伍等四个关键性领域进行学术探讨，开展中国式教育现代化进路的系列研究。

第一卷《中国式教育现代化定位进路》，包括历史研究、理论研究、政策研究和实践研究四个部分。历史研究通过新中国成立以来教育从部门性定位（服

---

① 习近平．用新时代中国特色社会主义思想铸魂育人 贯彻党的教育方针落实立德树人根本任务[EB/OL]．[2019-03-19][2024-02-05]．http://jhsjk.people.cn/article/30982234.

务于政治或经济、或文化、或民生）到党的二十大确立的教育、科技、人才为全面建设社会主义现代化国家提供基础性、战略性支撑的全局性定位发展历程，论述中国式教育现代化的战略布局形成进路。理论研究在学理上探讨中国式教育现代化的路向、路径和路基问题，服务国家发展与服务民生的关系问题，以及如何落实以人民为中心发展教育，构建人生出彩的教育机会共享机制等问题。政策研究深入到中国式教育现代化的具体问题域，研究教育利益定位、政府职能定位等问题。三者逐步递进深入，从顶层设计通向中国式教育现代化的底层逻辑。实践研究则进一步进入教育领域内部，深入研究如何通过教育利益的分化与整合，将利益实现与价值导向相结合、教育发展动力激发与压力纾解相结合，形成国家富强和人人享有出彩人生的中国式教育现代化之路。

第二卷《基础教育现代化的筑础进路》，包括基础教育现代化目标研究、基础教育治理现代化研究、基础教育改革研究、义务教育专题研究、基础教育现代化理论研究五个部分。基础教育现代化目标研究从现代国民教育体系的宏观视角，探讨新时代基础教育的培养目标、制度框架和服务属性，将利益共享、民生为要落实和贯彻到基础教育具体实践。基础教育治理现代化研究主要探讨中国式基础教育现代化治理体系和治理结构等理论和政策问题，着重探讨现阶段基础教育如何依据人民群众从"有学上"到"上好学"的期望跃迁，促进义务教育优质均衡发展和城乡一体化，保障和增强义务教育的普惠性与公益性。基础教育改革研究系统回顾改革开放以来基础教育顶层设计的演进历程，聚焦新时代基础教育改革顶层设计的实施路径，探讨如何从基本制度实现基础教育改革的根本性突破。义务教育专题研究通过理论研究、历史研究和实证研究，展现义务教育的发展历程和现状，着力于推动义务教育优质均衡发展和城乡一体化。基础教育现代化理论研究进行相关问题的学理性探讨，旨在回应基础教育现代化提供一些理论启示。

第三卷《高等教育现代化的挺膺进路》，探讨高等教育作为一个国家发展水平和发展潜力的重要标志，是中国式教育现代化的龙头引领。中国式教育现代化是复杂而庞大的系统工程，需要高等教育的挺膺担当。中国式高等教育现代化发展道路是历史的选择，也是实践主体的价值选择，是道路实践及其理论自觉的互动生成物。本卷主要论及中国式高等教育现代化道路、高等教育现代化与大学生发展、高校教师队伍建设、高等教育治理现代化、教师教育变革等理论和实践问题。高等教育在中国式教育现代化中的挺膺担当，需要对中国特色高等教育发展规律、规则、理想和信念进行理论概括，彰显新时代高等教育发展道路自觉。在此基础上，对高等教育与大学生发展、高校教师队伍建设、高等教育治理现代化进行了专题研究。最后，聚焦高等教育的一个具体领域——教师教育，探讨中国特色教师教育体系建设如何服务农村教育、如何实现人才培养模式协同创新，以及专业结构调整等实践问题。

第四卷是《教师队伍现代化的理实进路》。著名现代化研究学者英格尔斯提出，现代化须先化人后化物。俄罗斯教育科学院院士弗·鲍利辛柯夫指出："教师的现代化始终是教育现代化的关键。因此，消除普通学校教师的职业培训中所存在的一系列严重问题当属重中之重。"[①]教师专业化既是教育现代化的重要特征之一，也是实现教育现代化重要途径之一。我国教育现代化正由物质层面、制度层面深入到精神文化层面，并将期待的眼光投向教育现代化的重要主体——教师。本卷以中国式教育现代化为目标，从历史和比较入手，形成教师队伍现代化特别是与之因应的教师形象的理论认识；从政策进路、伦理进路和专业进路三重视角，对教师队伍现代化的实践推进相关论题进行探究，旨在通过理实互构的进路对教师队伍现代化这一时代课题进行学理回应。

丛书是作者这些年来开展教育现代化相关研究所取得一些初步成果的整理与集成，多数是此前公开发表过的，也有一部分系本书首度发表，其中有些内容是与团队成员或研究生学生合作完成的成果。它们在各自篇章中都有自己的逻辑，整理过程中根据主题的相关性进行分卷，并在各卷中根据内容关联性聚焦形成若干个问题领域，构建一定的体系逻辑和整体样貌。相关研究的整理与集成，旨在促进中国式教育现代化的知识供给、话语建设和学术传播，增进中国式教育现代化的社会认知和社会支持。作者深知，中国式教育现代化是时代凸显的教育理论与实践的宏大课题，本丛书所呈现的研究思路和初步成果还存在局限，敬请方家批评指正。

阮成武

2024 年 5 月 5 日于江城芜湖

---

① 鲍利辛柯夫.时代挑战与教育科学的迫切任务[J].张男星,译.教育研究,2004(9):43—47.

目　录

引　论①

与教育地位的内涵不同，教育定位是国家和政府将教育归入社会发展总体格局的哪个领域和部类，赋予何种功能和任务，对其承担何种职责和发挥何种作用的价值取向与制度安排。教育作为一种培养人的社会活动，从来都不是孤立和悬空的，而是置身于一定的社会结构之中。教育在社会结构中置于何种领域和空间，涉及教育定位问题。随着社会结构及其发展格局的变化，教育定位会发生相应的转变和移易。比较而言，近年来学术界更为注重对教育地位的论证与呼吁，而对教育定位的研究相对较少。然而，教育定位不仅是对教育与社会发展和人的发展的关系的理解和把握，而且与政府的教育发展战略和具体政策直接相关，需要我们从理论上给予应有的回应。

教育定位的一般形态

一、国家与社会浑然一体——教育定位于政治领域

马克思主义唯物史观认为，在封建社会，超经济强制把社会禁锢在封建政治权力的实体内，社会与国家处于浑然一体之中。此时，教育为封建国家的政治统治服务。例如，中国古代有"建国君民，教学为先""君子如欲化民成俗，

① 引论部分内容原载于《华中师范大学学报(人文社会科学版)》2009年第5期,原题为《新中国教育定位变迁及价值转向》,收入本著有改动。

其必由学乎！"（《礼记·学记》）。隋唐以后延续一千多年的科举制度，更是将教育变成封建国家选士取士的政治工具，以及少数文人士子跻身统治集团、谋得功名利禄的制度通道。这一时期，教育只关涉统治集团的利益及少数人的个体利益，与经济建设及民生改善没有直接关系。

二、市民社会与政治国家分离——教育定位于经济领域

进入现代社会，社会交往尤其是商品经济基础上形成的发达的财产关系变得强大，经济活动逐步摆脱政治的强制，国家和社会分化为政治和经济两个独立领域，即政治国家与市民社会。马克思指出，作为现代社会的产物，市民社会是以物的依赖性为基础的人的独立性的社会。"实际需要、利己主义就是市民社会的原则；只要市民社会完全从自身产生出政治国家，这个原则就赤裸裸地显现出来。"[1]虽然个体由此摆脱对人的依附而获得了独立性，即个体主体性的生成，但在私有制条件下，市民社会成为一个受资本逻辑支配的矛盾社会。因为，一部分市民转化为无产者，而另一部分人则转化为资产阶级，平等的市民关系蜕变成阶级剥削关系。在这个以经济利益为轴心的市民社会中，教育虽然从政治统治的工具变成经济交往领域的重要环节，但并没有给工人阶级带来实际的利益回报，并被尽量压在最低限度和水平上。

在《资本论》中，马克思阐述了教育费用是劳动力价值构成，教育对形成复杂劳动力、对社会物质和经济增长的作用。马克思指出："要改变一般的人的本性，使它获得一定劳动部门的技能和技巧，成为发达的和专门的劳动力，就要有一定的教育或训练，而这就得花费或多或少的商品等价物。劳动力的教育费随着劳动力性质的复杂程度而不同。因此，这种教育费——对于普通劳动力来说是微乎其微的——包括在生产劳动力所耗费的价值总和中。"[2]"比社会平均劳动较高级较复杂的劳动，是这样一种劳动力的表现，这种劳动力比普通劳动力需要较高的教育费用，它的生产要花费较多的劳动时间，因此它具有较高的价值。既然这种劳动力的价值较高，它也就表现为较高级的劳动，也就在同

① 马克思恩格斯全集(第三卷)[M].北京:人民出版社,2002:194.
② 马克思恩格斯全集(第二十三卷)[M].北京:人民出版社,1972:195.

样长的时间内物化为较多的价值。"①基于此，马克思提出，劳动力价值应当包括三个组成部分，即劳动力本人所必需的生活资料费用、劳动力子女所必需的生活资料费用、劳动力所受教育和训练的费用等。但在资本主义制度下，资本家追求以剩余价值为表现形式的私人利益。"生产剩余价值或赚钱，是这个生产方式的绝对规律。"②工人的劳动（尤其是活劳动）以绝对剩余价值、相对剩余价值等不同形式被资本家剥削；而且，由于分工以及资本家为剥削更多剩余价值，儿童受教育权被严重剥夺，造成智力荒废、身体畸形，抑制了工人多种多样的生产智趣和能力。

鉴于此，马克思指出，只有使资本主义国家变成为社会提供管理和服务的"实干的""负责任"的普选机构，才能消除其阶级属性和异化本质，才能符合被政治国家所压制的社会组织及社会事业迅速发展壮大的要求，其中教育、医疗事业的发展尤为重要。因为"用来满足共同需要的部分，如学校、保健设施等。同现代社会比起来，这一部分一开始就会显著地增加，并随着新社会的发展而日益增长"③。然而，在资本主义条件下，不仅代表公共利益的国家成为"虚幻的共同体"，人与人的关系也被异化为物的关系，政治上获得自由的市民社会又陷入一种新的束缚。质言之，由于没有真正解决市民社会的根本矛盾，资本主义国家虽注意到教育、卫生等公共事业的发展，教育进入市民社会领域，却没有成为改善民生的社会事业。

马克思以后，关于教育在提高劳动者劳动生产率、促进国民经济增长的过程中，能否普遍提高国民收入的问题上，出现两种不同解释框架和观点。19世纪70年代兴起的新古典学派经济学认为，生产的要素除了土地、劳动、资本外，还应加上教育因素。马歇尔认为，"资本大部分是由知识和组织构成的，……知识是我们最有力的生产动力"④。在所有资本中，最有价值的是用之于人的教育投资而形成的资本。20世纪60年代，人力资本理论跃升为这一时期的主流观点，认为学校教育通过传授"书本知识"和培养"心智技能"，增强劳

---

① 马克思恩格斯全集(第二十三卷)[M].北京:人民出版社,1972:223.
② 马克思恩格斯全集(第二十三卷)[M].北京:人民出版社,1972:679.
③ 马克思恩格斯选集(第三卷)[M].北京:人民出版社,1995:303.
④ 马歇尔.经济学原理[M].陈瑞华,译.西安:陕西人民出版社,2006:172.

动者的认知技能，直接提高了劳动者的劳动生产率；劳动者接受教育层次越高，劳动生产率就越高，劳动者获得工资收入就越高，因为雇主是根据劳动者劳动生产率支付工资的。

另一种观点是，以劳动力分割理论和筛选假说理论为代表，通过对美国劳动力市场的实证观察发现，对于那些低收入、缺乏安全感和工作条件差的次要劳动力市场的劳动力来说，扩大教育并不能增加其收入。筛选假说理论则认为，教育的核心价值只不过是在劳动力市场的雇用过程中，雇主利用劳动者获得教育文凭所提供的信号对劳动者进行筛选。教育只是获取某些职业的门票，并没有提高劳动生产率，只不过是对收入分配产生影响。鲍尔斯、金蒂斯分析表明，教育与经济的关系是阶级矛盾的反映，不同阶级背景的学生所受教育与其最终被雇用的劳动力市场之间构成"一致的原则"。教育中的"前市场分割"限定了学生的就业和发展机会，再生产业已存在的经济和社会等级。这些理论反映出这一时期西方发达国家和发展中国家经济危机带来"文凭膨胀""过度教育"和青少年高失业率等问题，折射出经济发展与社会发展的脱节。教育虽然进入经济领域，但仍难成为改善民生的社会事业。

三、市民社会与经济社会分离——教育定位于公共领域

此后，一些西方马克思主义者对马克思市民社会理论进行了新的解读与探索，最具代表性的是哈贝马斯的市民社会理论。他把市民社会区分出私人领域与公共领域，前者是以市场为核心的经济领域，后者是以社会文化为核心的生活领域。公共领域是国家与市民社会之间以及市民社会内部的利益个体之间通过自由沟通以形成理解，通过商谈以达成妥协的机制和制度化渠道。它使得社会成员由经济市民变成国家公民，通过社会整合和制度整合实现利益均衡。私人领域包括商品交换和社会劳动领域、家庭及其私生活领域；公共领域则存在"生活世界—系统"的二元结构。其中，生活世界系指公共领域，人们在自发的社会关系中通过理解——交往理性，进行民主的社会结合，以实现一种"社会整合"；系统则包括经济和国家两个领域，依据现存的政治系统和经济系统自身的需要和组织原则进行结合，靠权力和金钱来实现一种"制度整合"。20世纪

80年代后期，一些学者如简·科亨、安德鲁·阿雷托进一步将"市民社会"界定为介于经济与国家之间的一个社会领域，主张把经济领域从市民社会中分离出去，使市民社会主要由生活和文化领域构成，从而形成"国家—经济—市民社会"的三分结构模式。塞拉蒙则用"政府部门—营利部门—非营利部门"对应于"国家—经济—市民社会"，其中，非营利部门作为一种与政府和企业相区别的非公益亦非营利的"第三部门"，是一种后政府、后市场的产物，提供政府和市场无法有效提供的那部分公共物品。它是基于现代社会民主和法制，人们通过志愿性活动（个人选择、交流理性、权利让渡、道德、信念）以追求公益，是为解决政府失灵和市场失灵而进行制度创新和组织创新的产物。

　　由此，当代市民社会实现与政府、市场分离，进而形成一种独立于政治国家、经济社会之外的新的社会领域——第三部门，即公共领域。教育由此从政治（政府）或经济（市场）领域剥离出来，成为既非公益亦非营利的"第三部门"。它"既不属于政治领域，也不属于经济领域，而是属于社会（公共）领域"[①]。

　　以此可见，无论从理论抑或历史发展看，教育由政治领域转向经济领域再进入公共领域，反映了教育定位变迁的一般路向与历史坐标。中国式教育现代化也是从教育定位一般形态及演进逻辑中，根据中国式现代化的发展道路和价值宗旨，来理解并确立其功能、价值和格局定位。

---

① 刘复兴.教育政策的价值分析[M].北京:教育科学出版社,2003:62.

教育定位的学理探寻

中国式教育现代化如何定位，与教育理论界关于教育本质的认识息息相关。事实上，关于教育本质问题的讨论，在探究教育是什么、为什么的过程中，也在探寻着教育属于什么的问题，亦即教育定位。

一、关于教育定位的早期探寻

新中国成立前，关于教育本质的认识及教育定位，大致存在两种相互对峙的观点：一种是以人的发展为目的的教育本质及其定位。或是将教育目的定位于"休闲"，发展个人的"人格"；或是将教育定位于"返于自然"，将儿童训练成超社会的存在物；或是将教育定位于一种儿童的经验改造而非别的目的[1]。另一种观点认为，这些"悦耳"的词句乃是"镜花水月""烟幕弹"，进而主张"教育的本质不是神圣的，不是清高的，不是中正的，不是独立的，它只不过是一种工具而已。……教育是帮助人类经营社会生活的一种工具，这种工具不属于某一部分人，而属于全社会"[2]。持此种观点者除钱亦石外，还有舒新城、杨贤江（李浩吾）、周予同等。舒新城认为，"教育只是一种工具，可以用它建国，也可以用它亡国。……教育是建设的一种工具，并不是建设工具的一切"[3]。周予同则提出"我是主张教育工具说的，在一个大革命的理想之下，教育也与其他政治、经济、科学、文艺、等等都尽了一部分的责任"[4]。当然，居于两者之间持折中观点者也不在少数。如"教育之最大目的在：为社会创自立之个人，为个人建互助之社会。其方法在：利用环境之刺激，使受教育者自动进取而创

---

① 吴俊升,王西征.教育概论[M].福州:福建教育出版社,2006:79-85.
② 钱亦石.现代教育原理[M].福州:福建教育出版社,2006:13-14.
③ 钱亦石.现代教育原理[M].福州:福建教育出版社,2006:15.
④ 钱亦石.现代教育原理[M].福州:福建教育出版社,2006:15.

造新生活"①。

新中国成立之初，教育理论界更多秉承了杨贤江、钱亦石的观点，注重在教育与社会的关系中探寻教育本质。这部分学者认为："教育是为了一定的经济目的、社会目的，而进行文化传播与创造，以期帮助人类营谋生活的一种工具。"②一些学者以马列主义为指导对旧教育学进行改造，力图形成新的教育本质观。如周意彪主编的《教育通论提纲》在对教育"旧的解释"作简要介绍的同时，提出了关于教育的新观点：依据民主主义论，教育是文化领域里的重要环节，新的教育要替新的政治经济服务。通过两者比较，作者提出："（1）旧教育是着重个人的改造，个人的发展，是独善其身的教育，是消闲装饰的教育，其结果形成地主阶级、资产阶级、统治阶级的专利品。（2）新教育是着重集体的改造，集体的发展，是服务人类社会的教育，是利用厚生的教育，其结果是利于全民，共有共享的。"③总体上看，对教育本质的认识及教育定位走向了社会属性和社会领域的一端。

新中国成立之初，关于教育本质的认识受到苏化浪潮的影响。1952年《人民教育》刊载苏联教育学者《关于作为社会现象的教育的专门特点的争论总结》一文，文章在将教育作为劳动力再生产的手段之一的同时，更强调将教育归于上层建筑④。1956年后，随着社会主义改造的结束以及中苏关系的紧张，教育理论界提出教育学中国化命题，期冀以毛泽东思想为理论基础，强调教育为无产阶级政治服务，教育与生产劳动相结合，以阶级分析和思想方法分析处理教育及其有关问题。在此之下，教育为政治服务，就是要始终成为"阶级斗争的工具"⑤。60年代后，凯洛夫的《教育学》被当作"现代修正主义的鼻祖"而被大肆批判，一个重要靶子是凯洛夫强调"人为了成为一个人，就应当受到适当的教育"。批判者认为，一个阶级为了维持自己的统治才要有教育，教育从来都是出于阶级斗争的需要，而不是抽象的"人"的需要；在阶级社会里，教育从来

---

① 徐德春.教育通论[M].上海:中华书局,1948:6.

② 胡守棻.新教育概论:马列主义的教育理论[M].上海:商务印书馆,1950:23-24.

③ 郑金洲,瞿葆奎.中国教育学百年[M].北京:教育科学出版社,2002:104.

④ 包德列夫,叶希波夫,等.关于作为社会现象的教育的专门特点的争论总结[C]//华东师范大学教育学系教育学教研室.教育学参考资料(上册).北京:人民教育出版社,1980:147.

⑤ 郑金洲,瞿葆奎.中国教育学百年[M].北京:教育科学出版社,2002:155.

都是属于一定阶级，属于一定的政治路线的，所谓"超阶级""超政治"的教育是没有的[①]。无疑，此时教育已经完全游离于人的生计与发展，也脱离经济建设，走进了如火如荼的政治领域，成为无产阶级专政的工具。

二、新时期以来关于教育定位的理论探究

改革开放之始，于光远先生《重视培养人的研究》一文[②]，引发沉寂已久的教育理论界强烈反响，并且一发不可收拾，发展成为持续十多年的教育本质问题论争。一时间，原先的"教育是上层建筑"的观点，受到诸如"教育是生产力""教育既是生产力，又是上层建筑""教育是培养人的活动""教育是一种社会实践"等种种新论的挑战与抗衡。可谓众说纷纭、莫衷一是。客观地看，这一论争反映了"文化大革命"（以下简称"文革"）结束后一种突破禁锢的思想冲动与理论困惑。虽然这场讨论并未形成关于教育本质的某种共识，但它的重要贡献在于将教育从如火如荼的政治领域解放出来，进而与经济建设这个中心工作联系起来，赋予教育生产力属性与功能。当"生产力说"与"上层建筑说"僵持不下，陷入各自悖论之中时，涌现的所谓"双重属性说"以及"多重属性说"，虽然被批为折中论、调和论，未能解决上述两种观点论争的矛盾，但它为教育在改革开放所形成的新的社会结构及其发展格局中重新定位，拓展了新的理论空间。就在多种观点杂陈、彼此对攻之际，有学者根据马克思的社会结构理论，提出教育具有多方面属性，体现着多种复杂的社会关系，有着相对的独立性，因而教育不能归属于社会结构任何一方，而应当独立出来，作为一个专门的、特殊的范畴来加以研究，此乃所谓"特殊范畴说"[③]。显然，这种观点是要将教育从主流的社会部类和领域中分离出来，另立门户，成为一个相对独立的专门领域并进行独立定位。不过，它并不是要切断教育与政治、经济、文化等的联系，而是为教育定位提供一个新的思维空间。

90年代及21世纪以来，在一段沉寂之后，教育本质问题讨论再度延续和深

---

① 转引自郑金洲，瞿葆奎.中国教育学百年[M].北京:教育科学出版社,2002:201.
② 于光远.重视培养人的研究[J].学术月刊,1978(03):25.
③ 郑金洲.教育通论[M].上海:华东师范大学出版社,2000:156.

化。人们对这场论争的问题起点、思维方式和方法论进行反思，辨析教育本质之有与无、一与多、动与静、总与分①；一些学者认识到，"上层建筑说"与"生产力说"，与其说是将教育归于上层建筑或生产力而各执一端，相互悖离，毋宁说是把教育在社会结构中进行一种"定位"，虽然这种定位并未取得令人信服的结果②。学者们反思认为，以上种种教育本质观多犯了以要素的性质代替系统的性质的错误，"要从大系统角度，即社会系统的角度，把教育作为社会系统的一个子系统来分析，这样就能站在更高的层次上、全方位的角度看教育"③。现在看来，这种围绕教育本质的论争，事实上是对社会深刻变革引发教育定位转变的一种时代焦虑和理论觉醒，是对教育定位进行一种新的路向选择与空间探测。

三、新时代以来关于教育定位的学术理解

进入新时代以来，随着社会结构变迁和社会主要矛盾的历史性转变，教育定位必然发生相应的跃迁，人们"越来越把教育作为整个社会的基础设施和基础工程"④。与之相应的是，教育功能开始向人民生活和社会发展的各个领域渗透，要求教育获得更加宽阔的发展空间。这种发展空间的拓展，深刻改变着教育与社会的关系。一方面，学术界逐步突破教育在政治与经济之间权衡和取舍的所谓"钟摆说"⑤，研究者进一步深化对教育发展与社会发展之间关系的认识，揭示教育发展与经济发展、社会发展（应当被界定为"小社会"，笔者注）、政治发展的密切关系，进而提出"随着社会的发展，特别是通过教育活动本身的功能的变化和扩大，教育正越来越成为整个社会发展的重要力量，也越来越具有社会的基础性地位"⑥。另一方面，一些学者通过教育对社会分层的影响及

①冯建军.教育基本理论研究20年(1990—2010)[M].福州:福建教育出版社,2012:139-144.

② 郑金洲,瞿葆奎.中国教育学百年[M].北京:教育科学出版社,2002:236-237.

③ 钟祖荣.论教育的本质及定义[J].高等师范教育研究,1991(01):34.

④ 谢维和.教育活动的社会学分析:一种教育社会学研究[M].2版.北京:教育科学出版社,2007:442.

⑤ 扈中平.中国教育两难问题[M].长沙:湖南教育出版社,2000:2.

⑥ 谢维和.教育活动的社会学分析:一种教育社会学研究[M].2版.北京:教育科学出版社,2007:296.

受教育程度与经济收入、生育率、就业、优生的关系研究，揭示教育对提升个体社会地位、生活水平和质量所发挥的功能，认识到教育的民生属性与民生功能。有学者梳理出中国共产党领导教育发展的基本线索，从学理上将其划分为政治教育学、经济教育学、民生教育学三个发展阶段。民生教育学是对教育本质和功能认识的升华，立足"民生"主题来思考、定位、规划教育事业的发展[①]。这意味着此前教育一直服从和服务于政治或经济发展的"教育工具论"，由"人的物化"朝着"人的自身"方向演变为"教育民生论"[②]。

新时代新征程，全面推进社会主义现代化进程催发人们对教育定位进一步重新认识。教育从社会结构及其发展格局的某一个部类转变成为"五位一体"总布局的战略支撑。在此之下，人们对于教育与社会、人的关系的认识不断拓展，推动了教育定位由"大社会"向"大社会"与"小社会"融通的方向拓展。这种拓展促进了教育、社会、人的关系的重建，走向教育定位实现"国计"与"民生"的并重与统一[③]。由此，进一步凸显教育作为全面建设社会主义现代化的基础性、战略性支撑，形成不同于以往的中国式教育现代化的全局定位。

---

① 程斯辉,李中伟.从政治教育学到民生教育学:中国共产党领导教育的与时俱进[J].复旦教育论坛,2011(4):6.

② 张学文.教育综合改革应由"教育工具论"向"教育民生论"转型:"十八大"报告"努力办好人民满意的教育"之学理解读[J].清华大学教育研究,2013(1):17.

③ 阮成武.新中国60年教育定位变迁及价值转向[J].华中师范大学学报(人文社会科学版),2011(2):136-141.

第一章 中国式教育现代化历史定位研究

本章将从中国特色社会主义总体布局的形成历程，考察教育的社会定位变迁轨迹。其中，既有宏观视角的考察，也聚焦于"培养什么人"这一核心问题。通过多重视角的相互交叉印证，透视中国式教育现代化定位的历史进程。

中国特色社会主义总体布局的教育定位演进历程①

教育定位不仅是一个与教育本质密切关联的理论问题，更是党和国家对教育在中国特色社会主义总体布局中如何定位的一个重大实践问题。这里以新中国成立以来党的历次全国代表大会报告关于教育的纲领性表述为主线，以此为依据形成分析框架，分析中国特色社会主义总体布局的教育定位演进历程（见表1）。

表1 新中国成立以来历次党的全国代表大会报告关于教育定位的比较分析

党的全国代表大会	教育的战略定位	教育的领域定位	教育的功能定位
八大	"文化教育事业在整个社会主义建设事业中占有重要的地位。"	文化教育作为与工业、农业、商业并列的一个部类。	政治功能为主，经济功能为辅。
九大	"在上层建筑领域中，文化、艺术、教育、新闻、卫生等部门占着极其重要的地位。"	教育作为文化革命的重要阵地。	政治功能。

---

① 本节原载于《安徽师范大学学报（人文社会科学版）》2015年第4期，收入本著有改动。

党的全国代表大会	教育的战略定位	教育的领域定位	教育的功能定位
十大	"重视上层建筑包括各文化领域的阶级斗争，改革一切不适应经济基础的上层建筑。"	"要继续搞好文艺革命、教育卫生革命。"	政治功能。
十一大	"一定要搞好文化教育领域的革命，大力发展社会主义的文化教育事业。"	"配合各项经济事业和科学技术事业的发展，适应社会主义革命和建设的需要。"	政治功能，经济功能。
十二大	"通观全局，为实现上述经济发展目标，最重要的是要解决好农业问题，能源、交通问题和教育、科学问题。"	教育作为"促进社会主义经济的全面高涨"的战略重点之一。"一定要牢牢抓住农业、能源和交通、教育和科学这几个根本环节，把它们作为经济发展的战略重点。"	经济功能。
十三大	"把发展科学技术和教育事业放在首要位置，使经济建设转到依靠科技进步和提高劳动者素质的轨道上来。""必须坚持把发展教育事业放在突出的战略位置。"	教育归属于"经济发展战略"。"从根本上说，科技的发展，经济的振兴，乃至整个社会的进步，都取决于劳动者素质的提高和大量合格人才的培养。百年大计，教育为本。"	经济功能为主，政治功能、文化功能为辅。
十四大	"加速科技进步，大力发展教育，充分发挥知识分子的作用。""我们必须把教育摆在优先发展的战略地位，努力提高全民族的思想道德和科学文化水平，这是实现我国现代化的根本大计。"	教育和科技作为"推动经济发展和社会全面进步"必须努力实现的十大关系全局的任务之一。"科技进步、经济繁荣和社会发展，从根本上说取决于提高劳动者的素质，培养大批人才。"	经济功能为主，政治功能、文化功能为辅。

党的全国代表大会	教育的战略定位	教育的领域定位	教育的功能定位
十五大	"实施科教兴国战略""发展教育和科学,是文化建设的基础工程。"	教育同时归属于"经济体制改革和经济发展战略"和"有中国特色社会主义的文化建设"。	经济功能与文化功能并重。
十六大	"走新型工业化道路,大力实施科教兴国战略。""大力发展教育和科学事业。"	教育同时归属于"经济建设和经济体制改革"和"文化建设和文化体制改革"。确立教育"在现代化建设中具有先导性全局性作用,必须摆在优先发展的战略地位"。	经济功能与文化功能并重。
十七大	"教育是民族振兴的基石,教育公平是社会公平的重要基础。"	"优先发展教育,建设人力资源强国"被列为"加快推进以改善民生为重点的社会建设"之首;同时,政治建设、经济建设、文化建设也涉及教育。	民生功能为主,政治、经济、文化功能为辅。
十八大	"教育是民族振兴和社会进步的基石。"	将"努力办好人民满意的教育"作为"努力让人民过上更好生活"的社会建设之首;同时,政治建设、经济建设、文化建设、生态文明建设也涉及教育。	民生功能为主,政治功能、经济功能、文化功能、生态文明教育功能为辅。
十九大	"建设教育强国是中华民族伟大复兴的基础工程,必须把教育事业放在优先位置。"	将其归属于"提高保障和改善民生水平",提出"深化教育改革,加快教育现代化,办好人民满意的教育。"同时,在文化建设部分,强调"以培养担当民族复兴大任的时代新人为着眼点,强化教育引导、实践养成、制度保障"。	民生功能为主,政治功能、经济功能、文化功能、生态文明教育功能为辅,强化教育的文化功能。

党的全国代表大会	教育的战略定位	教育的领域定位	教育的功能定位
二十大	"教育、科技、人才是全面建设社会主义现代化国家的基础性、战略性支撑。"	"教育是国之大计、党之大计。培养什么人、怎样培养人、为谁培养人是教育的根本问题。育人的根本在于立德。全面贯彻党的教育方针，落实立德树人根本任务，培养德智体美劳全面发展的社会主义建设者和接班人。坚持以人民为中心发展教育，加快建设高质量教育体系，发展素质教育，促进教育公平。"	教育成为全面建设社会主义现代化国家的基础性、战略性支撑。

以此，可以将中国特色社会主义总体布局的教育定位分为以下阶段：

一、教育定位于"政治—经济"领域阶段

党的八大将教育与文化连在一起作为一个单独部类，与工业、农业、商业、政治生活并列，提出文化教育事业在"在整个社会主义建设事业占有重要的地位"。这一定位在"为工农服务，为生产建设服务"的方针指引下，发挥了很强的政治功能和一定的经济功能。

此后十三年间，教育定位经历一系列曲折变化，但基本是在经济定位与政治定位之间调整。1957—1960年，在"整风"和"反右"影响下，突出政治挂帅和"为无产阶级政治服务"，教育更多定位于政治及上层建筑领域。1958年中共中央召开的教育工作会议批判了教育部门教条主义、右倾保守思想和教育脱离生产劳动、脱离实际，及在一定程度上忽视政治、忽视党的领导的错误，突出阶级观点、群众观点和劳动观点，突出"政治挂帅"。1960—1963年，教育事业贯彻"调整、巩固、充实、提高"的方针，强调严格执行教育部的教育计划

和条例。《中共中央关于讨论试行全日制中小学工作条例草案和对当前中小学教育工作几个问题的指示》提出："一二十年以后，我们新的一代的精神面貌和知识水平将会如何，我国的科学文化将会达到什么样的水平，以至我们能不能在比较短的时间内，把我国建设成为一个具有现代工业、现代农业、现代科学技术和现代国防的社会主义强国，在相当程度上将取决于现在中小学教育的状况如何。"[①] 为此，要提高中小学教育质量，在加强德育的同时注重智育和体育；提出两条腿走路的方针，要求普通教育与职业教育、技术教育并举，适应以农业为基础、以工业为主导的发展国民经济的总方针，直接地和间接地为这个总方针服务。由此可见，这一阶段教育在服务政治的同时，强化了经济功能。这也是党中央首次将教育与"四化"为主体的社会主义强国建设全面联系起来对教育进行定位。

二、教育定位于政治领域阶段

从1963年"社会主义教育运动"开始，各种政治运动一浪高过一浪，教育被一步步拉进政治运动的漩涡，成为阶级斗争和无产阶级专政的工具。1969年，党的九大报告将教育定位于上层建筑。1973年，党的十大报告延续了教育的"革命思维"与政治功能定位。虽然，此时也强调教育与生产劳动相结合，却与经济建设和人的发展无甚关联，完全是作为无产阶级教育革命和改造人的思想世界，以及彻底改革旧的教育和制度的手段。

三、教育定位于"经济—政治"领域阶段

十一大至十四大的教育定位发生了历史性变革，实现了原先以政治为中心的教育定位向以经济建设为中心的教育定位的转向。十一大的教育定位具有过渡性，一方面，继续搞好无产阶级教育革命，将教育战线作为党同"四人帮"激烈争夺的一条十分重要的战线；另一方面，将教育作为建设伟大的社会主义现代化强国的重要基础，要求教育"配合各项经济事业和科学技术事业的发展，

---

① 何东昌.中华人民共和国教育史·上卷[M].海口：海南出版社，2007：190.

适应社会主义革命和建设的需要"。在此背景下召开的全国科学大会和全国教育工作会议，进一步明确了教育对于科学技术及社会主义现代化建设的基础性定位；要求教育事业"决不只是教育部门的事，各级党委要认真地作为大事来抓。各行各业都要来支持教育事业"①；教育要为社会主义建设服务，与国民经济发展的要求相适应，要求"国家计委、教育部和各部门，要共同努力，使教育事业的计划成为国民经济计划的一个重要组成部分"②。十二大和十三大进一步将教育定位于经济发展战略重点之一；当然，也要求从全局的角度来重视教育，重视教育的政治功能，十四大"把教育摆在优先发展的战略地位，努力提高全民族的思想道德和科学文化水平，这是实现我国现代化的根本大计"。

四、教育定位于"经济—文化"领域阶段

从十五大到十六大，随着文化建设纳入社会主义事业总体布局，教育在此前主要归属于经济建设部门，作为经济体制改革和经济发展战略之一的同时，拓展到了文化建设领域。十五大在"经济体制改革和经济发展战略"方面提出实施科教兴国战略，要求深化教育体制改革，促进教育同经济的结合；在有中国特色社会主义的文化建设中，又将教育作为文化建设的基础工程，培养同现代化要求相适应的数以亿计高素质的劳动者和数以千万计的专门人才。十六大在经济体制改革和经济发展战略中继续实施科教兴国战略，深化教育体制改革，加强科技教育同经济的结合；同时，在文化建设中，首次确立教育在现代化建设中具有先导性全局性作用，必须摆在优先发展的战略地位。在教育方针上，坚持教育为社会主义现代化建设服务与为人民服务并重，教育与生产劳动和社会实践相结合并提。此外，十五大开始将"不断改善人民生活"作为经济体制改革和经济发展战略的重要内容，并将"提高教育和医疗保健水平"列入其中，这也是此后将教育纳入以改善民生为重点的社会建设的先声。

---

① 邓小平文选(第二卷)[M].北京：人民出版社，1983：95.
② 邓小平文选(第二卷)[M].北京：人民出版社，1983：108.

五、教育主要定位于"社会建设"领域阶段

党的十七大首次将教育列入"社会建设",大会报告提出:"在看到成绩的同时,也要清醒认识到,我们的工作与人民的期待还有不小差距,前进中还面临不少困难和问题,突出的是:……劳动就业、社会保障、收入分配、教育卫生、居民住房、安全生产、司法和社会治安等方面关系群众切身利益的问题仍然较多。"[①]在"实现全面建设小康社会奋斗目标的新要求"中,提出要"加快发展社会事业,全面改善人民生活。现代国民教育体系更加完善,终身教育体系基本形成,全民受教育程度和创新人才培养水平明显提高。社会就业更加充分"。在"加快推进以改善民生为重点的社会建设"中,将全体人民"学有所教"作为重要目标和内容,提出:"教育是民族振兴的基石,教育公平是社会公平的重要基础。""坚持教育公益性质,加大财政对教育投入,规范教育收费,扶持贫困地区、民族地区教育,健全学生资助制度,保障经济困难家庭、进城务工人员子女平等接受义务教育。加强教师队伍建设,重点提高农村教师素质。鼓励和规范社会力量兴办教育。发展远程教育和继续教育,建设全民学习、终身学习的学习型社会。"

与此同时,报告在经济建设、政治建设、文化建设部分,也多次直接或间接提到教育。报告提出"优先发展教育,建设人力资源强国""要全面贯彻党的教育方针,坚持育人为本、德育为先,实施素质教育,提高教育现代化水平,培养德智体美全面发展的社会主义建设者和接班人,办好人民满意的教育。""坚持不懈地用马克思主义中国化最新成果武装全党、教育人民,用中国特色社会主义共同理想凝聚力量……切实把社会主义核心价值体系融入国民教育和精神文明建设全过程,转化为人民的自觉追求。""动员社会各方面共同做好青少年思想道德教育工作,为青少年健康成长创造良好社会环境。"

党的十八大进一步将教育定位为社会建设的首要任务,把教育作为民族振兴和社会进步的基石。这种定位在坚持教育为社会主义现代化建设服务、为人

---

①中国共产党历次全国代表大会报告,均见"共产党员网"。详见 http://www.12371.cn/special/lcddh/?ref=qusoya.com。本著引用均不再引注。

民服务的基础上，进一步把立德树人作为教育的根本任务。同时，发挥教育对于整个民生改善的基础功能。显然，这是承接了十七大报告的教育定位。与此同时，将教育置于全面建成小康社会"五位一体"总体布局中。无论是过去五年工作和十年基本总结，还是全面建成小康社会和全面深化改革开放的目标，以及全面建成小康社会的五大建设举措，都论及教育。具体说，除将努力办好"人民满意的教育"作为社会建设之首，在"经济建设"部分强调要使经济发展更多依靠科技进步、劳动者素质提高、管理创新驱动，既彰显了教育的经济功能，也要求教育与经济发展深度结合。在"政治建设"部分要求把自我教育作为"人民依法直接行使民主权利的重要方式"；加强"法制宣传教育""民族团结进步教育"。在"文化建设"部分要求"发挥文化引领风尚、教育人民、服务社会、推动发展的作用"；"要深入开展社会主义核心价值体系学习教育，用社会主义核心价值体系引领社会思潮、凝聚社会共识"；"广泛开展理想信念教育，把广大人民团结凝聚在中国特色社会主义伟大旗帜之下"；"深入开展爱国主义、集体主义、社会主义教育，丰富人民精神世界，增强人民精神力量"；"加强社会公德、职业道德、家庭美德、个人品德教育"；"开展道德领域突出问题专项教育和治理"；"引导群众在文化建设中自我表现、自我教育、自我服务"。在"生态文明建设"部分，要求"加强生态文明宣传教育"。

党的十九大报告将"坚持在发展中保障和改善民生"作为新时代党和国家必须坚持和发展中国特色社会主义的基本方略之一。在"提高保障和改善民生水平，加强和创新社会治理"部分，指出："带领人民创造美好生活，是我们党始终不渝的奋斗目标。必须始终把人民利益摆在至高无上的地位，让改革发展成果更多更公平惠及全体人民，朝着实现全体人民共同富裕不断迈进。"报告确立了新时代民生建设的总目标、总原则和总战略："坚持人人尽责、人人享有，坚守底线、突出重点、完善制度、引导预期，完善公共服务体系，保障群众基本生活，不断满足人民日益增长的美好生活需要，不断促进社会公平正义，形成有效的社会治理、良好的社会秩序，使人民获得感、幸福感、安全感更加充实、更有保障、更可持续。"其中，将"优先发展教育事业"作为保障和改善民生的首要任务，提出一系列具体政策目标和举措，主要包括：推动城乡义务教育一体化发展，高度重视农村义务教育；另外，还包括"办好学前教育、特殊教育和网络教育，普及高中阶段教育，努力让每个孩子都能享有公平而有质量的教育。完善职业教育和培训体系，深化产教融合、校企合作。加快一流大学和一流学科建设，实现高等教育内涵式发展。健全学生资助制度，使绝大多数城乡新增劳动力接受高中阶段教育、更多接受高等教育"。

同时，十九大报告在经济建设、政治建设和文化建设等论述中，也体现出教育的支撑性作用。特别是在文化建设方面，提出要以培养担当民族复兴大任的时代新人为着眼点，强化教育引导、实践养成、制度保障，发挥社会主义核心价值观对国民教育、精神文明创建、精神文化产品创作生产传播的引领作用，把社会主义核心价值观融入社会发展各方面，转化为人们的情感认同和行为习惯；在思想道德建设方面，提出要广泛开展理想信念教育，深化中国特色社会主义和中国梦宣传教育，弘扬民族精神和时代精神，加强爱国主义、集体主义、社会主义教育，引导人们树立正确的历史观、民族观、国家观、文化观。

总体看，从党的十七大到十九大，教育定位于以保障民生为重点的社会建设领域，与人民美好生活直接联系起来，体现教育的人本关怀。与此同时，教育在政治、经济、文化等领域建设中也担负着更加重要的任务。但在"五位一体"总体布局中，教育的民生定位是核心定位，落实在"努力办好人民满意的教育"上，又是以"五位一体"总体布局为背景和落脚点的。

六、教育在中国式现代化中的战略全局定位

党的二十大报告围绕以中国式现代化全面推进中华民族伟大复兴的使命任务，将教育、科技、人才设立专章，作为全面建设社会主义现代化国家的基础性、战略性支撑，全面赋能经济建设、政治建设、文化建设、社会建设、生态文明建设。报告将教育、科技、人才这三个核心要素抽离出来，进行一体谋划和战略布局，实现教育定位的重大历史性突破。这一方面接续和融合了不同历史时期教育定位所积累的历史经验及取得的重大成就，另一方面，将教育作为国之大计、党之大计，置于以中国式现代化全面推进中华民族伟大复兴的总体布局，作为全面建设社会主义现代化国家的基础性、战略性支撑。这大大拓展和丰富了教育的功能，要求教育与科技、人才工作形成整体联动机制，及时回

应经济建设、政治建设、文化建设、社会建设、生态文明建设等提出的任务和使命，成为社会主义现代化国家建设的坚强柱础。随着社会主义总体布局从"两位一体""三位一体""四位一体"到"五位一体"的不断拓展和完善，教育的功能定位相应地拓展到促进社会全面进步和人的全面发展，教育与科技、人才形成一鼎之三足，共同支撑社会主义现代化国家建设和发展；同时，进一步凸显教育的民生属性和民生功能，坚持以人民为中心发展教育，努力办好人民满意的教育。习近平总书记指出："教育是人类传承文明和知识、培养年轻一代、创造美好生活的根本途径。"①教育要以"凝聚人心、完善人格、开发人力、培育人才、造福人民为工作目标"。二十大报告明确提出，加快建设高质量教育体系，发展素质教育，促进教育公平，并提出加快义务教育优质均衡发展和城乡一体化，优化区域教育资源配置，强化学前教育、特殊教育普惠发展，坚持高中阶段学校多样化发展，完善覆盖全学段学生资助体系等教育民生改善新举措。

当然教育无论作为国计，还是作为民生，其基础性、战略性支撑的核心在于为党育人、为国育才，全面贯彻党的教育方针，改变以"五唯"及应试教育为特征的教育功利化倾向，发展素质教育，真正落实立德树人根本任务，培根铸魂，启智润心，培养德智体美劳全面发展的社会主义建设者和接班人，全面提高人才自主培养质量，着力造就拔尖创新人才，培养有理想、有本领、有担当的时代新人。这既是中国式现代化的根本支撑，也是民生改善和人民群众创造美好生活的根本途径。

七、新时代教育战略全局定位的落实进路

通过对新中国成立以来党的历次全国代表大会关于教育的纲领性论述的历史回顾，不难发现，在全面建成小康社会和建设社会主义现代化强国进程中，教育既是以"五有"为目标的社会建设首务，又是"五位一体"总体布局的重要基础和先导，具有重要的全局性意义。为此，需要通过深化改革，发挥教育

---

① 习近平在联合国"教育第一"全球倡议行动一周年纪念活动上发表的视频贺词[N].人民日报,2013-09-27(03).

在"五位一体"总体布局中的相应作用和功能。

（一）教育的战略全局定位需要拓展教育运行和发展的社会空间

教育定位是对教育属性和功能的一种理论和现实选择，也相应划定了教育运行和发展的社会空间。在"五位一体"总体布局中，教育定位从局域定位拓展成为全局定位，必将带来教育运行和发展的社会空间的拓展。在全局性定位下，教育与社会发展、人的发展的关系愈益密切，形成全方位的关系，教育的社会影响力和社会制约性同步提升，教育的社会功能与社会责任也同步增大。

比如，在计划体制时代，教育是在国民经济计划框架下和教育系统内发展和运行的，虽然在教育经费、招生和毕业生分配等投入与产出方面，教育与社会之间存在着资源交换，但总体而言，往往是教育部门办教育、管教育。在全局性定位下，教育与"五位一体"总体布局的各个领域和部门都发生广泛联系，社会各领域的矛盾和问题也相应渗透和反映到教育领域中。比如，社会公平状况和水平会直接影响到教育公平；社会结构及劳动力需求结构会直接影响到大学生就业及教育结构；社会民生状况和水平会直接影响到教育民生的状况与水平。特别是市场在资源配置中起决定性作用，将对教育的运行和发展产生深刻影响。

在此之下，教育事业由教育部门来运行和管理拓展为需要各社会部门担当的一项公共事业；教育问题的解决需要社会各部门的支持和参与；教育领域综合改革需要考虑到改革的外部环境及其制约因素，与"五位一体"总体布局和全面深化改革的战略全局相呼应，而不再单单按照教育自身的逻辑。在这种情况下，对教育问题的认识与处理，以及教育政策的制定与实施，就不能只是从教育的眼光出发、以教育的标准来衡量，而要充分考虑来自教育系统之外的因素。比如，新型工业化、信息化、城镇化、农业现代化的机遇与挑战；经济发展方式转变、市场在资源配置中起决定性作用对教育的影响；政治行政体制改革带来的政事分开、政社分开，以及行政审批制度改革和政府职能转变，必然要求教育体制机制的相应变革。还比如，教育作为社会建设之首所面临的教育民生诉求和人民群众对教育的满意度。在这种新的社会空间内，教育的规则和话语、教育的决策过程和机制、教育的发展路径和方式，都要相应进行深刻变革。这就要求教育工作者在思考教育改革和发展问题时，不能就教育论教育，而应拓展思维空间和问题域，将教育置于政治、经济、文化、民生等背景下，来思考其制约因素和发展思路。

（二）教育的战略全局定位需要构建相应的实现机制和实践路径

从上述教育定位的六个阶段可以看出，教育定位及其转换不是自发的，既有一定的理论导向与助推，更是党和国家的政治决策。国际21世纪教育委员会1996年向联合国教科文组织提交的报告《教育——财富蕴藏其中》同样指出："决策者们确实面临着相互矛盾的利益：经济界要求应具备的资格和技能越来越多；科学界需要经费开展研究工作，需要负责造就青年研究人员的高水平的高等教育；文化界和教育界需要资金提高入学率和发展普通教育；最后是学生家长协会总是希望有更多高质量的教育，也就是说希望好教师的数量不断增加。""因此，教育选择涉及（到）整个社会，需要不仅就教育经费而且就教育目的开展民主辩论。"①这说明各国的教育定位都普遍面临各种价值选择和利益冲突，需要建立一种协调机制和决策机制。

就我国而言，教育定位同样面临各种利益相关者之间的利益协调和价值选择。事实上，无论在局域性定位还是全局性定位阶段，教育定位始终存在着一定的核心定位，这种核心定位是与不同时期党和国家的中心工作及执政理念和执政方式息息相关的。随着党和国家执政理念和执政方式的转变，即从先前更加注重国家利益、阶级利益、整体利益的"工具性定位"，转向以改善民生为宗旨的"本体性定位"，这种转换并不是以否定前者的方式实现，而是具有内在联系和融通性，对教育的多种功能进行一种统筹和协调，并以顶层执政理念来统领。如十七大报告指出："要坚持把改善人民生活作为正确处理改革发展稳定关系的结合点，使改革始终得到人民拥护和支持。"十八大报告指出："必须更加自觉地把以人为本作为深入贯彻落实科学发展观的核心立场，始终把实现好、维护好、发展好最广大人民根本利益作为党和国家一切工作的出发点和落脚点。""提高人民物质文化生活水平，是改革开放和社会主义现代化建设的根本

---

① 联合国教科文组织.教育:财富蕴藏其中[M].联合国教科文组织总部中文科,译.北京:教育科学出版社,1996:150-151.

目的。"十九大报告指出："带领人民创造美好生活，是我们党始终不渝的奋斗目标。必须把人民利益摆在至高无上的地位，让改革发展成果更多更公平惠及全体人民，朝着实现全体人民共同富裕不断迈进。"二十大报告指出："教育、科技、人才是全面建设社会主义现代化国家的基础性、战略性支撑。"在这种新的执政理念统领下，教育与社会发展的各个系统之间更加协调和融合，进而发挥教育在社会主义现代化建设中的全局性、先导性、基础性作用。

（三）教育的战略全局定位需要尊重教育自身的内在逻辑和价值

无论是关于教育本质问题的讨论，还是历次党代会对教育的部类归属，一个突出的思维定式，是教育"属于"什么，否则似乎就意味着教育什么都不是了，进而被边缘化了。因此，教育定位的历次变迁与转换，很多情况下是"被"定位和"被"转变的，更多是被教育以外的力量所把控。在教育纳入民生范畴的阶段，教育同样容易被各种各样的民生诉求和舆论所挟持，"人民满意的教育"容易异变为一些群体追求教育的局部利益和个体利益而放弃教育的公共性和教育规律的"尚方宝剑"。在此之下，"育人为本"、素质教育变得苍白，甚至落空；"教育家办学"也只能成为一句难以实践的空洞口号。

换言之，教育的战略全局定位需要尊重和体现教育自身的内在逻辑和价值。具体说，教育与政治的关系上，应当建设"依法办学、自主管理、民主监督、社会参与的现代学校制度，构建政府、学校、社会之间新型关系"[1]。"推进管办评分离，扩大省级政府教育统筹权和学校办学自主权，完善学校内部治理结构"[2]，进而克服教育行政化倾向，形成合理的教育治理结构。教育与经济的关系上，应当在适应"市场在资源配置中起决定性作用""推动资源配置依据市场规则、市场价格、市场竞争实现效益最大化和效率最优化"的同时，更好发挥政府作用，加强和优化公共服务，避免重走教育市场化、产业化的老路；教育与社会建设的关系上，应当在满足人民群众对多样化高质量教育的期盼过程中，保障教育公平，彰显教育的公共性与公益性，避免教育的功利化和私事化。因

---

① 中共中央 国务院.国家中长期教育改革和发展规划纲要（2010—2020 年）[EB/OL].(2010-07-29)[2015-03-20].http://www.moe.gov.cn/srcsite/A01/s7048/201007/t20100729_171904.html.

② 中共中央关于全面深化改革若干重大问题的决定[M].北京：人民出版社,2013:43.

为，教育决策面临相互矛盾的各种利益，"既然无法满足所有的需求，这种窘境就特别的严重，因为这不是对个人利益通常进行的裁断：这种种需求反映了种种正当的期待，它们都与教育的基本使命相符"①。此外，教育也应按照自身逻辑来处理与文化建设、生态文明建设的关系。总之，只有尊重和依循教育自身的内在逻辑和价值，才能回归教育的本意，回归"育人为本"这一核心和轨道上来。

因此，在"五位一体"总体布局中，教育切不可在"属于"的思维惯性中失去自我，而应尊重和依循教育自身的内在逻辑和价值。这种内在逻辑和价值，包括教育自身的规律、规则和标准，教育自身的利益、话语权和话语体系。否则，教育定位会走入迷途。我们正是在教育的社会定位与其内在逻辑之间的张力平衡中，抽离出中国特色社会主义教育发展规律。

---

① 联合国教科文组织.教育:财富蕴藏其中[M].联合国教科文组织总部中文科,译.北京:教育科学出版社,1996:151

新中国成立以来政府工作报告的教育定位变迁及价值转向①

新中国成立以来，党和国家不同时期政治路线和工作重点不同，政府工作报告是如何部署和落实不同发展阶段的教育定位的？随着党和国家工作重心转移又是如何实现教育定位转移的？政府工作报告的教育定位转移又释放出政府什么样的执政理念和政策信号，这些需要通过历史回顾以缕析其发展变迁的内在逻辑。

一、新中国成立以来政府工作报告的教育定位变迁历程轨迹

本节对于新中国成立以来政府工作报告的教育定位演变历程研究，基于中华人民共和国国史网发布的 1954—2023 年国务院《政府工作报告》②这一重要政策文本的解读与分析，勾画出教育定位变迁的线索。研究发现，大致经历了六个阶段。新中国成立 75 年来，政府工作报告的教育定位大致经历了六个阶段。

（一）教育定位于"文教"阶段

自 1954 年中华人民共和国第一届全国人民代表大会第一次会议召开，到"文革"开始前，国务院《政府工作报告》（以下简称《报告》，引文后直接注明《报告》的年份）一直将教育与文化放在一个系列，称为"文教事业"或"文教战线"，作为一种重要的上层建筑。教育与经济建设和人民群众生活也有着一定的联系，如："为了适应经济建设的需要，教育部门应当首先集中力量发展和改进高等教育。……中小学教育中都应当注意劳动教育，以便中小学毕业生广泛

---

① 本节根据《新中国 60 年教育定位变迁及其价值转向》修改形成。原载于《华中师范大学学报（人文社会科学版）》2011 年第 2 期。

② 国务院历年《政府工作报告》文本引用，根据中华人民共和国国史网，注释略。

地参加工农业劳动。"（1954）"由于人民对文化生活提出了更高的要求，某些文化教育的设施就还不能完全适应人民的需要……为着重处理这个问题，国家除了继续有计划地发展文化教育事业以外，提倡由人民来自办某些文化教育事业。……国家将在工作上给以指导，并在可能的条件下给以人力、财力、物力方面的援助。"（1955）但总体上说，归于"文教"系列的教育，更多发挥着意识形态功能，强调教育的阶级性，突出教育是"属于劳动人民的"（1957）；教育改革"是同我国广大知识分子的思想改造运动有联系的"（1954）；教育"必须反映社会主义的新政治、新经济，必须为广大劳动人民服务，必须适应我们国家社会主义改造和社会主义建设的需要"（1957）；"在文化教育方面，必须继续加强政治思想领导。我们应当根据脑力劳动和体力劳动相结合的原则，进一步地改进我们的教育制度。"（1958）"我们的教育方针，是和资产阶级的这种方针根本对立的。我们的方针是要用无产阶级的科学的革命的世界观来武装工人、农民和知识分子，扫除一切剥削阶级思想的影响；要使教育为劳动人民服务，要使文化为劳动人民所掌握，使脑力劳动和体力劳动相结合。""为工人阶级的政治服务，为社会主义事业服务，是我们的教育事业的根本出发点。"（1959）坚持"为无产阶级政治服务、教育与生产劳动相结合的方针"（1964）。此后，进入十年"文革"，教育更是被推到政治斗争的风口浪尖。

（二）教育定位于"科教"阶段

1978年，随着国家把工作重点转向以经济建设为中心，政府对教育定位进行了相应调整，《报告》首次将教育由先前"文教"系列移到"社会主义科学教育文化事业"领域。经过一个时期拨乱反正，《报告》逐步将教育与科学、文化一起，构成与经济建设有着密切关系的"科教"系列。这一时期《报告》明确教育与文化、卫生以及精神文明建设有着密切联系，尤其是国内外政治形势变化和社会发展需要，教育一直承担着思想政治教育的重要任务。例如："在新的历史时期，……各级各类学校特别是高等学校担负着教育人、塑造人的光荣使命，更要注意加强和改进思想政治工作。"（1987）"各级各类学校都要把改进和加强思想品德和政治教育放到重要位置，并切实抓好校风、校纪建设。"（1989）"各级各类学校必须切实纠正忽视德育的倾向，……始终把坚定正确的政治方向放在首位。"（1990）总体而言，教育已成为经济建设的重要基础和国家发展的重要战略。教育在功能、方针、体制以及培养目标、教育内容和评价标准等方面，更加突出为国民经济建设服务，发挥着提高国民素质、培养和选拔人才、开发人力资源的功能。如："我们今后应该十分重视智力开发，把以发展教育和科学技术为重点的文化建设放在十分重要的地位，这是实现经济振兴的必要前提。"（1983）"在重视经济发展的同时，注意把经济同科学技术、文化教育及社会各方面的发展密切联系起来，互相促进，使经济建设、科学技术、文化教育和各项社会事业都出现了蓬勃发展的好形势。"（1986）"加快科学技术和教育事业的发展和改革，把经济建设切实转到依靠科技进步和提高劳动者素质的轨道上来。""各级政府要更加关心和重视教育事业，像抓经济工作那样抓好教育工作。教育发展计划应当成为经济和社会发展总体规划的重要组成部分。""各级政府、各地方各部门和各行各业，都必须坚持把发展科学技术和教育事业放在首要位置上，以极大的热情，采取正确的政策措施，努力办好这件大事。"（1988）"积极发展科技和教育事业，提高国民经济的整体素质。我们要认真贯彻邓小平同志提出的科学技术是第一生产力的指导思想，依靠科技进步和提高劳动者素质来促进经济的发展。"（1992）

1995年，《中共中央、国务院关于加速科学技术进步的决定》首次提出在全国实施科教兴国战略。从1996年起，《报告》提出实施"科教兴国战略和可持续发展战略"，进一步强化教育、科学与经济建设的关系，把经济发展切实转到依靠科技进步和提高劳动者素质的轨道上来。1999年《报告》提出"实施科教兴国战略，是实现经济振兴和国家现代化的根本大计，也是本届政府极其重要的任务"。2001年《报告》提出："要把发展科技、教育放在突出位置，进一步实施科教兴国战略，振兴科技，培养人才，促进科技、教育与经济紧密结合。"2003年《报告》指出："发展科技、教育，是实现经济振兴和国家现代化的根本大计。这几年，我们始终把实施科教兴国战略作为极其重要的任务，主要从增加投入、深化改革、完善政策等方面采取了一系列措施。"

（三）教育定位于"社会建设"阶段

从2004年开始，《报告》在"继续实施科教兴国战略"同时，提出要注重统筹兼顾，加快建设社会事业。同年，召开党的十六届四中全会提出，共产党作为执政党要"坚持最广泛最充分地调动一切积极因素，不断提高构建社会主义和谐社会的能力"。这是在党的文件中第一次把社会建设放到同经济建设、政治建设、文化建设并列的突出位置。2005年《报告》提出，要"贯彻落实科学发展观，必须大力实施科教兴国战略、人才强国战略和可持续发展战略，加快社会事业发展；着力解决与人民群众切身利益相关的突出问题，维护社会稳定，努力构建社会主义和谐社会。"2007年《报告》提出："教育是国家发展的基石，教育公平是重要的社会公平。"此后，党的十七大将教育进一步纳入"以改善民生为重点的社会建设"，教育从"科教"领域进入"社会事业"领域，由经济建设部门转入社会建设部门。十七大报告提出："社会建设与人民幸福安康息息相关。必须在经济发展的基础上，更加注重社会建设，着力保障和改善民生，推进社会体制改革，扩大公共服务，完善社会管理，促进社会公平正义，努力使全体人民学有所教、劳有所得、病有所医、老有所养、住有所居，推动建设和谐社会。"2008年《报告》提出，要"更加注重社会建设，着力保障和改善民生""坚持统筹经济社会发展，加快教育、卫生、文化、体育等社会事业发展和改革，积极解决涉及人民群众切身利益的问题。"2009年《报告》进一步提出：大力发展社会事业，着力保障和改善民生，集中力量办一些经济社会发展急需、关系人民群众切身利益的大事实事，让人民群众得到更多实惠，并将促进教育公平作为优先发展教育的五项重点工作之首。

（四）教育定位转向"科教"阶段

2010—2012年，政府工作报告连续三年将教育从此前定位于"社会事业"的民生领域，转向实施"科教兴国战略"，将教育、科技、人才作为国家强盛和民族振兴的基石、国家综合实力的核心。这一定位转向的突出特点是强调教育是国家发展的基础和根本，"强国必先强教"（2010），"大力发展科技、教育事业，培养高素质的人才队伍，是国家强盛、民族复兴的必由之路"（2012），必须坚持优先发展教育，落实财政性教育经费支出占国内生产总值的4%。当然，教育在服务国家发展战略的同时，也十分注重教育的民生功能，突出强调促进义务教育均衡发展，花大气力推动解决择校、入园等人民群众关心的热点难点问题，切实保障农民工随迁子女平等接受义务教育；通过发展职业教育着力培养学生的就业创业能力，加大对中西部高等教育发展的支持等。但相比较而言，这几年政府工作报告的教育定位更加指向"科教兴国"战略，服务于国家发展战略需要。

（五）教育定位重回"社会建设"阶段

2013—2023年，政府工作报告重新将教育列为以保障和改善民生为重点的社会建设领域，旨在增进民生福祉。其中，多年把就业作为民生事项之首，但更多年份都突出了教育在社会建设中的首要地位。一方面，保障财政性教育投入持续保持在国内生产总值的4%以上，落实教育优先发展。另一方面，大力促进教育公平，并将其落实到各级各类教育的资源配置政策之中，推进基本公共服务均等化，促进教育事业公平发展；同时，致力于提高教育质量，构建德智体美劳全面培养的教育体系，发展更高质量更加公平的教育。

（六）教育定位于"高质量发展的基础支撑"阶段

随着2022年党的二十大实现教育定位的战略突破，2023年政府工作报告在延续之前教育的社会建设定位后，于2024年随之转向"强化高质量发展的基础支撑"的教育定位上来。新的教育定位突出教育强国、科技强国、人才强国建设一体统筹推进，创新链产业链资金链人才链一体部署实施，深化教育科技人才综合改革，为现代化建设提供强大动力。具体措施方面，将强化高质量发展的基础支撑落实于加强高质量教育体系建设，制定实施教育强国建设规划纲要，坚持把高质量发展作为各级各类教育的生命线，突出基础教育扩优提质和义务教育优质均衡发展，提高职业教育质量。进一步通过综合改革促进高等教育与经济社会发展的深度融合，大力提高服务经济社会发展的能力。当然，新的教育定位继续坚持服务和改善民生，加快义务教育优质均衡发展和城乡一体化，改善农村寄宿制学校办学条件，持续深化"双减"，推动学前教育普惠发展，加强县域普通高中建设等。

二、新中国成立以来政府工作报告的教育定位价值转向

诚然，新中国成立以来政府工作报告的教育定位变迁，贯彻和体现了历次党代会所确立的中国特色社会主义教育的战略定位的价值规定性。

（一）"文教"定位的教育价值取向

新中国成立后很长一个时期，政府工作报告将教育定位于"文教"，是基于教育与"大社会"的关系，作为维护无产阶级专政和社会主义制度的上层建筑。在此之下，教育确立"为无产阶级政治服务"的方针，虽然也强调"教育与生产劳动相结合"，但这种结合并不是为了发展生产力，促进经济建设，而是要达到改造人的思想、消灭"三大差别"的政治目的。教育作为政府的附属部门内嵌在"大政府"体制之内，实行中央高度集权的计划管理，一切服从和服务于国家需要和国家利益，专业设置和课程开设都根据国家需要及其计划要求。教育部门及学校完全按照政府及教育主管部门的意图和要求，靠政府拨款办学；教育管理者和教师作为体制内的干部身份，靠政府财政领得工资；学生的学习机会及工作安排，靠国家计划安排和指令分配。由此，教育被"大政府"所包裹，以国家利益和公共利益为核心，割断了与经济领域和社会领域的联系，教育的个人利益处于一种从属地位甚至空白状态。

（二）"科教"定位的教育价值取向

在定位于"科教"系列后，教育走出政治领域和集中统一的计划体制，更加直接地与经济部门联系起来。一方面，无论教育方针、培养目标、专业和课程设置，还是教育的管理体制和运行机制，都更多服务和围绕经济建设这个中心。1992年中共中央、国务院《关于加快发展第三产业的决定》将教育列为第三产业，而且作为"对国民经济发展具有全局性、先导性影响的基础产业"。由此，教育被赋予更多的经济功能。学校不再单纯面向政府办学，而且要面向市场和社会需要办学；不单追求教育的整体利益和公共利益，而且开始追求教育的集体利益和个人利益。另一方面，政府职能转变和教育体制改革扩大了学校

办学自主权，学校由政府管辖下的附属单位成为独立的法人单位，在教育经费、生源、专业设置、学生就业等方面逐步挣脱政府计划和行政干预，面向更加广阔和具有活力的市场与社会；教师逐步摆脱单位所有和体制捆绑，逐步走向市场配置和双向选择；学生的教育机会和就业也由国家和政府的计划分配，转向通过志愿机制寻求体制外、政策外的市场配置。与此同时，由于社会流动机制的改变，先前的"先赋型"社会流动体制被新的"后致性"社会流动体制所替代[1]，教育在促进人的社会流动、就业以及收入等方面的功能大大增强。因而，教育成为社会成员实现市场交换、获得各种社会利益、实现社会流动的有效通道。正是由于教育的巨大利益回报和增值功能，资本的逐利性驱使政府之外的其他力量（市场及社会）对教育领域的渗入，教育产品通过市场机制和社会成员的志愿机制实现交换的份额越来越大。正因为此，这也给以竞争为主要方式、以个体利益和单位利益为主要导向的应试教育的产生和盛行提供了土壤。

在这种转型过程中，"科教"定位的教育更加偏好经济功能，趋于市场化，教育的个人利益得到一定的释放与满足，但偏重效率而缺失公平，追求经济效益而造成公益性的式微和社会效益的旁落，存在权力和金钱"寻租"、价值错位和产权暧昧的倾向，容易导致政府失灵和市场失灵交叉叠加，影响教育公平。应当说，这是2004—2009年政府工作报告的教育定位转向"民生"的重要动因。

不过，2010—2012年，政府工作报告的教育定位出现了向"科教"领域的调整。这一阶段的教育定位强调教育事业对于国家强盛和民族振兴的战略意义和地位，确立教育、科技、人才是综合国力的核心，确立教育、科技和人才是国家发展的基础和根本，必须始终放在重要的战略位置。尤其是确立了"强国必先强教""一流的教育，才能培养一流人才，建设一流国家""大力发展科技、教育事业，培养高素质的人才队伍，是国家强盛、民族复兴的必由之路"的价值逻辑，以此"为国家发展提供强大的人力资源支撑"（2013），特别是要"创建若干一流大学，培养杰出人才"（2010）。

---

① 袁韵.社会学家析新中国60年社会变迁:封闭型到多元化[EB/OL].(2009-08-17)[2010-12-13].http://www.chinanews.com.cn/gn/news/2009/08_17/1820733.shtml.

（三）"社会建设"定位的教育价值取向

如前所述，2004—2009年，以及2013—2023年，教育纳入社会建设范畴，作为以改善民生为重点的社会建设的重要构成部分，以促进教育公平和社会公平为价值目标。应当说，将教育纳入民生范畴是建立在改革开放以来经济发展和财富积累基础上，使教育成为满足更高民生诉求和实现更高民生目标的社会事业。综观这期间历年政府工作报告，"社会建设"定位的教育价值取向主要体现在：

（1）努力使教育真正成为面向全社会的教育。一方面，从2004、2005、2006年持续关注解决人民群众"上学难、上学贵"问题，到2008年《报告》指出"没有全民教育的普及和提高，便没有国家现代化的未来。要让孩子们上好学，办好人民满意的教育，提高全民族的素质"，并提出要"让所有孩子都能上得起学，都能上好学"，在"全国城乡普遍实行义务教育"。另一方面，把发展职业教育放在更加突出位置，重点发展中等职业教育，健全覆盖城乡的职业教育和培训网络（2007，2008）；优化学科专业结构，推进高水平大学和重点学科建设，普通高校招生增量继续向中西部地区倾斜，提高高等教育质量（2008）。以此办好各级各类教育，实现全体人民"学有所教"的小康社会建设目标。

（2）把促进教育公平作为核心价值追求。2004、2005、2006年《报告》相继提出，要完成西部地区"两基"攻坚；解决进城务工农民子女上学和城市低收入家庭上学困难问题；在普通本科高校、高等职业学校和中等职业学校建立健全国家奖学金、助学金制度。2007年《报告》提出"教育是国家发展的基石，教育公平是重要的社会公平"，并落实在一系列政策措施上。2009年《报告》提出，逐步实行中等职业教育免费，从农村家庭经济困难学生和涉农专业做起；确保人人享有平等的受教育机会，不让一个孩子因家庭经济困难而失学。

（3）强化国家和政府在教育发展上的责任和作用。强调把教育放在优先发展的战略地位，大幅增加教育投入，增强教育的公益性。如：建立农村义务教育经费保障机制（2005）；实现全国范围的义务教育（2006，2007，2008）；试点免费师范教育（2007）；提高农村义务教育公用经费标准（2009）；争取三年内基本解决农村"普九"债务问题（2009）；进一步落实国家助学贷款政策，使困难家庭的学生能够上得起大学、接受职业教育（2007）。与此同时，加强政府对教育的监督与管理，采取种种政策措施保护人民群众在教育领域的民生利益不受损害。如：治理教育乱收费，切实减轻学生家庭负担（2004，2005）；要求认真贯彻党的教育方针，加强德育工作，推进素质教育，促进学生全面发展；深化教学内容和方式、考试和招生制度、质量评价制度等改革，切实减轻中小学生课业负担（2008，2009）。

（4）加强教育与其他民生项目的统筹配合。如：加强教师队伍特别是农村教师队伍建设，完善和落实教师工资、津贴补贴制度（2008）；对义务教育阶段教师实行绩效工资制度，全面加强教师特别是农村教师培训（2009）；实施全国中小学校舍安全工程，推进农村中小学标准化建设，要把学校建成最安全、家长最放心的地方（2009）；把促进高校毕业生就业放在突出位置，高校毕业生到城乡基层社会管理和公共服务岗位就业，给予社会保险和岗位补贴；到农村基层服务和参军入伍，给予学费补偿和代偿助学贷款，吸纳符合条件的高校毕业生就业的企业可享受相关就业扶持政策（2009）。

进入新时代以来，政府工作报告进一步凸显教育定位的民生价值导向，并首次将教育与人民美好生活关联起来。即使在2010—2012年，政府工作报告将教育定位转向"科教"领域，但具体工作部署的重点依然是改善教育民生。《报名》指出："教育寄托着亿万家庭对美好生活的期盼，关系着民族素质和国家未来。"（2010）"为人们提供更加多样、更加公平、更高质量的教育。"（2011）此后，多年的政府工作报告都将教育政策的目标指向促进教育公平发展和质量提升。努力实现"要为下一代提供良好的教育，努力使每一个孩子有公平的发展机会"（2014），"让每个人都有机会通过教育改变自身命运"（2015），"发展人民满意的教育，以教育现代化支撑国家现代化，使更多孩子成就梦想、更多家庭实现希望""办好人民满意的教育，让每个人都有平等机会通过教育改变自身命运、成就人生梦想"（2019），"努力让广大学生健康快乐成长，让每个孩子都有人生出彩的机会"（2021），"要坚持把教育这个关乎千家万户和中华民族未来的大事办好"（2022）。

（四）"高质量发展的基础支撑"定位的教育价值取向

新时代以来，在科教兴国的战略驱动和教育公平的政策保障下，党和国家连续11年优先保障教育经费投入，有力支撑我国建成世界最大规模教育体系，我国教育现代化总体水平跨入世界中上国家行列。与此同时，教育的高速发展和规模扩张带来的矛盾和问题也是明显的。党的十九大提出，我国社会主要矛盾已经转化为人民日益增长的美好生活需要和不平衡不充分的发展之间的矛盾，必须抓住人民最关心最直接最现实的利益问题，完善公共服务体系，保障群众基本生活，不断满足人民日益增长的美好生活需要，使人民获得感、幸福感、安全感更加充实、更有保障、更可持续。同时指出，我国经济已由高速增长阶段转向高质量发展阶段。必须坚持质量第一、效益优先，以供给侧结构性改革为主线，推动经济发展质量变革、效率变革、动力变革。此后，高质量发展成为指导党和国家各项工作的首要任务。党的二十大报告将实现高质量发展作为中国式现代化的本质要求，全面建设社会主义现代化国家的首要任务。在此之下，2024年政府工作报告将教育定位为"高质量发展的基础支撑"。

作为高质量发展的基础支撑，教育定位在价值取向上首先强调全面贯彻党的教育方针、落实立德树人根本任务，推进大中小学思想政治教育一体化建设，这是对党的二十大报告"为党育人、为国育才"、以立德树人为根本的教育战略全局定位的具体贯彻和体现。诚然，无论是培养造就拔尖创新人才，还是办好人民满意的教育，都必须牢牢把握培养什么人、怎样培养人、为谁培养人的根本性问题。其次，坚持教育强国、科技强国、人才强国建设一体谋划、统筹推进，创新链产业链资金链人才链一体部署实施，为中国式现代化建设提供强大动力。第三，以高质量教育体系建设为抓手，把高质量发展作为各级各类教育的生命线。第四，统筹教育的政治属性、战略属性和民生属性，将厚植人民幸福之本、夯实国家富强之基，作为加快推进中国式现代化的根本任务和方向。

通过系统梳理和分析比较发现，政府工作报告的教育定位与党代会报告的教育定位是根本一致的，其变迁轨迹及价值取向也是同向同行的。政府工作报告的教育定位总体上贯彻和落实党代会的精神要旨，同时，又会根据年度工作任务体现出更加具体的政策取向。只不过，党代会报告是纲领性的，而且一般五年一次，先后的跃迁幅度更大；政府工作报告是年度发布的，具有更强的问题导向和实践导向，相互之间的连续性也更强。这也使政府工作报告的教育定位在一些年份会形成特定的价值导向。例如：2007年，党的十七大报告将教育纳入民生范畴，定位于社会建设领域，随之，政府工作报告的教育定位相应地向民生领域转向；2010—2012年，政府工作报告又将教育定位转向"科教"，大力实施科教兴国和人才强国战略，突出教育的国计属性和担当；党的十八大后，政府工作报告的教育定位又回复到以民生改善为重点的社会建设领域上来。

需要指出的是，新中国成立以来政府工作报告的教育定位及其价值取向，并不是以放弃前者或相互否定、排斥为特征的。这与其说是变迁与转向，不如说是教育功能拓展和教育利益结构调整，促进教育、社会、人的关系的重建，进一步彰显"以人为本"。其可以从2010年7月召开的第四次全国教育工作会议得以明证。此后公布的《国家中长期教育改革和发展规划纲要（2010—2020年）》提出："教育是民族振兴、社会进步的基石，是提高国民素质、促进人的全面发展的根本途径，寄托着亿万家庭对美好生活的期盼。""实施科教兴国战略和人才强国战略，优先发展教育，完善中国特色社会主义现代教育体系，办好人民满意的教育，建设人力资源强国。"可以看出，经过75年历史变迁和发展，新时代新阶段教育定位正在走向"国计"与"民生"、"强国"与"惠民"的并重与统一。换言之，这种教育定位及价值取向是基于新中国成立75年以来教育定位变迁及价值转向的又一次新的整合与跃升，确立了中国式教育现代化的全局定位。

此外，在对新中国成立以来历次党代会报告和历年政府工作报告的教育定位进行系统回顾和价值取向分析的基础上，还需要指出的是，在此期间由中共中央和国务院召开的全国教育大会及其所发布的纲领性文件，对不同时期教育定位的具体政策落实，推动教育改革和发展发挥了十分重要的作用。

1985年，中共中央召开改革开放以来第一次全国教育工作会议，会后颁布《中共中央关于教育体制改革的决定》，确立"教育必须为社会主义建设服务，社会主义建设必须依靠教育"的方针，将教育与社会主义建设必然性关联起来，要求教育要面向现代化、面向世界、面向未来。该《决定》在提高教育的战略地位的同时，确立了教育的战略定位，通过推动教育体制改革，大力发展具有中国特色社会主义教育事业，努力提高民族素质，多出人才、出好人才，从而强有力地推动我国社会主义现代化建设。这与党的十二大所确立的教育定位是根本一致的。

1993年，中共中央、国务院颁布《中国教育改革和发展纲要》，为落实党的十四大确定的90年代我国改革和建设的主要任务，使教育更好地为社会主义现代化建设服务，明确提出"必须把教育摆在优先发展的战略地位，努力提高全民族的思想道德和科学文化水平，这是实现我国现代化的根本大计"。该《纲要》根据邓小平确立的"实现四个现代化，科学技术是关键，教育是基础"的战略逻辑，指出"全面贯彻教育方针，面向现代化，面向世界，面向未来，加快教育的改革和发展，进一步提高劳动者素质，培养大批人才，建立适应社会主义市场经济体制和政治、科技体制改革需要的教育体制，更好地为社会主义现代化建设服务"。"发展教育事业，提高全民族的素质，把沉重的人口负担转化为人力资源优势，这是我国实现社会主义现代化的一条必由之路。"次年6月，中共中央、国务院在北京召开了改革开放以来的第二次全国教育工作会议，进一步动员全党全社会认真实施《纲要》，确立教育优先发展的地位，为1995年中央启动实施科教兴国战略奠定了思想基础和政策基础。

1999年，中共中央、国务院召开第三次全国教育会议，会后颁布《关于深化教育改革全面推进素质教育的决定》。此次会议及该《决定》强调指出，教育在综合国力的形成中处于基础地位，国力的强弱越来越取决于劳动者的素质，取决于各类人才的质量和数量。全党、全社会必须从我国社会主义事业兴旺发达和中华民族伟大复兴的大局出发，深化教育改革，全面推进素质教育，构建一个充满生机的有中国特色社会主义教育体系，为实施科教兴国战略奠定坚实的人才和知识基础。这与党的十五大提出科教兴国战略的教育定位是根本一致的。

2010年，为促进教育事业科学发展，全面提高国民素质，加快社会主义现代化进程，中共中央、国务院召开第四次全国教育大会，会后颁布的《国家中长期教育改革和发展规划纲要（2010—2020年）》指出：教育是民族振兴、社会进步的基石，是提高国民素质、促进人的全面发展的根本途径，寄托着亿万家庭对美好生活的期盼。强国必先强教。优先发展教育、提高教育现代化水平，对实现全面建设小康社会奋斗目标、建设富强民主文明和谐的社会主义现代化国家具有决定性意义。要求优先发展教育，完善中国特色社会主义现代教育体系，加快从教育大国向教育强国、从人力资源大国向人力资源强国迈进，办好人民满意的教育，建设人力资源强国。这与十七大关于"优先发展教育，建设人力资源强国"的战略部署是根本一致的。

2018年，中共中央、国务院召开新时代以来第一次、改革开放以来第五次全国教育大会，会后不久颁布的《中国教育现代化2035》指出："教育是民族振兴、社会进步的重要基石，是功在当代、利在千秋的德政工程，对提高人民综合素质、促进人的全面发展、增强中华民族创新创造活力、实现中华民族伟大复兴具有决定性意义。"这是对党的十九大从坚持和发展中国特色社会主义的战略高度，作出的优先发展教育事业、加快教育现代化、建设教育强国的重大部署的系统贯彻和深入落实。

2024年国务院政府工作报告明确提出，要制定和实施教育强国建设规划纲要。这是对党的二十大提出的加快建设教育强国、科技强国、人才强国的具体落实。党的二十大闭幕不久，在中共中央政治局第五次集体学习会上，习近平总书记指出："教育兴则国家兴，教育强则国家强。建设教育强国，是全面建成社会主义现代化强国的战略先导，是实现高水平科技自立自强的重要支撑，是促进全体人民共同富裕的有效途径，是以中国式现代化全面推进中华民族伟大复兴的基础工程。"[1]此次学习会明确了加快教育现代化，建设中国特色社会主义教育强国的意义、任务、内涵和建设路径，系统全面地落实了教育在全面建设社会主义现代化强国、实现中华民族伟大复兴中的基础性战略性全局性定位。

---

① 习近平在中共中央政治局第五次集体学习时强调：加快建设教育强国 为中华民族伟大复兴提供有力支撑[EB/OL].(2023-05-29)[2024-01-19].http://www.moe.gov.cn/jyb_xwfb/s6052/moe_838/202305/t20230529_1061907.html.

新中国成立以来培养新人的目标定位及教育进路①

　　培养新人，一直是现代社会变革和人的发展所赋予的一项教育使命。教育现代化的核心是实现人的现代化。20世纪70年代初，联合国教科文组织在《学会生存——教育世界的今天和明天》中指出："教育在历史上第一次为一个尚未存在的社会培养着新人。"②一些国家"正在努力建设一个完全不同的社会，而在这些国家中我们就可以看到这种为未来培养新人的倾向"③。事实上，马克思、恩格斯在对"旧人"进行批判和否弃的同时，就致力于对"新人"的追求和形塑，实现唯物史观和科学社会主义的新人自觉。马克思指出"施蒂纳"们把那些使社会革命化并把生产关系和交往形式置于新的基础上，即置于作为新人的他们自己、他们新的生活方式之上的共产主义无产者，依然是"旧人"④。恩格斯指出："当18世纪的农民和手工工场工人被吸引到大工业中以后，他们改变了自己的整个生活方式而完全成为另一种人，同样，用整个社会的力量来共同经营生产和由此而引起的生产的新发展，也需要一种全新的人，并将创造出这种新人来。"⑤马克思主义新人需要通过整个共产主义运动以全人类解放来最终实现，但新人又是通过实践改造外部环境的同时改变着人自身，进而由一个个相对低级形态走向相对高级形态的历史发展过程。

　　新中国成立以来，党和国家主要领导人以马克思主义新人思想为基本遵循，结合社会主义建设不同时期的实际，高度重视社会主义新人的塑造与培养，建设新社会、开创新时代，反映了中国特色社会主义事业对于"全新的人"的客

---

　　① 本节根据《新中国70年培养新人的教育进路》一文修改而成，原载于《教育研究》2019年第8期。

　　② 联合国教科文组织国际教育发展委员会.学会生存:教育世界的今天和明天[M].华东师范大学比较教育研究所,译.北京:教育科学出版社,1996:39.

　　③ 联合国教科文组织国际教育发展委员会.学会生存:教育世界的今天和明天[M].华东师范大学比较教育研究所,译.北京:教育科学出版社,1996:39.

　　④ 马克思恩格斯全集(第三卷)[M].北京:人民出版社,1960:234.

　　⑤ 马克思恩格斯全集(第四卷)[M].北京:人民出版社,1958:370.

观要求，同时又是"创造这种新人"的生动实践。一方面，动员和组织文学艺术创作和思想理论宣传工作，进行新人形象与品质的塑造；另一方面，通过制定教育方针和形成一定的教育价值、制度及实践体系，加强新人培养。回顾新中国教育75年培养新人的目标定位及教育进路历程，厘清贯穿其中的内在逻辑，对于探索培养社会主义新人的育人规律，落实新时代立德树人根本任务，以中国式教育现代化战略性全局性支撑强国建设和民族复兴，无疑具有重要的理论价值和现实意义。

一、回归与超越：培养新人的教育任务宗旨进路

中国近代以来，思想家、革命家一直在探索培养和造就救国图强的一代"新人"。严复提出"鼓民力、开民智、新民德"的"三育并举"，梁启超疾呼"欲维新吾国，当先维新吾民""新民为今日中国第一急务"。蔡元培提出"五育并举"以顺应时势，养成共和国民健全之人格。然而，这些理想和论说并没有转化为培养新民的成功实践，更没有以此实现其救国图强的宏愿。新中国教育75年来，中国共产党人努力将马克思主义新人思想与中国特色社会主义事业发展对培养新人的具体需要相结合，不断实现育人目标的创造性建构。

（一）培养"共产主义社会的全面发展的新人"

新中国成立之初，在改造旧教育、旧思想的同时，就着手建立新教育、新学制，坚持学校向工农开门，培养同新社会相适应的社会主义新人。毛泽东多次用"新后代""新主人"表达培养新人的目标意涵。1958年9月19日，由毛泽东起草，中共中央、国务院印发的《关于教育工作的指示》在总结新中国教育成就的同时，指出教育上存在的脱离生产劳动、脱离实际，忽视政治、忽视党的领导的错误，提出要培养"共产主义社会的全面发展的新人"，这就是"既有政治觉悟又有文化的、既能从事脑力劳动又能从事体力劳动的人，而不是旧社会的只专不红，脱离生产劳动的资产阶级知识分子"[①]。要求一切学校必须进行马克思列宁主义的政治教育和思想教育，包括阶级观点、群众观点和集体观点、

---

① 关于教育工作的指示[N].人民日报,1958-09-20(01).

劳动观点、辩证唯物主义的观点教育，将生产劳动列入正式课程，每个学生必须按照规定参加一定时间的劳动。这一育人目标实现了新中国教育最初的新人自觉，即从教育脱离劳动转变为服务劳动人民、与生产劳动相结合，培养又红又专、有社会主义觉悟的有文化的劳动者。

（二）培养社会主义"四有新人"

改革开放之初，针对十年"文革"给培养新人造成的巨大破坏和严重损失，邓小平指出"不抓科学、教育，四个现代化就没有希望，就是一句空话"①。1978年在全国教育工作会议讲话提出，要"造就具有社会主义觉悟的一代新人"②。1980年5月26日在给《中国少年报》和《辅导员》杂志题词中，首次提出希望全国小朋友"立志做有理想、有道德、有知识、有纪律的人"。1985年3月在全国科技工作会议讲话中，正式确立"四有新人"的育人目标："就是我们在建设具有中国特色的社会主义社会时，一定要坚持发展物质文明和精神文明，坚持五讲四美三热爱，教育全国人民做到有理想、有道德、有文化、有纪律。"③同此前育人目标相比，"四有新人"更加切合中国特色社会主义初级阶段国情实际及其对培养新人的时代要求。

邓小平指出："我们历来提倡有理想、有道德、有文化、有纪律，其中最重要的是有理想、有纪律。"④"我们一定要经常教育我们的人民，尤其是我们的青年，要有理想。"⑤"革命的理想，共产主义的品德，要从小开始培养。"⑥"中小学教师和幼儿教育工作者，负有培养革命接班人的幼苗的重任。"⑦针对"有一部分青年有忽视政治的趋向"及自由化思想倾向，他指出："一定要让我们的人民，包括我们的孩子们知道，我们是坚持社会主义和共产主义的，我们采取的各方面的政策，都是为了发展社会主义，为了将来实现共产主义。"⑧

---

① 邓小平文选(第二卷)[M].北京：人民出版社,1994:68.
② 邓小平文选(第三卷)[M].北京：人民出版社,1993:105.
③ 邓小平文选(第三卷)[M].北京：人民出版社,1993:110.
④ 邓小平文选(第三卷)[M].北京：人民出版社,1993:209.
⑤ 邓小平文选(第三卷)[M].北京：人民出版社,1993:110.
⑥ 邓小平文选(第二卷)[M].北京：人民出版社,1994:106.
⑦ 邓小平文选(第二卷)[M].北京：人民出版社,1994:106.
⑧ 邓小平文选(第三卷)[M].北京：人民出版社,1993:112.

"有了理想，还要有纪律才能实现。纪律和自由是对立统一的关系，两者是不可分的，缺一不可。我们这么大一个国家，怎样才能团结起来、组织起来呢？一靠理想，二靠纪律。组织起来就有力量。没有理想，没有纪律，就会像旧中国那样一盘散沙，那我们的革命怎么能够成功？我们的建设怎么能够成功？"[①]他特别指出学校要大力加强革命秩序和革命纪律，造就具有社会主义觉悟的一代新人，促进整个社会风气的革命化。"有道德"是用社会主义道德来规范和引领社会主义市场经济建设。要加强社会主义精神文明和道德建设，提倡个人利益服从集体利益，局部利益服从整体利益，暂时利益服从长远利益。针对青年中有些人有些坏的风气、习惯，使社会主义的道德风尚受到严重的损害，他提出必须从教育入手加以改变，从各方面采取有效的措施，搞好社会风气。针对"文革"期间出现的一系列极左倾向，邓小平打破思想禁区，消解了生产、坚定正确政治方向与学习科学文化之间的矛盾，确立"有文化"对于新人培养的极端重要性。认为建设现代化社会主义强国并在上层建筑领域最终战胜资产阶级的影响，必须培养具有高度科学文化水平的劳动者，造就宏大的又红又专的工人阶级知识分子队伍；坚定正确的政治方向并不是说要把大量的课时用于思想政治教育，学生把坚定正确的政治方向放在第一位，不仅不排斥学习科学文化知识，相反，政治觉悟越是高，为革命学习科学文化知识就应该越是自觉，越加刻苦。

1989年江泽民在《致全国少先队员和少先队工作者的贺信》中指出，今天的少年儿童将要担负起21世纪建设社会主义祖国的重任，培养接班人必须从小抓起。1999年6月在第三次全国教育工作会议讲话指出，要"努力造就有理想、有道德、有文化、有纪律的，德育、智育、体育、美育等全面发展的社会主义事业建设者和接班人。"[②]在纪念北京大学建校百年讲话中，将"四有"新人的培养进一步发展成为"四个统一"，将促进人的全面发展作为建设社会主义社会的本质要求和全面建设小康社会的重要目标，将推进人的全面发展同推进经济、文化的发展和改善人民物质文化生活当作互为前提和基础。

胡锦涛在坚持培育有理想、有道德、有文化、有纪律的"四有"新人的同

---

① 邓小平文选(第三卷)[M].北京：人民出版社，1993：111.

② 江泽民文选(第二卷)[M].北京：人民出版社，2006：332.

时，提出要不断提高全民族的思想道德素质和科学文化素质，为改革开放和社会主义现代化建设提供强大精神动力和智力支持。2007年5月4日胡锦涛提出当代青年要成为"四个新一代"的要求，汲取"四有"新人的思想精髓，又体现了以人为本的科学发展观。

（三）培养"担当民族复兴大任的时代新人"

十八大以来，中国特色社会主义进入新时代，培养什么人、怎样培养人、为谁培养人进一步成为教育的根本问题。习近平在党的十九大报告首次提出"要以培养担当民族复兴大任的时代新人为着眼点"。在2018年9月10日全国教育大会上指出，广大教师"承载着传播知识、传播思想、传播真理，塑造灵魂、塑造生命、塑造新人的时代重任"①。2019年3月在学校思想政治理论课教师座谈会上，进一步提出学校教育要"努力培养担当民族复兴大任的时代新人，培养德智体美劳全面发展的社会主义建设者和接班人"②。这一重要论述实现了马克思主义新人思想的中国化和时代化，为培养新时代社会主义新人指明了方向。

围绕培养担当民族复兴大任的时代新人，习近平在全国教育大会上提出"六个下功夫"和"六个教育引导"，实现对"四有"新人目标内涵的全面提升。将"有理想"升华为"要在坚定理想信念上下功夫，教育引导学生树立共产主义远大理想和中国特色社会主义共同理想，增强学生的中国特色社会主义道路自信、理论自信、制度自信、文化自信，立志肩负起民族复兴的时代重任"③。将"有道德"升华为"要在加强品德修养上下功夫，教育引导学生培育和践行

① 习近平在全国教育大会上强调：坚持中国特色社会主义教育发展道路 培养德智体美劳全面发展的社会主义建设者和接班人[EB/OL].(2018-09-11)[2019-05-07].http://cpc.people.com.cn/n1/2018/0911/c1024-30284697.html.

② 立德树人，习近平强调办好这个"关键课程"[EB/OL].(2019-03-21)[2019-05-07].http://www.moe.gov.cn/jyb_xwfb/xw_zt/moe_357/jyzt_2019n/2019_zt3/zt1903_jd/201903/t20190321_374700.html.

③ 习近平在全国教育大会上强调：坚持中国特色社会主义教育发展道路 培养德智体美劳全面发展的社会主义建设者和接班人[EB/OL].(2018-09-11)[2019-05-07].http://cpc.people.com.cn/n1/2018/0911/c1024-30284697.html.

社会主义核心价值观，踏踏实实修好品德，成为有大爱大德大情怀的人"①。将"有文化"升华为"要在增长知识见识上下功夫，教育引导学生珍惜学习时光，心无旁骛求知问学，增长见识，丰富学识，沿着求真理、悟道理、明事理的方向前进"②。将"有纪律"升华为"要在增强综合素质上下功夫，教育引导学生培养综合能力，培养创新思维"③。此外，结合新时代中国特色社会主义新形势新要求，提出要在厚植爱国主义情怀和培养奋斗精神上下功夫，让爱国主义精神在学生心中牢牢扎根，教育引导学生热爱和拥护中国共产党，立志听党话、跟党走，立志扎根人民、奉献国家；教育引导学生树立高远志向，历练敢于担当、不懈奋斗的精神，具有勇于奋斗的精神状态、乐观向上的人生态度，做到刚健有为、自强不息。总之，"六个下功夫"和"六个教育引导"，保持了"四有"新人的底色和本色，又赋予时代新人以时代内涵和特质。党的二十大报告提出要着力培养担当民族复兴大任的时代新人，指出："培养什么人、怎样培养人、为谁培养人是教育的根本问题。""育人的根本在于立德。""坚持为党育人、为国育才，全面提高人才自主培养质量，着力造就拔尖创新人才，聚天下英才而用之。"④培养时代新人是新时代的使命召唤，更是担当民族复兴大任、建设社会主义现代化强国的主体担当。

二、转变与拓展：培养新人的教育目标进路

新中国75年培养新人的育人目标及其价值取向的回归与超越，又是与不同

---

① 习近平在全国教育大会上强调:坚持中国特色社会主义教育发展道路 培养德智体美劳全面发展的社会主义建设者和接班人[EB/OL].(2018-09-11)[2019-05-07].http://cpc.people.com.cn/n1/2018/0911/c1024-30284697.html.

② 习近平在全国教育大会上强调:坚持中国特色社会主义教育发展道路 培养德智体美劳全面发展的社会主义建设者和接班人[EB/OL].(2018-09-11)[2019-05-10].http://cpc.people.com.cn/n1/2018/0911/c1024-30284697.html.

③ 习近平在全国教育大会上强调:坚持中国特色社会主义教育发展道路 培养德智体美劳全面发展的社会主义建设者和接班人[EB/OL].(2018-09-11)[2019-05-10].http://cpc.people.com.cn/n1/2018/0911/c1024-30284697.html.

④ 习近平.高举中国特色社会主义伟大旗帜 为全面建设社会主义现代化国家而团结奋斗:在中国共产党第二十次全国代表大会上的报告[M].北京:人民出版社,2022:33-34.

历史时期特定的社会关系紧密联系在一起，并外化为培养新人的社会定位上。马克思指出："全面发展的个人……不是自然的产物，而是历史的产物。"①不同历史时期的社会关系的转变，具体表现为生产力与生产关系、经济基础与上层建筑的关系形态和性质的不断发展，进而使培养新人的要求随社会条件的改变而改变，赋予不同历史时期培养新人的社会角色、身份地位。

（一）培养"有社会主义觉悟的有文化的劳动者"

1957年，针对知识分子和青少年中存在的不愿到工厂和农村劳动，偏重个人前途的思想问题，毛泽东在《关于处理人民内部矛盾的问题》中指出："在知识分子和青年学生中间，最近一个时期，思想政治工作减弱了，出现了一些偏向。在一些人的眼中，好像什么政治，什么祖国的前途、人类的理想，都没有关心的必要。""有些青年人以为到了社会主义社会就应当什么都好了，就可以不费气力享受现成的幸福生活了。"他在这篇重要文献中将培养新人的目标定位为"有社会主义觉悟的有文化的劳动者"②。次年，他在最高国务会议上指出："几千年来，都是教育脱离劳动，现在要教育劳动相结合，这是一个基本原则。"③同年，中共中央、国务院《关于教育工作的指示》针对教育上存在的脱离生产劳动、脱离实际，一定程度上忽视政治、忽视党的领导的错误，指出无产阶级国家"教育的目的，是培养有社会主义觉悟的有文化的劳动者，这是全国统一的，违反这个统一性，就破坏社会主义教育的根本原则"④，明确"党的教育方针，是教育为无产阶级政治服务，教育与生产劳动相结合；为实现这个方针，教育工作必须由党来领导"⑤。

将培养新人定位于劳动者，直接目的是消除开始出现的升学与就业之间的矛盾，希望新一代不要鄙视体力劳动、脱离生产劳动，成为"骑在人民头上的老爷"。最高目的是"使我国的教育事业能够更好地为社会主义革命和建设服务，为消灭一切剥削阶级和一切剥削制度的残余服务，为将来向共产主义社会

---

① 马克思恩格斯文集（第八卷）[M].北京：人民出版社，2009：56.
② 毛泽东文集（第七卷）[M].北京：人民出版社，1999：226.
③ 毛泽东著作专题摘编[M].北京：中央文献出版社，2003：1638.
④ 关于教育工作的指示[N].人民日报，1958-09-20(01).
⑤ 关于教育工作的指示[N].人民日报，1958-09-20(01).

过渡，逐步消灭脑力劳动与体力劳动的差别服务"①。只是后来相当一个时期政治路线和教育方针的"左"的倾向，将"劳动者"片面理解为体力劳动者，将知识分子及脑力劳动者作为批判和改造的对象，搞"停课闹革命"，导致一代新人思想道德和知识文化水平大大下降，给社会主义事业带来巨大损失。

（二）培养"坚持社会主义方向的各级各类合格人才"和"有文化、懂技术、业务熟练的劳动者"

改革开放后，邓小平打破此前培养"劳动者"的单一目标定位，指出："不论脑力劳动，体力劳动，都是劳动。从事脑力劳动的人也是劳动者。将来，脑力劳动和体力劳动更分不开来。……要重视知识，重视从事脑力劳动的人，要承认这些人是劳动者。"②"我们国家，国力的强弱，经济发展后劲的大小，越来越取决于劳动者的素质，取决于知识分子的数量和质量。"③在这一思想指导下，1985年《中共中央关于教育体制改革的决定》提出："今后事情成败的一个重要关键在于人才，而要解决人才问题，就必须使教育事业在经济发展的基础上有一个大的发展。""我们不但必须放手使用和努力提高现有的人才，而且必须极大地提高全党对教育工作的认识，面向现代化、面向世界、面向未来，为九十年代以至下世纪初叶我国经济和社会的发展，大规模地准备新的能够坚持社会主义方向的各级各类合格人才。"④其中，在造就数以亿计的各行各业有文化、懂技术、业务熟练的劳动者同时，还要造就数以千万计的具有现代科学技术和经营管理知识，具有开拓能力的厂长、经理、工程师、农艺师、经济师、会计师、统计师和其他经济、技术工作人员，数以千万计的能够适应现代科学文化发展和新技术革命要求的教育工作者、科学工作者、医务工作者、理论工作者、文化工作者、新闻和编辑出版工作者、法律工作者、外事工作者、军事工作者和各方面党政工作者。从培养劳动者到培养各级各类合格人才和合格劳

---

① 杨秀峰.我国教育事业的大革命和大发展:中华人民共和国成立十周年纪念文集[M].北京:人民出版社,1959:468.

② 邓小平文选(第二卷)[M].北京:人民出版社,1994:41.

③ 邓小平文选(第三卷)[M].北京:人民出版社,1993:120

④ 中共中央文献研究室.改革开放三十年重要文献选编(上)[M].北京:中央文献出版社,2008:381.

动者的育人定位转变，激发了全国人民尊重知识、重视教育的积极性，也大大推动经济建设转向依靠科技进步和提高劳动者素质的轨道上来，为各行各业建设和发展提供了巨大的人才支持和智力支撑。

（三）培养"社会主义建设者和接班人"

20世纪90年代，中国特色社会主义建设事业进入一个新的发展阶段，如何进一步提高劳动者素质，培养大批人才，建立适应社会主义市场经济体制和政治、科技体制改革需要的教育体制，更好地为社会主义现代化建设服务，成为教育改革发展的核心任务。1990年6月26日，江泽民为华南师范大学附中题词"培养社会主义建设者和接班人"，首次将"建设者"纳入育人目标并与"接班人"并提。同年12月30日《中共中央关于制定国民经济和社会发展十年规划和"八五"计划的建议》将"培养德智体全面发展的建设者和接班人"作为教育方针。1993年《中国教育改革和发展纲要》提出："必须坚持党对教育工作的领导，坚持教育的社会主义方向，培养德智体全面发展的建设者和接班人。"[①]1997年党的十五大将这一教育方针写进政治报告，确立这一时期培养新人的社会定位。

2001年，在庆祝中国共产党成立八十周年大会上，针对改革开放以来我国的社会阶层构成发生了新的变化，出现了民营科技企业的创业人员和技术人员、受聘于外资企业的管理技术人员、个体户、私营企业主、中介组织的从业人员、自由职业人员等社会阶层，江泽民指出："在党的路线方针政策指引下，这些新的社会阶层中的广大人员，通过诚实劳动和工作，通过合法经营，为发展社会主义社会的生产力和其他事业作出了贡献。他们与工人、农民、知识分子、干部和解放军指战员团结在一起，他们也是有中国特色社会主义事业的建设者。"[②]之所以如此，是因为"随着经济的发展，广大人民群众的生活水平不断提高，个人的财产也逐渐增加。在这种情况下，不能简单地把有没有财产、有

---

① 中共中央文献研究室.十四大以来重要文献选编（上）[M].北京：中央文献出版社，1996：61.

② 江泽民在庆祝建党八十周年大会上的讲话[EB/OL].(2001-07-02)[2019-05-20].http://www.people.com.cn/GB/shizheng/16/20010702/501591.html.

多少财产当作判断人们政治上先进与落后的标准，而主要应该看他们的思想政治状况和现实表现，看他们的财产是怎么得来的以及对财产怎么支配和使用，看他们以自己的劳动对建设有中国特色社会主义事业所作的贡献"①。党的十六大将这一系列观点写进政治报告，指出："要尊重和保护一切有益于人民和社会的劳动。不论是体力劳动还是脑力劳动，不论是简单劳动还是复杂劳动，一切为我国社会主义现代化建设作出贡献的劳动，都是光荣的，都应该得到承认和尊重。"②这一论断进一步为将"建设者"纳入育人定位奠定政治基础。

此后，胡锦涛在党的十七大和十八大报告指出，在坚持和完善公有制为主体、多种所有制经济共同发展的基本经济制度基础上，毫不动摇地鼓励、支持、引导非公有制经济发展；破除体制障碍，促进个体、私营经济和中小企业发展，加快形成统一开放竞争有序的现代市场体系，逐步建立以权利公平、机会公平、规则公平为主要内容的社会公平保障体系，努力营造公平的社会环境，保证人民平等参与、平等发展权利。在教育和就业上，引导劳动者转变就业观念，鼓励多渠道多形式就业，促进创业带动就业，"完善支持自主创业、自谋职业政策，加强就业观念教育，使更多劳动者成为创业者"③，"要贯彻劳动者自主就业、市场调节就业、政府促进就业和鼓励创业的方针，实施就业优先战略和更加积极的就业政策。"④这为培养社会主义事业的建设者进一步提供了法律环境、教育和就业通道。

2017年1月30日，习近平在会见清华大学经济管理学院顾问委员会海外委员和中方企业家委员时指出："培养人才，根本要依靠教育。教育就是要培养中国特色社会主义事业的建设者和接班人，而不是旁观者和反对派。"⑤2018年3

① 江泽民在庆祝建党八十周年大会上的讲话[EB/OL].(2001-07-02)[2019-05-20].http://www.people.com.cn/GB/shizheng/16/20010702/501591.html.

② 中共中央文献研究室.改革开放三十年重要文献选编(下)[M].北京:中央文献出版社,2008:1247.

③ 胡锦涛.高举中国特色社会主义伟大旗帜　为夺取全面建设小康社会新胜利而奋斗[EB/OL].(2007-10-15)[2019-05-23].http://cpc.people.com.cn/GB/64162/64168/106155/106156/6430009.html.

④ 胡锦涛.高举中国特色社会主义伟大旗帜　为夺取全面建设小康社会新胜利而奋斗[EB/OL].(2007-10-15)[2019-05-23].http://cpc.people.com.cn/GB/64162/64168/106155/106156/6430009.html.

⑤ 习近平会见清华大学经济管理学院顾问委员会海外委员和中方企业家委员的讲话[EB/OL].(2017-10-30)[2019-05-23].http://www.gov.cn/xinwen/2017-10/30/content_5235634.htm.

月20日在十三届全国人大一次会议讲话指出："新时代属于每一个人，每一个人都是新时代的见证者、开创者、建设者。"①在全国教育大会上指出："我国是中国共产党领导的社会主义国家，这就决定了我们的教育必须把培养社会主义建设者和接班人作为根本任务，培养一代又一代拥护中国共产党领导和我国社会主义制度、立志为中国特色社会主义奋斗终身的有用人才。这是教育工作的根本任务，也是教育现代化的方向目标。"②从而将时代新人与拥护中国共产党领导和我国社会主义制度、立志为中国特色社会主义奋斗终身直接联系了起来。同年11月在民营企业座谈会上指出："我国经济发展能够创造中国奇迹，民营经济功不可没！""公有制经济、非公有制经济应该相辅相成、相得益彰，而不是相互排斥、相互抵消。""基本经济制度是我们必须长期坚持的制度。民营经济是我国经济制度的内在要素，民营企业和民营企业家是我们自己人。"③这一论述充分保障了民营企业及民营企业家作为社会主义建设者的身份地位，为新时代培养社会主义建设者提供了新的制度空间和政治保障。

党的二十大报告指出，要坚持为党育人、为国育才，"全面贯彻党的教育方针，落实立德树人根本任务，培养德智体美劳全面发展的社会主义建设者和接班人"④。新时代培养社会主义建设者和接班人，更加聚焦培养什么人、怎样培养人、为谁培养人的根本问题，更加强调育人的根本在于育德，要将立德树人作为根本任务，更加强调用社会主义核心价值观铸魂育人，推进大中小学思想政治教育一体化建设，更加强调引导青年一代立志做有理想、敢担当、能吃苦、肯奋斗的新时代好青年，成为堪当民族复兴大任的时代新人。

---

① 中共中央文献研究室.十九大以来重要文献选编（上）[M].北京：中央文献出版社，2019：393.

② 习近平在全国教育大会上强调：坚持中国特色社会主义教育发展道路 培养德智体美劳全面发展的社会主义建设者和接班人[EB/OL].（2018-09-12）[2019-05-23].http://cpc.people.com.cn/n1/2018/0912/c64036-30289666.html.

③ "民营企业和民营企业家是我们自己人"：习近平总书记主持召开民营企业座谈会侧记[EB/OL].（2018-11-02）[2019-05-23].http://news.cnr.cn/native/gd/20181102/t20181102_524402889.shtml?from=timeline.

④ 习近平：高举中国特色社会主义伟大旗帜 为全面建设社会主义现代化国家而团结奋斗：在中国共产党第二十次全国代表大会上的报告[EB/OL].（2022-10-25）[2024-01-27].https://www.gov.cn/xinwen/2022-10/25/content_5721685.htm.

三、创构与完善：培养新人的教育体系路径进路

在马克思主义新人学说中，"人的全面发展"与"全面发展教育"是两个联系紧密又相互区别的概念。前者是一个历史发展的阶段性过程，并达至共产主义社会人的全面发展的终极形态；后者则是不同历史社会条件下促进人的全面发展的实践努力，对人的全面发展发挥重要的推动作用。新中国教育75年培养新人的教育进路，一直坚持以全面发展教育为基本路径，以促进人的全面发展为价值目标，两者形成相辅相成的发展过程。

（一）"德育、智育、体育几方面都得到发展"

新中国成立之初，新人及其培养注重于改变新中国成立前被压迫被奴役的地位，确立政治、经济、社会平等地位，并力求成为"社会多面手"。1950年毛泽东在给教育部部长马叙伦的信中提出："健康第一，学习第二。"[①]1953年在接见共青团第二次全国代表大会主席团谈话中，提出"要使青年身体好，学习好，工作好。……现在新中国要把方针改一改，要为青少年设想"[②]。此外，他要求逐步废除干部子弟学校，与人民子弟合一，做到待遇划一，不再分等级[③]，并要求对于资本家子女要一视同仁，把他们培养成为国家建设人才，不要看家庭出身[④]。1957和1958年确立的教育方针，强调通过教育与生产劳动相结合，使受教育者在德育、智育、体育几方面都得到发展，这是将原先以"三好"为内涵的人的全面发展调整为德育、智育、体育几方面都得到发展的全面发展教育。其中，注重加强思想政治工作，把德育放在首位；在学习方面除学习专业之外，要求在思想上政治上有所进步，突出强调"没有正确的政治观点，就等于没有灵魂"。注重通过自己的辛勤劳动来建设富强的社会主义新中国，突出劳动者应具备的德智体几方面都得到发展的各方面素质，都立足于劳动、形成于劳动。

---

① 中共中央文献研究室.毛泽东书信选集[M].北京:中央文献出版社,2003:351.
② 毛泽东文集(第六卷)[M].北京:人民出版社,1999:278.
③ 中共中央文献研究室.毛泽东书信选集[M].北京:中央文献出版社,2003:401.
④ 毛泽东文集(第六卷)[M].北京:人民出版社,1999:177.

次年，中共中央、国务院《关于教育工作的指示》将全面发展与全面发展教育融合起来，指出："党所提出的'培养有社会主义觉悟的有文化的劳动者'的口号，正确地解释了'全面发展'的涵意。"①毛泽东指出："我们所主张的全面发展，是要使学生得到比较完全的和比较广博的知识，发展健全的身体，发展共产主义的道德。"②而且，"儿童时期需要发展身体，这种发展要是健全的。儿童时期需要发展共产主义的情操、风格和集体英雄主义的气概，就是我们时代的德育。这二者同智育是连结一道的。二者都同从事劳动有关，所以教育与劳动结合的原则是不可移易的。"③为此，毛泽东将教育与生产劳动相结合广泛运用到党的知识分子政策和青少年教育上，指出："教育必须为无产阶级政治服务，必须同生产劳动相结合。劳动人民要知识化，知识分子要劳动化。"④一方面，劳动人民翻身当家成为国家的主人，但新中国建设和发展所需要的劳动者，不再是目不识丁、受剥削受压迫，而是有社会主义觉悟的有文化的新型劳动者，实现劳动人民知识化；另一方面，脱离生产劳动和脱离劳动人民的知识分子也要与生产劳动相结合，向劳动人民学习，加强思想改造，实现知识分子劳动化。这种通过教育与生产劳动结合培养的新人，成为新中国建设和发展的主导力量。此外，他还在《工作方法六十条（草案）》中提出："红与专、政治与业务的关系，是两个对立物的统一。一定要批判不问政治的倾向。一方面要反对空头政治家，另一方面要反对迷失方向的实际家。"⑤1964年在《减轻中学生负担问题的意见》中批示："培养青年们在德、智、体诸方面生动活泼地主动地得到发展的。"⑥但这一时期全面发展教育偏向于人的思想改造及政治教育，脱离社会生产力及经济建设对新人的知识和能力要求。

改革开放后，邓小平继承了毛泽东关于德智体全面发展的新人思想，在全国教育工作会议上指出："我们的学校是为社会主义建设培养人才的地方。培养

---

① 关于教育工作的指示[N].人民日报,1958-09-20(01).

② 毛泽东文集(第七卷)[M].北京:人民出版社,1999:399.

③ 毛泽东文集(第七卷)[M].北京:人民出版社,1999:398-399.

④ 中共中央文献研究室.建国以来重要文献选编(第十九册)[M].北京:中央文献出版社,1998:68.

⑤ 毛泽东文集(第七卷)[M].北京:人民出版社,1999:351.

⑥ 毛泽东文集(第八卷)[M].北京:人民出版社,1999:376.

人才有没有质量标准呢？有的。这就是毛泽东同志说的，应该使受教育者在德育、智育、体育几方面都得到发展，成为有社会主义觉悟的有文化的劳动者。"①"毛泽东同志主张要德、智、体全面发展嘛。中小学都要这样做。"②要求"不仅大中学校招生要德智体全面考核，择优录取，而且各部门招工用人也要逐步实行德智体全面考核的办法，择优尽先录用。这也是把毛泽东同志提出的培养德智体全面发展、有社会主义觉悟的有文化的劳动者的方针贯彻到底，贯彻到整个社会的各个方面"③。此后相当长一个时期，党和国家教育方针在将德智体全面发展作为全面发展目标的同时，积极开展新时期条件下全面发展教育。邓小平对教育与生产劳动相结合的内容、方式和途径进行了根本性改造。他高度认同马克思、恩格斯、列宁和毛泽东关于教育与生产劳动相结合是培养全面发展新人的根本途径，是逐步消灭脑力劳动和体力劳动差别的重要措施，并针对"文革"期间教育与生产劳动的绝对化倾向，着眼于现代生产和科技发展的新形势新要求，提出必须认真研究在新的条件下如何更好地贯彻教育与生产劳动相结合的方针："现代经济和技术的迅速发展，要求教育质量和教育效率的迅速提高，要求我们在教育与生产劳动结合的内容上、方法上不断有新的发展。"④"更重要的是整个教育事业必须同国民经济发展的要求相适应。不然，学生学的和将来要从事的职业不相适应，学非所用，用非所学，岂不是从根本上破坏了教育与生产劳动相结合的方针？"⑤为此，要求通过各部门共同努力，使教育事业的计划成为国民经济计划的一个重要组成部分，对各级各类学校发展的比例、专业设置、课程教材、教学活动进行调整和改革，使之更加符合经济计划和教育计划的需要，并将教育规划同国家的劳动计划结合起来，切实考虑劳动就业发展的需要。

（二）"德育、智育、体育、美育等全面发展"

1995年《中华人民共和国教育法》（以下简称《教育法》）基本采纳了《中

---

① 邓小平文选(第二卷)[M].北京:人民出版社,1994:103.
② 邓小平文选(第二卷)[M].北京:人民出版社,1994:54-55.
③ 邓小平文选(第二卷)[M].北京:人民出版社,1994:106-107.
④ 邓小平文选(第二卷)[M].北京:人民出版社,1994:107.
⑤ 邓小平文选(第二卷)[M].北京:人民出版社,1994:107.

国教育改革和发展纲要》的教育方针表述方案，将其确立为："教育必须为社会主义现代化建设服务，必须与生产劳动相结合，培养德、智、体等方面全面发展的社会主义事业的建设者和接班人。"①同时，在"德、智、体"后面加"等方面"，在"建设者和接班人"前面加"社会主义事业的"定语。这为突破一直以来"德智体全面发展"，进一步丰富和发展培养新人的内涵特质奠定了基础。1999年6月中共中央、国务院《关于深化教育改革全面推进素质教育的决定》提出："努力造就'有理想、有道德、有文化、有纪律'的，德育、智育、体育、美育等全面发展的社会主义事业建设者和接班人。"②并指出美育不仅能陶冶情操、提高素养，而且有助于开发智力，对于促进学生全面发展具有不可替代的作用。为此，要尽快改变学校美育工作薄弱的状况，将美育融入学校教育全过程。在党的十六大报告中，江泽民提出："全面贯彻党的教育方针，坚持教育为社会主义现代化建设服务，为人民服务，与生产劳动和社会实践相结合，培养德智体美全面发展的社会主义建设者和接班人。"③由此，通过德育、智育、体育、美育等全面发展，培养德智体美全面发展的社会主义事业建设者和接班人，推动实现培养新人的育人进路进入一个崭新阶段。

此后，党的十七大、十八大在教育方针上始终坚持培养德智体美全面发展的社会主义建设者和接班人，并突出"坚持育人为本、德育为先，实施素质教育"和"把立德树人作为教育的根本任务"。其间，《国家中长期教育改革和发展规划纲要（2010—2020年）》将以人为本、全面实施素质教育作为教育改革发展的战略主题，核心是"解决好培养什么人、怎样培养人的重大问题，重点是面向全体学生、促进学生全面发展"，坚持德育为先、坚持能力为重、坚持全面发展，实现德智体美全面发展的育人进路的新发展。提出要"全面加强和改进德育、智育、体育、美育。坚持文化知识学习与思想品德修养的统一、理论学习与社会实践的统一、全面发展与个性发展的统一。加强体育，牢固树立健

---

① 中华人民共和国教育法［EB/OL］.（1995-03-18）［2019-05-27］.http://www.npc.gov.cn/wxzl/gongbao/1995-03/18/content_1481296.htm.

② 中共中央文献研究室.十五大以来重要文献选编中［M］.北京：人民出版社,2001:879-880.

③ 江泽民.全面建设小康社会,开创中国特色社会主义事业新局面［EB/OL］.（2012-10-17）［2019-05-27］.http://www.china.com.cn/guoqing/2012-10/17/content_26821180.htm.

康第一的思想，确保学生体育课程和课余活动时间，提高体育教学质量，加强心理健康教育，促进学生身心健康、体魄强健、意志坚强；加强美育，培养学生良好的审美情趣和人文素养。加强劳动教育，培养学生热爱劳动、热爱劳动人民的情感。重视安全教育、生命教育、国防教育、可持续发展教育。促进德育、智育、体育、美育有机融合，提高学生综合素质，使学生成为德智体美全面发展的社会主义建设者和接班人"①。2015年《教育法》（修正案）将教育方针确立为："教育必须为社会主义现代化建设服务、为人民服务，必须与生产劳动和社会实践相结合，培养德、智、体、美等方面全面发展的社会主义建设者和接班人。"②

（三）"构建德智体美劳全面培养的教育体系"

进入新时代，习近平将劳动和劳动教育纳入人的全面发展和全面发展教育，开启了培养时代新人的实践进路新历程。对于培养什么人、为谁培养人和怎样培养人这一教育根本问题，2018年5月2日在北京大学师生座谈会上指出："我先给一个明确答案，就是我们的教育要培养德智体美全面发展的社会主义建设者和接班人。"③此后，在全国教育大会上提出要以凝聚人心、完善人格、开发人力、培育人才、造福人民为工作目标，"构建德智体美劳全面培养的教育体系""培养德智体美劳全面发展的社会主义建设者和接班人"④。2021年，《教育法》（修正案）将教育方针确定为："教育必须为社会主义现代化建设服务、为人民服务，必须与生产劳动和社会实践相结合，培养德智体美劳全面发展的社

---

① 国家中长期教育改革和发展规划纲要（2010—2020年）[EB/OL].（2010-07-29）[2019-05-27].http://www.moe.gov.cn/srcsite/A01/s7048/201007/t20100729_171904.html.

② 中华人民共和国教育法[EB/OL].（2015-12-28）[2019-05-27].http://www.moe.gov.cn/s78/A02/zfs_left/s5911/moe_619/201512/t20151228_226193.html.

③ 习近平在北京大学师生座谈会上的讲话[EB/OL].（2018-12-16）[2019-05-28].http://www.ccps.gov.cn/xxsxk/zyls/201812/t20181216_125673.shtml.

④ 习近平在全国教育大会上强调:坚持中国特色社会主义教育发展道路 培养德智体美劳全面发展的社会主义建设者和接班人[EB/OL].（2018-09-12）[2019-05-28].http://cpc.people.com.cn/n1/2018/0912/c64036-30289666.html.

会主义建设者和接班人。"①

新的教育方针将劳动作为人的全面发展新内涵，实现人的德智体美劳全面发展，指出："全面建成小康社会，进而建成富强民主文明和谐的社会主义现代化国家，根本上靠劳动、靠劳动者创造。"②一方面，将劳动作为人的全面发展重要内涵，并为人的全面发展提供十分重要的实践中介。劳动不仅包括劳动意识、劳动态度、劳动情感、劳动意志、劳动行为，也包括劳动成果和劳动回报（物质的和精神的），并具体表现在就业、工作的机会获得、重任担当、能力本领、成就贡献和收入分配等方面的自由而全面。因此，从德智体美全面发展向德智体美劳全面发展的跃升，不仅为新时代人的全面发展增添新的重要内涵，也为时代新人在担当中华民族复兴大任过程中体验劳动最光荣、劳动最崇高、劳动最伟大、劳动最美丽，进而创造美好生活，实现人自身的自由解放，提供了十分重要的实现途径。换言之，进入新时代，随着科学技术的巨大进步和劳动生产率的巨大提高，闲暇时间日益增多，劳动关系改善，劳动的创造性不断增强，进一步焕发出劳动对人的个性自由和精神解放的主体价值和审美意义，时代新人将在更高形态上实现全面发展。

另一方面，将劳动教育作为全面发展教育的重要方面、实现人的全面发展的重要途径。围绕构建德智体美劳全面培养的教育体系，习近平在将立德树人融入教育的各环节、各领域、各方面的同时，着力促进教育与生产劳动相结合的方式和机制创新，强调要在学生中弘扬劳动精神和奋斗精神，教育引导学生崇尚劳动、尊重劳动，懂得劳动最光荣、劳动最崇高、劳动最伟大、劳动最美丽的道理，长大后能够辛勤劳动、诚实劳动、创造性劳动，通过奋斗来实现民族伟大复兴和自己的人生出彩。此外，还提出要在宏观体制机制上促进教育与生产劳动相结合，提升教育服务经济社会发展能力，调整优化高校区域布局、学科结构、专业设置，建立健全学科专业动态调整机制，推进产学研协同创新，积极投身实施创新驱动发展战略，着重培养创新型、复合型、应用型人才。《中

① 中华人民共和国教育法[EB/OL].(2021-07-30)[2024-01-29].http://www.moe.gov.cn/jyb_sjzl/sjzl_zcfg/zcfg_jyfl/202107/t20210730_547843.html.
② 习近平在庆祝"五一"国际劳动节暨表彰全国劳动模范和先进工作者大会上的讲话[EB/OL].(2015-04-29)[2024-01-29].http://cpc.people.com.cn/n/2015/0429/c64094-26921006.html.

国教育现代化2035》围绕构建德智体美劳全面培养的教育体系，确立了更加注重以德为先、更加注重全面发展、更加注重面向人人、更加注重融合发展等基本理念，提出要大力发展素质教育，促进德育、智育、体育、美育和劳动教育有机融合；将教育与生产劳动和社会实践紧密结合，以知促行、以行促知，学以致用；推进产教融合、科教融合，促进人才培养链与产业链、创新链有效衔接，实现教育与经济社会发展深度融合、协同发展。

综观以上，诚如马克思指出："历史从哪里开始，思想进程也应当从哪里开始，而思想进程的进一步发展不过是历史过程在抽象的、理论上前后一贯的形式上的反映。"①新中国成立75年来探索形成的培养新人的目标内涵及教育进路，是三位一体、相互支撑和联系的教育思想进程，在此指导下开展培养新人的教育实践。第一，从历史逻辑上看，教育进路的三个方面各自具有阶段性和前后关联性，但其进路并不是直线式的、一帆风顺的，而是一个不断探索、纠正、重新认识和定位的充满曲折的历史过程。第二，教育进路的三个方面之间在阶段划分及其具体内涵上不是简单对应和同步的，反映出中国共产党人在"为谁培养人""培养什么人""怎样培养人"的根本问题认识上，是一个充满艰辛的思想和实践摸索过程。第三，教育进路的阶段性反映了不同时期经济社会发展对培养新人的根本要求的一致性和具体要求的历史发展性，紧紧跟随中华民族从站起来、富起来到强起来的历史步伐，为中国特色社会主义事业提供重要的人心、人力和人才保障。第四，这一进路历程既有宝贵的成功经验，也有深刻的历史教训，更有许多有待进一步探索和思考的困惑和问题，需要对其进一步深刻认识与理性反思，深化对培养新人的规律性认识，使培养新人的教育进路更加符合中国特色社会主义事业发展以及人的发展的历史逻辑、实践逻辑和理论逻辑。第五，面向新时代，这一进路历程应当与时俱进，任务宗旨、目标定位及体系路径应进一步体现以人民为中心，向人的主体地位及其生活回归，使时代新人在担当民族复兴大任、成为德智体美劳全面发展的社会主义建设者和接班人过程中，成为美好生活的创造者和实现者。

---

① 马克思恩格斯选集(第二卷)[M].北京:人民出版社,1995:43.

改革开放以来教育发展战略的端点定位[①]

"从教育着手，从小学抓起"的重要论断，集中反映了邓小平的教育战略思维，形成一条"现代化建设—科学技术—人才—从教育着手—从小学抓起"的教育发展战略逻辑链。在他的倡议和影响下，1986年4月12日，《中华人民共和国义务教育法》由第六届全国人民代表大会第四次会议通过，7月1日起施行。新时代加快建设教育强国，同样要发挥基础教育的战略基点作用。习近平总书记指出："基础教育搞得越扎实，教育强国步伐就越稳、后劲就越足。"[②]建设高质量教育体系，需要加快义务教育优质均衡发展和城乡一体化，推进基础教育扩优提质，这不仅表明"从小学抓起"的战略思维不仅没有过时，而且为实现中国式教育现代化，全面提高人才自主培养质量，着力造就拔尖创新人才，办好人民满意的教育，提供重要的政策理念和实践路径。

一、"从小学抓起"：教育与现代化关系定位的逻辑端点

早在1975年，邓小平在谈到科技发展要"后继有人"时，就告诫人们："我们有个危机，可能发生在教育部门，把整个现代化水平拖住了。"[③]改革开放后，他进一步指出："我们当前以及今后相当长一个历史时期的主要任务是什么？一句话，就是搞现代化建设。能否实现四个现代化，决定着我们国家的命运、民族的命运。……社会主义现代化建设是我们当前最大的政治，因为它代表着人民的最大的利益、最根本的利益。"[④]随着党和国家的工作重心转移到以经济建

[①] 本节原载于《安徽教育科研》2018年第3期。

[②] 习近平在中共中央政治局第五次集体学习时强调:加快建设教育强国 为中华民族伟大复兴提供有力支撑[EB/OL].(2023-05-29)[2024-02-07].http://www.moe.gov.cn/jyb_xwfb/s6052/moe_838/202305/t20230529_1061907.html.

[③] 邓小平文选(第二卷)[M].北京:人民出版社,1994:34.

[④] 邓小平文选(第二卷)[M].北京:人民出版社,1994:162-163.

设为中心的现代化建设上来，邓小平率先将教育从过去的上层建筑领域转向了社会主义现代化建设上来。1977 年 8 月，他在和教育部两位负责人谈话时指出："根本大计是要从教育着手，从小学抓起，否则赶超就变成了一句空话。"①邓小平从教育与社会主义现代化的本质关系认识到，教育要为社会主义现代化建设服务，必须从"从小学抓起"。

（一）科技人才培养要"从小学抓起"

1977 年 5 月 12 日，邓小平在同方毅、李昌的谈话中指出："抓科研就要抓教育。抓教育，关键在中学，中学又以小学教育为基础。"②5 月 24 日，他同王震、邓力群谈话中进一步阐述道："我们要实现现代化，关键是科学技术要能上去。发展科学技术，不抓教育不行。靠空讲不能实现现代化，必须有知识，有人才。"③"抓科技必须同时抓教育。从小学抓起，一直到中学、大学。我希望从现在开始做起，五年小见成效，十年中见成效，十五年二十年大见成效。"④接着，他在全国科学和教育工作座谈会上指出："科研是靠教育输送人才的，一定要把教育办好。我们要把从事教育工作的与从事科研工作的放到同等重要的地位，使他们受到同样的尊重，同样的重视。"⑤在尊重知识、尊重人才，重视科技和教育事业的过程中，邓小平认识到人才培养和成长的周期性和系统性，始终强调从中小学教育尤其要从小学抓起。

1984 年 2 月 16 日，邓小平在中国福利会儿童计算机活动中心参观孩子们计算机操作表演时指出，计算机普及要从娃娃抓起。1986 年在会见香港知名人士包玉刚等人时指出："教育是一个民族最根本的事业。四化建设的实现要靠知识、靠人才。……人才也不是一天两天就能培养出来的，这就要抓教育，要从娃娃抓起。"⑥1987 年 11 月 11 日，在会见朝鲜时任总理李根模时指出："五十年翻两番也要在本世纪打好基础，特别是智力方面要打好基础。因为那时候管事

---

① 邓小平年谱（一九七五——一九九七）下卷［M］.北京：中央文献出版社,1998:31.
② 邓小平年谱（一九七五——一九九七）下卷［M］.北京：中央文献出版社,2004:158.
③ 邓小平文选（第二卷）［M］.北京：人民出版社,1994:40.
④ 邓小平文选（第二卷）［M］.北京：人民出版社,1994:40.
⑤ 邓小平文选（第二卷）［M］.北京：人民出版社,1994:50.
⑥ 邓小平年谱（一九七五——一九九七）下卷［M］.北京：中央文献出版社,2004:1112.

的是我们现在的娃娃。从娃娃时代起就要打好基础。"①这些论述都充分反映邓小平"科学技术是第一生产力"重要思想中"从小学抓起"对科学技术发展的战略意义。

（二）"四有新人"培育要"从小学抓起"

邓小平在重视教育的生产力功能的同时，还十分重视政治建设特别是精神文明建设，重视对青少年思想政治教育，将培育"四有"新人作为社会主义事业的根本大计。他认为，社会主义的改革是一次前所未有的革命性的变革，因此，只有培育出与社会主义发展大业相适应的一代新人，才能保证社会主义改革的顺利进行并最终取得成功。1978年在全国教育工作会议上，他提出："学校应该永远把正确的政治方向放在第一位。"②"革命的理想，共产主义的品德，要从小开始培养。"③"我们希望从事教育工作的同志，各个有关部门的同志，整个社会的家家户户，都来关心青少年的思想政治的进步，……尤其是中小学教师和幼儿教育工作者，负有培养革命接班人的幼苗的重任。"④他在针对"文革"造成的不良社会风气时指出，要树立好的风气，包括党风、军风、民风、学风，最重要的是党风。好的党风也体现在教育中，这才能培养出好的学风。他提出："现在我们的青少年中，有些人有些坏的风气。改变这种风气，要从小学教育开始。"⑤1989年，他为少先队建队四十周年题词："培养有理想、有道德、有文化、有纪律的无产阶级革命事业接班人。"⑥这些重要论述充分说明，邓小平"四有新人"思想的提出与发展，发轫于对青少年一代的希望，基于青少年一代，从小学抓起、从娃娃抓起，逐步上升到对全国人民的要求，最后又落实到青少年一代培育上。

---

① 邓小平年谱(一九七五——一九九七)下卷[M].北京:中央文献出版社,2004:1217.

② 邓小平文选(第二卷)[M].北京:人民出版社,1994:104.

③ 邓小平文选(第二卷)[M].北京:人民出版社,1994:105.

④ 邓小平文选(第二卷)[M].北京:人民出版社,1994:105-106.

⑤ 邓小平文选(第二卷)[M].北京:人民出版社,1994:54.

⑥ 邓小平文选(第三卷)[M].北京:人民出版社,1993:327.

（三）法制教育要"从娃娃抓起"

现代化必须以法制建设为保障，法制建设是现代化建设的重要方面。早在1954年，邓小平针对学校存在的纪律问题，就指出："发生问题的原因，就是我们没有给娃娃们以教育，因此提出了纪律教育问题。要做一个好公民，就要从小养成守纪律的习惯，这就要经常做工作。"①在建设现代化国家的进程中，邓小平特别重视法制建设，提出要理顺党政关系，加强法制建设，用法制来解决各种不正之风和犯罪问题。然而人民群众法制意识淡薄，一方面是党政不分所造成的，同时也与人们的文化素质有关。他指出现在这么多青年人犯罪，无法无天，没有顾忌，一个重要原因是文化素质太低。所以"加强法制重要的是要进行教育，根本问题是教育人。法制教育要从娃娃开始，小学、中学都要进行这个教育，社会上也要进行这个教育"②。

总之，在邓小平关于社会主义事业总体布局的教育的基础性、全局性、优先性定位中，"从小学抓起"又居于教育发展的基础性、全局性、优先性地位，体现了他对中国特色社会主义现代化建设的深谋远略。

二、"从小学抓起"：教育面向现代化战略定位的逻辑端点

在邓小平"三个面向"教育思想中，人的培养始终是核心。他提出人是最宝贵的财富。1985年在全国教育工作会议上，他说："现在小学一年级的娃娃，经过十几年的学校教育，将成为开创二十一世纪大业的生力军。中央提出要以极大的努力抓教育，并且从中小学抓起，这是有战略眼光的一着。如果现在不向全党提出这样的任务，就会误大事，就要负历史的责任。"③因此，他十分强调以人的培养为核心，加强教育自身的现代化，应当"从小学抓起"。

---

① 邓小平文集(一九四九——九七四)中卷[M].北京：人民出版社,2014:165.

② 邓小平文选(第三卷)[M].北京：人民出版社,1993:163.

③ 邓小平文选(第三卷)[M].北京：人民出版社,1993:120-121.

（一）建立完善现代教育体系，要"从小学抓起"

在我国现代教育体系建立之初，曾出现过蔡元培的"大学优先发展"与范源廉的"小学优先发展"之争。蔡元培说过："我与范君常持相对的循环论。范君说：'小学没有办好，怎能有好中学？中学没有办好，怎能有好大学？所以我们第一步，当先把小学整顿。'我说：'没有好大学，中学师资那（哪）里来？没有好中学，小学师资那（哪）里来？所以我们第一步，当先把大学整顿。"①新中国成立前的1949年5月9日，周恩来就提出："中小学教育的发展是一个重要而艰巨的任务，这就要求大家眼光向下，从大学看到中学、小学。在落后的中小学教育的基础上，是不能把大学教育办好的。教育要大众化，首先要办好中小学教育。"②1963年10月18日，他专门找国家计委、教育部、劳动部、团中央、全国妇联等部门负责同志谈话，指示各部门都要重视中小学教育。他说，教育部的工作不能"大大、小小"。当然，高等教育很重要，不能削弱，质量也要提高，但数量毕竟是很小的；中小学教育数量很大，关系也很大，决不能忽视③。然而，新中国成立后很长一段时间，长期存在"大大、小小"的倾向，高等教育一直处在优先发展地位，以满足国民经济建设对各种专业人才的需要。一个突出的表现是，上大学费用由国家包下来，而中小学则是由学生自费上学。

邓小平认识到教育现代化是一个系统工程，应当从小学抓起。1977年8月在科学和教育座谈会上，他指出："高等院校学生来源于中学，中学学生来源于小学，因此要重视中小学教育。"④几天后，在会见丁肇中时的谈话中，他又一次指出："中国在六十年代时，与世界差距不大，林彪、'四人帮'干扰这么多年，差距拉大了。要赶上需要五十年，努力一点也得二十年。要向这个目标努力。要从小学抓起。小学办好，中学才能好。"⑤在邓小平"从小学抓起"教育思想推动下，1980年12月中共中央、国务院《关于普及小学教育若干问题的决

① 中国蔡元培研究会.蔡元培全集(第十七卷)[M].杭州:浙江教育出版社,1998:468.
② 中央教育科学研究所.周恩来教育文选[M].北京:教育科学出版社,1984:3.
③ 中央教育科学研究所.周恩来教育文选[M].北京:教育科学出版社,1984:225.
④ 邓小平文选(第二卷)[M].北京:人民出版社,1994:54.
⑤ 一九七七年邓小平关于恢复高考的讲话、谈话和批示选载(一九七七年五月—十一月)[J].党的文献,2007(4):7.

定》提出，小学教育是整个教育的基础，要提高教育质量，提高全民族的科学文化水平，必须从小学抓起。1982年《中华人民共和国宪法》第十九条也规定，国家举办各种学校，普及初等义务教育。这为此后制定义务教育法，提出在世纪末普及九年义务教育及新世纪以来进一步推动高中教育普及和高等教育大众化，建立更加完善的现代教育体系，奠定了坚实的思想基础。

（二）提高教育质量，要"从小学抓起"

邓小平十分重视从小学抓起，抓教育内涵建设，提高教育质量。1977年邓小平指出："关键是教材。教材要反映出现代科学文化的先进水平，同时要符合我国的实际情况。"[1]他专门指示："要进口一批外国教材（自然科学的），要结合本国的国情编写教材。"在看过人民教育出版社提交的引进外国中小学教材的研究报告后，同教育部负责人谈话指出："我看了你们编的外国教材情况简报。看来，教材非从中小学抓起不可，教书非教最先进的内容不可，当然，也不能脱离我国的实际情况。"[2]1978年在全国教育工作会议上，他指出："首先要提高中小学教育的质量，按照中小学生所能接受的程度，用先进的科学知识来充实中小学的教育内容。"[3]

（三）提高教师地位和素质，要"从小学抓起"

邓小平在全国教育工作会议上指出："一个学校能不能为社会主义建设培养合格的人才，培养德智体全面发展、有社会主义觉悟的有文化的劳动者，关键在教师。"[4]"科研机构要出成果、出人才，教育战线也应该这样。中小学教师中也有人才，好的教师就是人才。要珍视劳动，珍视人才，人才难得呀！"[5]他尤其关心小学教师，指出："一个小学教师，把全部精力放到教育事业上，就是很可贵的。要当好一个小学教师，付出的劳动并不比一个大学教师少，因此小

---

[1] 邓小平文选(第二卷)[M].北京:人民出版社,1994:55.
[2] 邓小平文选(第二卷)[M].北京:人民出版社,1994:69.
[3] 邓小平文选(第二卷)[M].北京:人民出版社,1994:104.
[4] 邓小平文选(第二卷)[M].北京:人民出版社,1994:108.
[5] 邓小平文选(第二卷)[M].北京:人民出版社,1994:50.

学教师同大学教师一样光荣。"①他在《坚持按劳分配原则》一文提出："现在小学教员的工资太低。一个好的小学教员，他付出的劳动是相当繁重的，要提高他们的工资。将来，有些教得很好的小学教员，工资可以评为特级。"②在他的亲切关怀和直接过问下，我国相继建立起了一系列政策和制度，包括中小学教师工资制度、教师职务评聘制度、特级教师评选制度、优秀中小学教师奖励制度等。这些政策和制度建设，对于提高中小学教师尤其是小学教师的地位，鼓励教师终身从事教育事业，发挥了重要的促进和保障作用。与此同时，他对小学教师寄予殷切希望。他提出："中小学教师和幼儿教育工作者，负有培养革命接班人的幼苗的重任。"③"只有老师教得好，学生才能学得好。"④他还提出发展师范教育，开展在职培训，加强教师管理等，以激励小学教师教书育人的积极性与责任感，努力提高小学教育质量。

三、邓小平"从小学抓起"教育发展战略定位的现实意义

邓小平"从小学抓起"的教育战略思维，深刻揭示了教育与现代化及现代教育自身发展的规律性，具有战略性、前瞻性和科学性。它不仅推动了我国普及九年义务教育的全面实现，而且在建立和完善更加完善的现代教育体系，基本实现教育现代化的现阶段，彰显其崭新的时代内涵和重要的现实意义。

（一）教育服务"五位一体"总体布局，需要落实"从小学抓起"

邓小平提出，我们在建设高度物质文明的同时，一定要努力建设高度的社会主义精神文明，"两手抓，两手都要硬"。他提出的"从小学抓起"与物质文明（科学技术）和精神文明（"四有新人"）紧紧联系在一起，确立了教育与现代化建设的基本关系框架。随着党对社会主义事业总体布局的不断拓展和丰富，从"两个文明"到"三大建设"，再到"四位一体"和"五位一体"，全面

---

① 邓小平文选(第二卷)[M].北京:人民出版社,1994:50.
② 邓小平文选(第二卷)[M].北京:人民出版社,1994:101-102.
③ 邓小平文选(第二卷)[M].北京:人民出版社,1994:106.
④ 邓小平文选(第二卷)[M].北京:人民出版社,1994:55.

建成小康社会的目标更加系统和完善。随之而来的是，"从小学抓起"也应拓展到"五位一体"总体布局的各个领域，全方位为社会主义现代化建设服务。具体而言，"从小学抓起"不仅要服务于经济建设和政治建设，而且要贯穿到文化建设、社会建设和生态文明建设等各个方面。在文化建设上，应从小学抓起，深入开展社会主义核心价值体系教育，全面加强公民道德建设，将社会主义核心价值观融入国民教育全过程，大力弘扬民族精神和时代精神，深入开展爱国主义、集体主义、社会主义教育。在社会建设上，应从小学抓起，"大力促进教育公平，合理配置教育资源，重点向农村、边远、贫困、民族地区倾斜，支持特殊教育，提高家庭经济困难学生资助水平，积极推动农民工子女平等接受教育，让每个孩子都能成为有用之才"①。在生态文明建设上，也要从小学抓起，"加强生态文明宣传教育，增强全民节约意识、环保意识、生态意识，形成合理消费的社会风尚，营造爱护生态环境的良好风气。"②

（二）实现中国式教育现代化战略目标，需要落实"从小学抓起"

"从小学抓起"体现了世界教育发展的共同规律和趋势，也为我国基本实现教育现代化提供了一种价值观和方法论。从近代教育现代化历程看，发达国家都有一个教育重心逐步上移和后移的过程。无论中等教育、高等教育以及终身教育如何发展，小学教育都是恒久不变的战略重点。联合国教科文组织在《教育——财富蕴藏其中》报告中明确提出："保证所有儿童都有机会接受高质量的初等教育，在教育公共开支方面，各国应绝对优先这一级教育；在所有儿童均有机会接受高质量的初等教育之后，应把扩大接受普通中等教育（先是初中，尔后是各级中等教育）的机会作为第二目标。"③我国从20世纪80年代大力普及九年义务教育，到《中国教育改革和发展纲要》提出"形成具有中国特色的、

① 胡锦涛.坚定不移沿着中国特色社会主义道路前进 为全面建成小康社会而奋斗:在中国共产党第十八次全国代表大会上的报告[EB/OL].(2012-11-09)[2017-10-26].http://cpc.people.com.cn/18/n/2012/1109/c350821-19529916.html.

② 胡锦涛.坚定不移沿着中国特色社会主义道路前进 为全面建成小康社会而奋斗:在中国共产党第十八次全国代表大会上的报告[EB/OL].(2012-11-09)[2017-10-26].http://cpc.people.com.cn/18/n/2012/1109/c350821-19529916.html.

③ 联合国教科文组织.教育:财富蕴藏其中[M].联合国教科文组织总部中文科,译.北京:教育科学出版社,1996.164.

面向21世纪的社会主义教育体系的基本框架"，以及《教育规划纲要》提出"完善中国特色社会主义现代教育体系"，一直将义务教育作为"教育工作的重中之重"。

　　诚然，教育是一项需要一直抓下去的长远、系统工程，教育的成效有近、中、远和小、中、大之别，要取得长期和大的效益，就必须"从小学抓起"。反言之，"从小学抓起"，不能期图近期、外在的成效，而应当着眼长远，面向未来，求得教育质量和人才培养的可持续发展。具体而言，小学教育作为现代教育体系的第一级教育，不是充当第二、三级教育的附庸，用第二、三级教育的质量标准和价值尺度来衡量，而应形成并努力坚持独立的价值导向，培养和提高全体社会成员的一般素养、基础学力，着眼于全体学生全面发展，为其终身学习和发展奠定宽厚而坚实的基础。用邓小平的话来说："培养人，中心是把基础打好，然后干哪一行都行。"[①]

　　（三）保障和改善教育民生，办人民满意的教育，需要落实"从小学抓起"

　　改革开放40多年来，经济社会及教育发展实现了一系列重大的历史性跨越。特别是新世纪以来，我国开始由生存型社会进入发展型社会，教育、就业、分配、社保、医疗、安定，成为老百姓最关心、最直接、最现实的民生关切。就教育改革而言，其中的"硬骨头"和"险滩"，无不与教育民生息息相关。"从小学抓起"并不只是抓小学或局限于小学阶段，而是在保障和改善教育民生，办人民满意教育的系统工程和综合改革中，同样需要从小学抓起，开好局，起好头，迈好步。

---

　　① 邓小平年谱(一九七五——一九九七)上卷[M].北京:中央文献出版社,2004:296.

正确认识和合理解决教育改革发展的主要矛盾①

百年大计，教育为本。教育是民族振兴、社会进步的基石，是提高国民素质、促进人的全面发展的根本途径，寄托着亿万家庭对美好生活的期盼。经过新中国60多年特别是改革开放30多年的不懈努力，我国教育取得了举世瞩目的伟大成就。在全面建设小康社会的今天，没有哪一项事业像教育那样，寄托着如此之多的希望——它连着当下和未来，沟通现实与理想；没有哪一项事业像教育那样，承载着如此之重的使命——一头连着国运，一头系着民生。强国必先强教，兴皖必先兴教。把教育摆在优先发展的战略地位，体现的是一个国家脚踏实地的务实精神和仰望天空的理想气质。与此同时，在现实国情下，教育也是社会矛盾和利益冲突相对集中和易发的领域。从"上学难""入园贵"的抱怨，"高考改革"的争议，到"为什么我们的学校总是培养不出杰出的科技创新人才"的质疑，民众对教育改革的呼声日益高涨，教育事业面临严峻挑战。

为此，经过充分调研论证和广泛征求意见，《国家中长期教育改革和发展规划纲要（2010—2020年）》于2010年7月颁布实施，此后，《中华人民共和国国民经济和社会发展第十二个五年规划纲要》对未来五年教育发展又做出进一步部署落实，安徽省教育规划纲要和"十二五"规划也已公布出台，教育事业正处在十分难得的重要战略机遇期。正如胡锦涛同志指出："教育涉及千家万户，惠及子孙后代，是体现发展为了人民、发展依靠人民、发展成果由人民共享的重要方面。保证人民享有接受教育的机会，是党和政府义不容辞的职责，也是促进社会公平正义、构建社会主义和谐社会的客观要求。"②当然，教育在取得巨大历史成就的同时，也存在许多困难和问题。我们要推动教育改革，就要

---

① 本节是作者2011年向中共安徽省委教育工委提交的教育政策分析报告,系首次发表。

② 胡锦涛在中共中央政治局第三十四次集体学习时强调:坚持把教育摆在优先发展战略地位 努力办好让人民群众满意的教育[EB/OL].(2006-08-30)[2011-04-10].https://www.gov.cn/ldhd/2006-08/30/content_373617.htm.

"不避讳，不绕弯"，直面热点难点问题，认真调查研究，以正确世界观和方法论加以分析把握，积极攻坚克难、寻求突破。这既是党和政府的责任，也需要广大教育工作者的积极努力和社会各界的理解支持。正确认识我国教育改革发展的主要矛盾，能够更好地把握机遇，迎接挑战，创造教育发展的美好未来，为中华民族伟大复兴和人类文明进步作出更大贡献！

目前，社会各界、教育界对教育的期盼、建议、评价，甚至责难多多，可谓意见纷呈。这是可以理解的，而且可以说是一件好事，大家的意见和诉求得到充分表达和反映，政府的教育决策可以问计于民，问政于民，才能办好人民群众满意的教育。对此，2010年中央教育科学研究所对《教育规划纲要》（征求意见稿）向全社会公开征求的意见进行系统分析，梳理出位列前十位的教育热点问题，可以反映出公众对教育的十大关切与期盼：一是期盼改革高考招生制度；二是期盼建立农村教师补充机制；三是期盼提高职业教育吸引力；四是期盼择校热降降温；五是期盼切实提高大学人才培养质量；六是期盼科学评价教师；七是期盼建立政府教育投入保障机制；八是期盼提高大学毕业生就业率；九是期盼提高幼儿教育普及水平；十是期盼切实减轻中小学生课业负担。

《教育规划纲要》指出，我国教育存在的主要问题有：有学上问题基本解决，但上好学问题依然突出；教育观念、内容和方法陈旧，学生课业负担过重，素质教育推进难；学生适应社会和就业创业能力不强，创新型、实用型、复合型人才紧缺；教育体制机制不完善，学校办学活力不足；城乡区域教育发展不平衡，贫困地区和民族地区教育发展滞后；教育投入不足，教育优先发展战略地位尚未得到完全落实；接受良好教育成为人民群众强烈期盼，深化教育改革成为全社会共同心声。教育部时任部长袁贵仁在全国教育形势分析报告会上，也列出"入园难""择校热""学生减负""高考改革""职业教育""创新人才""师德建设""教育投入"八大教育热点难点问题。这些问题在安徽都有存在，有的还相当普遍和严重，同时安徽还有一些自身特殊困难与问题。如区域教育发展不均衡问题突出，特别是皖北教育振兴问题，教育投入历史欠账较多，办学条件难以在短时间内得到彻底改善，人才总量不足特别是高技能、复合型、创新型人才极为短缺，成为转型发展的关键性瓶颈，优质教育资源相对较少问题与人民群众对教育的需求之间矛盾突出，等等。

正确看待和有效解决教育上存在的这些问题，关键是要对教育发展面临的主要矛盾做出正确把握。只有在这个基础上，我们才能找到问题的症结、原因，分清主流与支流、轻重与缓急、现象与本质，才能找到解决问题的关键和突破口。上述这些教育问题的存在，以及老百姓对教育的期盼，反映出教育与社会、教育与人的发展之间存在的矛盾，以及教育自身结构上的矛盾。教育改革正是要准确把握其中的主要矛盾，找到一条符合中国国情、具有中国特色的社会主义教育发展道路。

《教育规划纲要》指出：教育要发展，根本靠改革。教育改革的中心任务是要"加快解决经济社会发展对高质量多样化人才需要与教育培养能力不足的矛盾、人民群众期盼良好教育与资源相对短缺的矛盾、增强教育活力与体制机制约束的矛盾"[①]。这为我们揭示了我国当前教育存在的三种不同性质关系的主要矛盾。其中，经济社会发展对高质量多样化人才需要与教育培养能力不足的矛盾，反映出教育与社会发展需要不适应；人民群众期盼良好教育与资源相对短缺的矛盾，反映出教育与人的发展需要不适应；增强教育活力与体制机制约束的矛盾，反映出教育自身体系结构与运行体制机制的不适应。我们要分别加以分析，立足教育国情、省情，寻找解决矛盾的对策，促进教育事业科学发展。

一、经济社会发展对高质量多样化人才需要与教育培养能力不足的矛盾

这一矛盾的突出表现是，一方面是毕业生就业压力大，找工作困难；另一方面，一些地方和企业出现严重的"用工荒"。特别是大学生面临的最现实、最迫切问题，是就业问题。这种"供求脱节"的局面，典型地反映出我们的教育结构和类型与经济社会发展对高质量多样化人才需要的脱节。高等学校人才培养结构还偏重学术型，远离市场需要，在专业设置和课程体系上仍然存在同质化倾向。为此，《教育规划纲要》指出，高等教育要适应国家和区域经济社会发展需要，建立动态调整机制，不断优化高等教育的学科专业、类型、层次结构，促进多学科交叉和融合，重点扩大应用型、复合型、技能型人才培养规模，加

[①] 国家中长期教育改革和发展规划纲要（2010—2020年）[EB/OL].（2010-07-29）[2011-04-10].http://www.moe.gov.cn/srcsite/A01/s7048/20100729_171904.html.

快发展专业学位研究生教育；引导高校合理定位，克服同质化倾向，错位发展，形成各自的办学理念和风格，在不同层次、类型和领域办出特色，争创一流。

2010年，安徽省委、省政府出台《关于建设高等教育强省的若干意见》提出：引导高等学校科学定位、多元发展、特色办学，构建高等学校学科专业人才需求预测、预警和毕业生就业监测反馈系统，引导高等学校主动调整学科专业结构，既要培养信念执着、品德优良、知识丰富、本领过硬的拔尖创新人才，更要着重培养综合型、应用型和技能型人才，建成具有安徽特色的应用型高等教育体系。高等学校应大力调整学科专业结构，实施人才培养模式改革，着力发展应用型高等教育，更新课程结构和内容，解决教育优先发展与教育观念、内容和方法滞后，学生所学与所用的差距问题，提高学生的创新精神和实践能力。我们的学院、系、教研室和教师在这方面应积极行动和落实，真正体现和落实以人为本和育人为本。目前，安徽省"应用型高等教育人才培养模式改革"和"高等学校分类规律改革"双双列入国家教育体制改革专项试点，希望各校积极行动参与，以此促进安徽省高等教育与区域经济社会发展的融合，适应经济社会发展对高素质多样化人才的需要。此外，为了鼓励和促进大学生就业和创业，组织、人社、发改、财政、教育部门还建立了联动机制，把毕业生就业融入就业体系，搭建各种就业服务平台。

当然，就业是与经济社会发展紧密联系的，就业难问题要放在经济社会发展的大背景和总进程中。安徽省大学生就业率相对比较高，根本原因是安徽省这几年抓住机遇，通过全面转型、加速崛起，实现了跨越式发展。当然，解决就业问题，既需要各级政府、高校、社会的努力，也需要大学生自身树立正确成才观和就业观，努力提高自己的就业创业能力，成为对社会有贡献、受社会欢迎的应用型、复合型、技能型人才。

二、人民群众期盼良好教育与资源相对短缺的矛盾

人口众多，是在现实国情下教育事业发展面临的巨大挑战。"十一五"时期，经过一系列教育公平政策的推动，我们比较好地解决了所有孩子"有学上""上得起学"的问题，人民群众真切体会到了实惠。但接踵而来的是从"有学

上"到"上好学"的新期盼，以及面对"上学贵""择校热"的困扰和抱怨，继续考验着政府教育改革者的智慧与勇气。这一矛盾的产生，一方面反映我们的教育资源总量还相对不足，教育质量还不够高，特别是优质教育资源总量还相对短缺；同时，也有一个教育资源配置的公平性问题，而且后者更是牵动老百姓的神经，是带来"上学贵""择校热"等一系列问题的重要原因。在大量调查和论证基础上，《教育规划纲要》提出解决这一矛盾的对策思路，这就是通过实现体制机制改革，正确理顺普及教育、公平教育与优质教育的关系，来解决人民群众期盼良好教育与资源相对短缺的矛盾。

一是要扩大教育资源总量，实现更高水平的普及教育。这方面的突出问题是"入园难""入园贵"问题。《教育规划纲要》提出，关键是建立政府主导、社会参与、公办民办并举的办园体制，加大政府投入，大力发展公办幼儿园，积极扶持民办幼儿园，鼓励和引导社会力量以多种方式兴办幼儿园，依法落实幼儿教师地位和待遇等政策措施。在工作重点上，特别要提高农村学前教育普及程度。最近，国务院印发了《关于当前发展学前教育的若干意见》，将大力发展学前教育作为落实《教育规划纲要》的突破口，提出要多种形式扩大学前教育资源，多种途径加强幼儿教师队伍建设，多种渠道加大学前教育投入，多种措施加强幼儿园准入、安全和收费管理，要求2015年基本解决城乡"入园难"问题。目前，安徽省正在制定《学前教育三年行动计划》，落实安徽省教育规划纲要提出的"城市市区、县城城区每3万常住人口建设1所以上不少于9个班建制的公办园""每个乡镇至少有1所独立建制的公办中心园"的总体要求，推进城区"一区一园"和农村"村村覆盖"的整体规划，形成县、乡、村学前教育网络，多渠道提供学前教育服务。发挥公办园在规范管理、科学保教、平抑收费等方面的示范、引导和骨干作用。政府以划拨公用经费、以奖代补、项目支持等方式，引导机关、单位幼儿园向社会提供收费较低、质量较高的普惠性服务。各级财政设立学前教育专项经费，2013年财政性学前教育经费占同级财政性教育经费比例达到7.9%。按不低于小学的水平制定公办园生均经费标准，按时足额划拨生均公用经费。总之，只有发挥政府和公共财政的主导作用，同时引进社会资源和体制机制创新，把教育的"蛋糕"做大、做厚，才能为解决人民群众期盼良好教育与资源相对短缺这一矛盾提供基本的条件保障。

二是要坚持教育的公益性和普惠性，形成惠及全民的公平教育。这方面的突出问题是教育发展不均衡带来的"择校热""乱收费"问题。这是群众反映比较强烈的问题，深层原因在于优质教育资源不足，配置不均衡，就业竞争压力大，家庭对子女期望过高。应当看到，均衡发展是义务教育的战略性任务，主要是指义务教育资源配置主要包括教师、设备、图书、校舍等，要率先在县（区）域内实现城乡均衡发展，并逐步扩大范围。解决这一问题需要远近结合、逐步推进，国家对此有了一系列解决问题的政策。值得关注的是，《教育规划纲要》在提出"实现更高水平的普及教育"的同时，首次提出要"形成惠及全民的公平教育"，建成覆盖城乡的基本公共教育服务体系，逐步实现基本公共教育服务均等化，缩小区域差距。努力办好每一所学校，教好每一个学生。当前，国家正在按照"保基本、补短板、强基础"的要求推进教育均衡发展。首先，要优化教育资源配置，进一步向农村和经济欠发达地区倾斜。其次，要加快推进义务教育学校标准化建设，推进义务教育均衡发展，率先实现县域内义务教育基本均衡。第三，要进一步扩大国家资助政策覆盖范围，提高资助标准，启动民族地区、贫困地区农村小学生营养改善计划，切实保障进城务工人员随迁子女平等接受教育的权利，最大程度地实现教育机会公平。目前，教育部已与安徽省在内的16个省（区、市）签署了义务教育均衡发展备忘录，明确义务教育均衡发展的时间表和路线图。安徽省正积极行动落实，确保如期实现义务教育均衡发展各项目标任务。

三是整体提升教育质量，提供更加丰富的优质教育。这方面的突出问题是大家都想要获得优质教育机会，进而产生"择校热"、应试教育严重，中小学生课业负担过重，忽视思想政治教育和体育，素质教育实施难。这种教育的结果只会造成"以分为本"而不是"育人为本"，更不是"以人为本"。这不仅不利于国家和社会，也不利于学生本人和家庭；学校虽然因此获得一时的好评，但难以造就对国家和社会真正有用的人才，因而也难以真正创造品牌。

《教育规划纲要》把"提高质量作为教育改革发展的核心任务"，不断扩大优质教育资源总量，更好满足人民群众接受高质量教育的需求。当然，提高质量也存在一个质量观、质量内涵和质量标准的问题，不是"分数""名次""名牌"就是质量，而是要使学生思想道德素质、科学文化素质和健康素质提高，服务国家、服务人民和参与国际竞争能力强，成为经济社会发展所需要的高质量多样化有用之才。为此，《教育规划纲要》指出：要树立科学的质量观，把促进人的全面发展、适应社会需要作为衡量教育质量的根本标准；要注重教育内涵发展，鼓励学校在不同层次、专业、领域办出特色，办出水平，争创各个学科专业领域的一流；要制定教育质量国家标准，建立健全教育质量保障体系，促进学生思想道德素质、科学文化素质和健康素质全面提高，以服务国家、服务人民和参与国际竞争能力强弱为根本标准。

因此，我们要引导学校在提高质量的基础上，为学生、为社会提供这样一种合乎社会需要和促进学生健康发展的"优质教育"，这种"优质教育"无论"优"还是"质"，都比原先更加丰富、多样化了。当然，不可否认的是，优质教育资源不足是我国教育事业长期面临的重大问题。为此，要形成加大教育投入的长效机制，努力扩大优质资源总量；要丰富优质教育内涵，鼓励通过特色学校、优势学科、特色专业的建设，引导各级各类学校办出自己特色和水平；要促进教育信息化进程，通过信息技术手段加强优质教育资源开发应用，建立开放灵活的教育资源公共服务平台，促进优质教育资源共享；要通过扩大教育开放，吸引境外知名学校、教育和科研机构合作办学，引进和利用国外优质教育资源。

三、增强教育活力与体制机制约束的矛盾

这方面的问题很多，比如人们批评的大学行政化问题，学校办学自主权问题，拔尖创新人才培养问题，高考和人才选拔制度问题，政府管评办错位问题，民办教育发展问题，等等。这些问题的存在暴露出教育改革和发展活力不够，原因在于现有体制机制对教育约束过多，涉及学校与政府及主管部门的关系、学校与社会的关系，也涉及不同教育阶段和环节之间的关系，学校内部学术权利与行政权力关系问题，等等。

我国现行的人才培养体制、教育管理体制、办学体制，都是在计划经济条件下建立起来的，虽然经过20世纪80年代以来的教育体制改革，但与社会主义经济体制、政治体制、文化体制和社会体制改革进程相比，相对滞后，难以适

应。这一对矛盾的有效解决，不仅关系教育自身的健康发展，还会影响到前两对矛盾的有效解决。《教育规划纲要》将"健全充满活力的教育体制"作为重要目标，突出以人才培养体制改革为核心，以体制机制改革为重点，从内而外系统设计了教育体制改革的整体框架，旨在形成充满活力、富有效率、更加开放、有利于科学发展的教育体制机制，增强教育发展的活力和教育改革的动力。

一是人才培养体制改革。提出深化教育体制改革的核心是改革人才培养体制，目的是提高人才培养水平。要通过改革，形成一种体系开放、机制灵活、渠道互通、选择多样的人才培养体制，形成各类人才辈出、拔尖创新人才不断涌现的局面。

二是考试招生制度改革，克服一考定终身的弊端，按照有利于科学选拔人才、促进学生健康发展、维护社会公平的原则，探索政府宏观管理，专业机构组织实施，学校依法自主招生，学生多次选择，分类考试、综合评价、多元录取的考试招生制度，保障每一个学生发展机会的公平。此外，《教育规划纲要》还提出要积极推进政校分开、管办分离，扩大学校办学自主权，克服行政化倾向，建立现代大学制度；推动办学体制改革，建立健全政府主导、社会参与、办学主体多元、办学形式多样、充满生机活力的办学体制；推动教育管理体制改革，形成政事分开、权责明确、统筹协调、规范有序的教育管理体制；扩大教育开放，坚持以开放促改革、促发展，提升我国教育的国际地位、影响力和竞争力，培养大批具有国际视野、通晓国际规则、能够参与国际事务和国际竞争的国际化人才。

由上可见，无论是国家层面，还是安徽省而言，教育在"由大到强"的发展过程中，问题和困难是必然的，难以避免、不容回避。我们应抓住这些基本矛盾的性质特点，以科学发展观为统领，立足社会主义初级阶段基本国情，坚持以人为本，遵循教育规律，面向社会需求，中国的教育事业、安徽省的教育发展，就一定前途光明、大有希望！正是基于对以上三种矛盾的科学认识和把握，安徽省教育规划纲要提出，进一步提高教育对经济社会发展的支撑度、对人力资源强省建设的贡献度和人民群众对教育的满意度。可以说，这三个"度"的提高，正是解决当前教育改革和发展三大基本矛盾的上方良策。

第二章　中国式教育现代化理论定位研究

教育现代化的利益定位及其边界①

　　长期以来，教育与利益的关系一直处于理论失语和制度失置的状态。换言之，教育在如何面对利益，处理其自身及与其他利益的关系上，缺乏应有的理论支持、行为规则和制度安排。在市场经济作为我国基本经济制度、市场在资源配置中起决定性作用，以及教育纳入民生并成为社会建设首务的当下，这种缺失必然造成人们在处理教育与利益之间关系上行动失范与价值失度，成为扰乱教育秩序、消解教育改革张力的诱因。

　　就现实而言，中国式现代化作为强国建设和民族复兴的战略支撑，是十四亿多人口整体迈进现代化社会，是全体人民共同富裕的现代化。在此政策语境下，教育既是国之大计，又是民生大事，与国家、民族以及千家万户和每一个社会成员的利益息息相关。然而，教育能否纳入"利益"范畴？在什么意义上纳入"利益"范畴？教育的利益主体与客体之间构成怎样一种利益形态？教育利益在整个利益体系中居于何种地位？是彰显教育的利益属性还是应当祛除教育的利益属性，抑或做出其他选择？如何理解教育现代化的教育利益及其边界？对此，需要从教育理论上厘清教育的利益定位与边界。

---

　　① 本节根据《论教育的利益定位与边界》一文修改形成，原载于《安徽师范大学学报（人文社会科学版）》2014年第3期。

一、教育与利益之间关系的两种理解

自古以来，中国教育似乎一直忌"利"讳"益"，站在"君子"的立场上；在历久难消的"义利之辨"中，教育的目标、内容以及价值取向，总是与利益难以相容。不妨以孔子思想为例。虽然，"子罕言利与命与仁"，但孔子并不全然否定"利"。他主张应先"庶之"，继而"富之"，而后"教之"，从而将经济发展作为教育的基础条件。在孔子时代，贫富分化带来的阶级矛盾日益尖锐，自由民已经参与了财产私有的活动，追求财产是孔子在一定条件下所承认的。他认为："富与贵，是人之所欲也；不以其道得之，不处也；贫与贱，是人之所恶也；不以其道得之，不去也。"（《论语·里仁》）而且，孔子的教育实践也离不了物质基础及物质交换，孔子招收学生虽然"有教无类"，但还是需要"自行束脩"的；他的教育目标是"学而优则仕"，甚至还说："学也，禄在其中矣。"（《论语·卫灵公》）可以认为，孔子的教育主张和教育实践，突破当时的教育利益格局，为社会新型阶层创造了教育机会。他开创私学，打破"学在官府"及奴隶主贵族对教育的垄断；他的"性相近，习相远""仕而优则学，学而优则仕"的教育主张，"违背奴隶主阶级的利益"而"代表了新兴封建势力的利益，反映了新兴封建势力的要求，为新兴封建势力提供或为之争取受教育的机会和权利"[①]。

然而在义利观上，孔子及其所创立的儒家思想对于富贵等利益的追求、分配与获得，是与道德紧密相连的，注重利益的合理性，认为个人利益要服从社会利益，经济利益要服从道德价值，物质利益（欲）要服从非物质利益（理）。孔子坚持"君子喻于义，小人喻于利"（《论语·里仁》），反对见利忘义，主张利以义取，提倡舍利求义。他将仁义之道作为根本，崇高人格作为教育的根本目的，而将教育作为"为政以德"的基本手段。与"庶""富"相比，他更加重视教育的作用。因为"为政以德，譬如北辰，居其所而众星拱之"（《论语·为政》）。在孔子教育思想中，"德"作为圣贤君子的首要条件，所谓"君子怀

① 王炳照.试谈孔子教育思想的阶级属性[J].北京师范大学学报（社会科学版），1981(6):64.

德"（《论语·里仁》），"君子务本，本立而道生"（《论语·学而》），并通过立志、内省、克己、改善、迁过、力行，使教育过程和结果超越物质生活需要即对"利"的追求。孔子说："士志于道，而耻恶衣恶食者，未足与议也。"（《论语·里仁》）他教导学生"谋道不谋食""忧道不忧贫"（《论语·卫灵公》），"见小利，则大事不成"（《论语·子路》）。与此同时，孔子对教师提出严格要求。所谓"其身正，不令而行；其身不正，虽令不从""不能正其身，如正人何？"（《论语·子路》）以此将教书与育人、正人与正己并重，养成敬业乐群、安贫乐道、清廉守节的君子人格。

经过数千年承续与流变，特别是20世纪几次革命性的思想和社会运动，孔子开创的中国儒家教育思想的社会基础发生了深刻变革。中国社会经历世俗化、工业化、城镇化涤荡与冲刷，正迈向现代化进程。但相比较而言，教育现代化明显落后，尤其是世俗化程度不足，教育与利益之间关系既缺乏思想和理论定位，也缺乏相应的制度安排和行动规则。然而，经过新中国60多年特别是改革开放30多年社会变革，教育经由道德中心、政治中心，转向以经济建设为中心。随着"五位一体"社会主义事业总体布局的确立，教育的先导性、全局性和基础性地位日益显现，并置身于错综复杂的政治、经济、文化等利益关系之中。但在教育与利益之间关系上仍歧见纷呈，存在两种相互对峙的观点。

一种认为教育应当彰显利益，努力满足和实现利益。有学者研究认为，"一个受过良好教育并具备熟练技能的阶层，对现代社会的经济和社会发展是不可缺少的，它能使整个社会从中受益。可见，教育利益已经成为我国社会利益主体普遍追求的根本利益或共同利益。"[1]教育作为一种利益的存在，作为亿万家庭的最大希望和最大利益，"教育系统的存在不再是单向度的，而是一种系统的双向存在，突出教育系统与社会之间的良性互动，实现教育系统与社会之间的利益互换过程"[2]。有研究者认为，当前社会教育仍是中国人改变社会地位的最有效途径。从某种意义上说，教育已成为最大的民生问题[3]。有研究者甚至认

---

① 祁型雨.利益表达与整合:关于教育政策的决策模式研究[D].武汉:华中师范大学,2003.

② 曲正伟.教育利益论:关于我国教育系统的生存危机与自我确证[D].长春:东北师范大学,2007.

③ 邢兆良,朱四倍.教育是最大的民生问题 如何实现向上流动的梦想[N].羊城晚报,2010-02-22(07).

为，中国特色社会主义教育事业发展的最终目标就是为了人民群众的教育利益①。教育政策的制定要时刻关注人民群众的教育利益需求，时刻留意关系人民群众切身利益的教育问题，把实现好、维护好与发展好最广大人民的根本利益作为一切教育工作的出发点和落脚点。一些地方政府甚至提出："办好教育就是为千家万户谋利益。"②

另一种观点认为，教育要祛除利益、超越利益，尤其反对教育功利化。认为，今天的教育把功利作为根本尺度，在相当程度上扭曲了受教育者的身心发展，成为一部分人追求个人目标和欲望、实现个人利益最大化的工具和手段，使得教育本来肩负的解放人、完善人性的功能逐渐萎缩，取而代之是它的经济功能、工具功能的不断扩大，最终将导致教育的异化，是我们所不愿意看到且应该极力反对的③。有学者进一步提出，近30年来我国教育为经济服务，教育产业化一度成为现代教育制度的核心价值，教育从培养目标、课程、考试等方面，与就业、生计、功利的联系更为密切。教育问题从表面上看是应试教育和教育不均衡，但实质上的症结却是共同的：资本和劳动力市场控制着教育资源的配置，各级各类学校逐步地为市场经济的生产者和消费者培养后备军，并由资本主宰。由此，公共教育演变成仅为个体和家庭"升学—就业求职"私人利益服务的工具，学校培养目标附着于个人或家庭范围内的利益计算上。持此观点者多把教育上许多问题归于对利益的追逐，由此认为教育改革和政策的制定出台，应当祛除利益、超越利益。尤其是一些教育界人士对教育功利化倾向深恶痛绝，认为"远离功利的教育应当是覆盖全社会的大教育，让我们从自己做起，从现在做起，多一些诚信，少一些功利，多一份务实，少一份浮躁，为创造信任和谐的生活环境作出贡献"④。

综观以上，无论历史还是现实当下，教育与利益之间关系都充满纷争，难以兼容和统合，缺乏相应的理论支持、行为规则和制度安排。

---

① 刘世清.论中国特色社会主义教育理论[J].国家教育行政学院学报,2008(9):37.

② 刘涛.办好教育就是为千家万户谋利益[N].光明日报,2008-12-03(11).

③ 张兴峰.教育功利化现象审视:工具理性的视角[J].教育发展研究,2008(21):28.

④ 张玉胜.教育要去功利化[N].浙江日报,2010-09-26(02).

二、教育利益：教育与利益之间关系的存在形态

在西方，教育与利益之间关系一直存在功利主义与人文主义的交锋。首次提出"教育利益"这一概念的，当是古典政治经济学奠基者亚当·斯密。他将人的才能和教育投入的费用看作资本，教育是一种社会普遍利益、社会公共事业。他指出："一国的教育设施及宗教教育设施，分明是对社会有利益的，其费用由社会的一般收入支付并无不当。可是，这费用如由那直接受到教育利益、宗教利益的人支付，或者由自以为受到教育利益或宗教利益的必要的人自发地出资开支，恐怕是同样妥当，说不定还带有若干利益。"①他特别强调重视教育对国家带来的利益，认为："在文明的商业社会，普通人民的教育，恐怕比有身分有财产者的教育，更需要国家的注意。"②因此，"无论在哪种文明社会，普通人民虽不能受到和（有）身分有财产者那样好的教育，但教育中最重要的几部分如诵读、书写及算术，他们却是能够在早年习得的；……因此，国家只要以极少的费用，就几乎能够便利全体人民，鼓励全体人民，强制全体使人民获得这最基本的教育。"③为此，他将教育费用视为"公共机构的开支"，应由"君主或国家"来承担。

马克思没有提出和使用"教育利益"这一概念，但马克思的劳动价值论和剩余价值论及整个唯物史观，无不贯穿着对资本主义社会教育利益关系的批判和对未来社会教育利益关系的建构。他尖锐地指出，工人阶级一些人"在很多场合甚至十分无知，不能理解自己孩子的真正利益或人类发展的正常条件。但不管怎样，最先进的工人完全了解，他们阶级的未来，从而也是人类的未来，完全取决于正在成长的工人一代的教育"④。马克思指出："劳动力的教育费随着劳动力性质的复杂程度而不同。因此，这种教育费——对于普通劳动力来说是微乎其微的——包括在生产劳动力所耗费的价值总和中。"⑤而且，"比社会平

<hr />

① 亚当·斯密.国富论：下卷[M].郭大力，王亚南，译.北京：商务印书馆，2014：384.
② 亚当·斯密.国富论：下卷[M].郭大力，王亚南，译.北京：商务印书馆，2014：349.
③ 亚当·斯密.国富论：下卷[M].郭大力，王亚南，译.北京：商务印书馆，2014：350-351.
④ 马克思恩格斯全集(第十六卷)[M].北京：人民出版社，1964：217.
⑤ 马克思恩格斯全集(第二十三卷)[M].北京：人民出版社，1972：195.

均劳动较高级较复杂的劳动，是这样一种劳动力的表现，这种劳动力比普通劳动力需要较高的教育费用，它的生产要花费较多的劳动时间，因此它具有较高的价值。既然这种劳动力的价值较高，它也就表现为较高级的劳动，也就在同样长的时间内物化为较多的价值。"[1]

　　在揭示教育是经济利益生产、分配和获得的重要来源和制约因素的同时，马克思还认识到教育是政治利益、文化利益生产、分配和获取的重要来源。他把工人阶级未来一代最好不到9岁就接受小学教育，作为抵制资本主义制度最必要的"抗毒素"[2]。为避免资产阶级向工人阶级后代灌输剥削阶级思想，从而保护革命的后代，马克思提出的教育并没有包括德育。他认为："把有报酬的生产劳动、智育、体育和综合技术教育结合起来，就会把工人阶级提高到比贵族和资产阶级高得多的水平。"[3]与此同时，马克思揭示了教育利益投入、分配与获取，受到资本主义生产关系及各种社会关系的制约。他说："亚（当）·斯密知道，'教育'费在工人群众的生产费用中是微不足道的。"[4]恩格斯则批判道："既然资产阶级所关心的只是工人的最起码生活，那我们也就不必奇怪它给工人受的教育只有合乎它本身利益的那一点点。"[5]因为"工人受教育，对资产阶级好处少，但可怕的地方却很多"[6]。马克思、恩格斯在为工人阶级教育权而与资本家作斗争的同时，对未来共产主义社会教育提出构想：在未来的最先进国家中，应"对所有儿童实行公共的和免费的教育。取消现在这种形式的儿童的工厂劳动。把教育同物质生产结合起来，等等"[7]。

　　可见，将通过教育而生产、分配和获取的这种利益，归于其他利益范畴是不合适的，它实际上构成一种相对独立的利益形态，这就是教育利益。教育利益不是教育活动及其结果本身的一种客体的对象物，而是一种关系的范畴，是教育领域中不同主体之间进行教育权利、机会、资源等分配所形成的一定性质

---

[1] 马克思恩格斯全集(第二十三卷)[M].北京:人民出版社,1972:223.

[2] 马克思恩格斯全集(第十六卷)[M].北京:人民出版社,1972:216.

[3] 马克思恩格斯全集(第十六卷)[M].北京:人民出版社,1964:218.

[4] 马克思恩格斯全集(第二十六卷)[M].北京:人民出版社,1972:159.

[5] 马克思恩格斯全集(第二卷)[M].北京:人民出版社,1957:395.

[6] 马克思恩格斯全集(第二卷)[M].北京:人民出版社,1957:396.

[7] 马克思恩格斯选集(第一卷)[M].北京:人民出版社,1995:422.

的社会关系。根据马克思主义利益理论，教育利益具有一般利益的共性和自身特质，需要在利益体系中合理定位。

（一）教育利益产生于教育利益主体的教育需求

同一般利益一样，教育利益源起于人的主体需要，是人的教育需要或教育需求的反映。康德在《论教育学》中开宗明义写道："人是惟一必须受教育的被造物。"[①] "人只有通过教育才能成为人。除了教育从他身上所造就出的东西外，他什么也不是。需要注意的是，人只有通过人，通过同样是受过教育的人，才能被教育。"[②]人类教育是人的生产劳动和物质生活的需要，也是人的文化活动和社会活动的需要。马克思提出人的"需要体系"包括：任何人类历史的第一个前提，无疑是有生命的个体的存在及其最起码的物质生活条件，这成为人类最早也是最基本的利益需要；"第二个事实是，已经得到满足的第一个需要本身、满足需要的活动和已经获得的为满足需要的工具又引起新的需要。这种新的需要的产生是第一个历史活动。"[③]人通过劳动生产出物质生活资料的过程中，又不断丰富和形成新的需要——各种社会生活和社会需要。再者，是精神生产及其成果所构成的利益需要。人在进行物质生产和社会生活的同时，又进行着精神生产。

与一般利益不同之处在于，教育与人的物质生产、社会生活和精神文化生活具有广泛的利益相关性。教育利益既表现为经济形态，也表现为政治形态、文化形态的利益。个体对教育的需要不仅表现在个体通过对知识和技能的学习，以适应物质生产需要，获得生产和生活资料，获取经济利益，而且还通过掌握一定社会知识、规则和能力，获得在社会生活中的权利、资源和地位，获取政治利益；此外，也通过掌握精神生活方面知识和技能，满足精神文化需求，获得一种文化利益。教育利益主体是教育需求驱动，是教育利益产生的原动力。

---

① 康德.论教育学[M].赵鹏,何兆武,译.上海:上海人民出版社,2005:3.

② 康德.论教育学[M].赵鹏,何兆武,译.上海:上海人民出版社,2005:5.

③ 马克思恩格斯全集(第三卷)[M].北京:人民出版社,1960:32.

（二）教育利益有着特定的实现方式和手段

教育利益需要通过利益主体的生产劳动、社会活动和精神活动来实现。按照马克思的观点，教育利益主体既包括一般的体力劳动者，也包括受过教育甚至接受过较多教育以智力活动为主参与劳动过程的总体工人的一部分——脑力劳动者。从人类劳动的总体范畴看，教育作为人们一种重要的利益实现方式与手段，具有很大的利益增值效应。当然，与一般利益不同，教育利益最终是要通过人（即教育利益主体）的发展得以实现，换言之，教育利益生产和获取更取决于受教育者自身的实践努力。也就是说，教育利益的实现方式和手段不是单纯的权利赋予、机会提供、资源获取。教育利益的实现需要一个递进的过程才能完成：第一层级是通过一定的利益分配原则，受教育者获得相应的教育权利、机会和资源，给教育利益主体提供一种利益获取的可能性；第二个层级是在第一层级所提供的外在条件基础上，受教育者亦即教育利益主体在学校、教师等外界教育力量引导促进下，通过自身的体力付出、意志努力、智力活动、情感活动、道德活动，实现素质和能力的提高。因此，教育利益获取不是单纯的外在输出、赠予或赋予，除国家、社会以及家庭等方面的物质投入、制度保障以及学校、教师的教育活动与管理，更重要的是受教育者的主体能动、积极参与与投入。

（三）教育利益获取及价值评判具有利益共性和自身特性

教育利益客体总是表现为一种具体的、有效的，也是有限的实体形态，利益主体通过一定方式和手段获得具有某种价值和功用的对象物。利益客体一般有六种基本类型[①]：物质型的利益客体，经济型的利益客体，精神型的利益客体，广泛的社会型的利益客体，群体型、集团型的利益客体，综合型、关系型的利益客体。教育利益客体同样体现在促进利益主体的物质利益、经济利益、文化利益、政治利益、社会利益等方面。但教育利益客体的特殊性并非仅仅体现于金钱、物质、声誉、地位等，更是体现为个体身心发展的权利、资格、条件和机会等，其利益结果的核心结果是供给个体各种发展的资格和机会，提高

①　王伟光.利益论[M].北京:人民出版社,2001:98.

个体身心发展水平，促进个体身心的和谐发展[①]。教育利益客体总体包括两大类型，一种是目的性利益，即个体的身心和谐发展，这是教育利益客体的本体形态。教育是人的潜能的唤醒和人性的不断自我完善过程，它使人不断脱离旧我，塑造新我，是人们超越当下的自我更新、完善、追求，最终实现自由而全面的发展。另一种是工具性利益——它是影响和制约目的性利益的外在客体，包括个体身心发展的权利、资格、条件和机会等，以及对人的发展水平的权威性认定。这往往作为个体进一步获得其他物质、文化等方面利益的中介。

（四）教育利益分配及其制度规则的自身特点

人与人之间形成的生产关系和社会关系，使利益主体需要与利益客体之间的矛盾具有现实性。正是不同社会关系之中需要主体之间的社会差别，决定了利益主体之间形成利益分配差别，产生利益矛盾。在这一点上，教育利益与一般利益具有共性。在社会利益分化过程中，教育利益分化既是社会利益分化的具体表现，又是加剧并产生新的利益分化的原因之一。同时，由于教育利益的有限性，国家、群体、个体之间进行教育利益分配时，同样面临各种利益矛盾和冲突。为此，需要建立和完善教育政策，将各种教育利益诉求投入一定的教育政策系统中去，通过一定的程序和制度安排加以选择，以协调各种利益主体的教育利益关系，化解利益矛盾，维护和增进公共教育利益。

然而，教育利益分配规则并不是一般公共政策的简单演绎，而是存在自己的内在逻辑。与其他利益相比，教育利益具有更强的公益性，这种公益性是由教育过程的重要因素——知识的公益性决定的。"教育过程乃是以传播和扩散文化知识为主，兼而创新和生产文化知识，以及应用和物化文化知识的过程。正是在这种意义上，教育利益可以被视作一种文化知识利益。而公共教育利益的受益者也可以归结为公众、社会、国家、民族、乃至于人类，在教育过程中获得的文化知识利益。总之，教育公益性是与文化知识公益性联系在一起的。"[②]但教育的最本质特征是作为一种培养人的活动，以促进人的知识的掌握、运用与创新，智慧、能力、道德的提高，以及体质的增强、情趣的发展和人格的健

---

① 李北群.论教育政策的利益分析:必要性、框架及应用[J].江苏社会科学,2008(6):213.

② 邢永富.教育公益性原则略论[J].北京师范大学学报(人文社会科学版),2001(2):51.

全。这一活动同样具有非功利性和善的本质。虽然，各种教育主体之间存在着教育利益关系，但更缔结一种以非功利性为特征的教育关系，爱与奉献才是教育关系的主调。因此，教育利益不同于经济利益、政治利益和文化利益。现实中教育领域的种种逐利行为，是教育利益关系的异化。

综上所述，教育利益不是教育部门或教育事业作为利益主体从社会系统中获得的一种实体性资源，也不是教育活动中一种直接的利益交换，它是在一定的社会关系和制度规则下，教育利益主体基于一定的教育利益需要，通过一定方式和手段获取的教育利益客体所形成的一种社会关系。

三、教育利益与其他利益之间的边界

学术界将利益引入教育领域有两种不同路径，一种是将利益直接引入和运用于教育研究，对教育现象及其问题进行一种利益分析。有学者先后运用利益理论或从利益视角分析教育问题和现象。另一种路径是建立一种不同于一般利益范畴的特定范畴——教育利益，以此来揭示教育利益关系和利益问题。显然，前者将面临一种理论和实践的风险——模糊了教育利益与一般利益之间的边界，甚至将教育活动描绘成一种充满争斗、博弈和冲突的"利益场"，而淡化和忽视教育的品性与特质，其结论只能是——人们对教育改革的动机主要"是想从教育改革所产生的利益中获取一杯羹，而利益至上的考虑又促使其参与动机最终强化为尽可能从教育改革所产生的利益中获取更多的羹"[1]。对于"为什么学校会对学生的发展不负责"，同样只能用"利益驱动使然"来解释[2]。这便使教育与利益之间关系陷入一种悖论状态——利益是教育活动的动力，而利益又成了种种教育问题的"祸根"。显然，这与马克思主义利益理论是相悖的。因此，需要确立教育利益与其他利益之间的边界，以彰显教育利益的特定性质与功能。

马克思没有将教育与政治、法、道德、宗教等上层建筑并提，没有简单将教育列入经济部门。而且，他认为教育与生产劳动相结合是大工业生产"生死

---

① 吴康宁.中国教育改革为什么会这么难[J].华东师范大学学报(教育科学版),2010(12):12.

② 吴康宁.为什么学校会对学生的发展不负责[J].教育研究,2007(12):21-25.

攸关"的大问题，不仅是改造现代社会的强有力的手段之一，也是造就全面发展的人的唯一方法。可见，马克思是将教育定位于广义的社会中，即生产力和生产关系及其他社会关系之中。换言之，教育与社会的关系是多面的、综合的，而非单一归为生产力或上层建筑范畴，教育利益与其他利益的边界也应是多个方面。

（一）教育利益与经济利益之间的边界

在历史发展中，物质利益首先以经济利益形式表现出来，人们之间社会交往及其关系首先是一种经济利益关系。教育利益投入与产出是以经济利益为基础的。无论历史发展和现实当下，只有当人们温饱问题得到解决，才会不断产生更高层次的发展需要和精神需要，将教育权、教育机会、教育成就作为一种利益诉求与民生期待。恩格斯曾指出："劳动产品超出维持劳动的费用而形成的剩余，以及社会生产基金和后备基金靠这种剩余而形成和积累，过去和现在都是一切社会的、政治的和智力的发展的基础。"[1]同时，教育利益又不是经济利益的分泌物和副产品，而是经济利益的重要推动力量。这不仅表现在教育能改变劳动力的性质和形态，促进科学技术向现实生产力转化，促进经济发展，而且，教育具有很高的个人回报率，对人的就业、收入及家庭命运有很强的改善功能。教育利益的投入、产出以及分配，很多时候是以经济利益为载体，带动和促进经济利益的产出与增值。

然而，教育利益毕竟不是经济利益。一些地方政府、研究者和社会人士试图将教育作为一种产业或经济发展的推手与引擎，以打通教育利益与经济利益的边界，让资本、市场来左右教育的运行，结果只能贻害教育、殃及人的发展和社会公平公正。按照布迪厄的场域理论，经济场域的逻辑是经济利益，市场力量运作其间；教育场域的逻辑是知识传授，规范力量运作其间，核心是育人及人的发展。虽然教育利益以经济利益为基础，但两者根本区别在于，教育利益是以教育目的为核心，以育人为宗旨，以公共利益为首要坐标的；教育利益产出对经济利益的作用不是直接的，而是通过培养人来间接实现的；教育利益主体之间不是一种直接的经济关系，而是以育人为核心的教育关系；教育利益

---

① 马克思恩格斯选集(第三卷)[M].北京:人民出版社,1995:538.

客体更多是精神的、符号的和知识的形态，不是金钱能直接兑换和交易的；教育利益获取表现为发展权利、机会、资格、资源的获得，而不是物质财富的占有与享受。

（二）教育利益与政治利益之间的边界

教育利益与政治利益有着十分密切的关系。在古代，教育利益从属于政治利益，为统治阶级所垄断，即所谓"学在官府""政教合一"。现代社会，教育实现国家化，学校及各种教育制度、资源掌握在政府手上，与政治利益紧密关联。首先，政治利益对教育利益具有直接的制约作用，教育权及其机会的赋予与分配总是服从于一定政治利益。且不说封建社会教育权利的阶级性、等级性，就是在资本主义社会，按照马克思的说法，"既然资产阶级所关心的只是工人的最起码的生活，那我们也就不必奇怪它给工人受的教育只有合乎它本身利益的那一点点"①。其次，教育目的、内容的政治方向和思想意识，必须服从和服务于一定的政治利益。没有哪个政治集团会放松和放弃对教育的领导与控制。因为，社会成员的政治社会化是由教育来实现的。亚当·斯密首次提出国家要注意教育利益并担负教育的投资，重要原因是教育带来巨大政治利益："国家即使由下级人民的教育，得不到何等利益，这教育仍值得国家注意，使下级人民不至陷于全无教育的状态。何况，这般人民有了教育，国家可受益不浅呢。在无知的国民间，狂热和迷信，往往惹起最可怕的扰乱。一般下级人民所受教育愈多，愈不会受狂热和迷信的迷惑。加之，有教育有知识的人，常比无知识而愚笨的人，更知礼节，更守秩序。他们各个人都觉得自己的人格更高尚，自己更可能得到法律上、长上的尊敬，因而他们就更加尊敬那些长上。"②而且，教育通过选拔和一定的分层制度，使原有的社会关系和结构得以延续，维护统治阶级的政权稳定和既得利益。

不过，教育利益不能等同于政治利益，成为政治利益的附庸和工具。教育活动不是一种单纯的权力活动，不是领导与服从的关系，而是建立在尊重人的主体性、选择性和独特性基础上的主体间活动。而且，现代教育不单是政治利

---

① 马克思恩格斯全集(第二卷)[M].北京：人民出版社，1957：396.
② 亚当·斯密.国富论：下卷[M].郭大力，王亚南，译.北京：商务印书馆，2014：353-354.

益的维护者，也是民主、进步的新社会的创造者，促进政治的民主进程。我们从马克思对资本主义社会教育和政治之间关系的揭露能够清晰透见。

（三）教育利益与文化利益之间的边界

教育与文化的关系更加密切，一些学者甚至将教育纳入文化利益的范畴。人类在追求和实现物质性利益的同时，还会产生一定的精神性需求以获得娱乐、休闲、审美、教育等机会，凝聚一种新的利益形态——文化利益。但教育利益并非隶属于文化利益，仅仅归为文化利益范畴。教育的价值是多向的，教育利益需求和利益客体也不只是文化的一个方面。我们可以从葛兰西的思想看到教育利益与文化利益的关系。无论是统治阶级传播其意识形态、制造合法性和实行文化"领导权"，还是无产阶级革命，都需要重视通过教育来获得其文化利益。无产阶级能否取得胜利，取决于能否取代资产阶级意识形态对市民社会的领导权，形成成熟的无产阶级意识；换言之，无产阶级革命的真正胜利，是要赢得市民社会的意识形态控制权。他强调要通过教育获得文化领导权，就要扩大教育范围，使教育所建立的这种新型关系存在于整个社会。当然，在现代社会，文化利益与教育利益的关系会呈现新的形态和方式。教育利益所凝聚的一种重要客体——文化资本，不仅具有经济价值，也具有政治意义；不同文化系统（如多元文化）在教育体系特别是课程中的地位，也影响到文化利益的实现；在全球化、国际化进程中，各国的文化软实力和影响力显然需要通过教育来传播和光大。

总之，对教育利益与政治利益、经济利益和文化利益之间关系的辨析与厘清，具有重要的理论和实践意义。它为我们把握教育利益的内在逻辑和本质内涵提供了线索，确定了应有的边界，教育利益得以按照自己的内在逻辑在合理的空间内运行。教育才不致因利益属性和关系的错位或越界，而陷入行政化、市场化、功利化的误区。

我国基本实现教育现代化的路径选择①

发展社会学研究表明，社会分化和社会整合是社会发展及其现代化的基本内容与实现路径。所谓社会分化，是指社会在其发展过程中不断分解而产生新的社会要素，形成新的社会关系，由此分割重组而形成新的社会结构和社会功能的现象与过程。而社会整合则是对照不同的社会条件下，针对社会分化带来的不同社会要素及其关系之间的矛盾、冲突与纠葛，所进行的顺应、调整与协调。正是社会分化与社会整合的交互作用与运动，促进社会发展并走向现代化的。不待言，"从教育形态变迁的外在表现看，教育现代化进程具有一些明显的特征，其中最显著者当属教育的分化与整合。"②教育现代化的一般路径，正是教育在参与和推动社会分化与社会整合过程中实现自身的分化与整合，现代性不断增长和发展，进而实现自身现代化的。

从新中国成立以来教育发展历程看，1949—1978年，教育利益主体是国家，教育通过一系列整合机制以实现阶级内的权利平等，服务工农阶级，捍卫和巩固以工农联盟为基础的社会主义国家政权。显然，由于缺少必要的教育分化，教育现代化踯躅难进。1978—2007年，国家通过教育政策和教育法律等新的整合机制，打破教育权利和机会的阶级分化，教育利益由一元垄断走向国家、群体和个体的多元分享，通过推行普及义务教育和高等教育大众化，努力实现全体社会成员平等的受教育权。同时，又以教育利益的区域分化、城乡分化、校际分化、个体分化为动力，形成利益竞争与矛盾并存的教育秩序。2007年党的十七大以来，在这种教育分化基础上又进行新的教育整合，通过教育资源均衡配置和建立基本公共服务体系等重要举措，促进教育公平和提高教育质量。

可以看出，新中国成立以来的教育现代化步伐，正是在教育分化与教育整合交互作用中不断前行的；一旦停顿、僵滞或失衡，教育现代化就会受阻、停

---

① 本节原载于《教育发展研究》2012年第17期。
② 褚宏启.教育现代化的路径[M].北京:教育科学出版社,2000:53.

滞或出现反复。《教育规划纲要》确立"到2020年，基本实现教育现代化"的战略目标。如何选择基本实现教育现代化并逐步走向全面实现的实践路径，是我国教育事业科学发展的重大战略问题。诚然，我国基本实现教育现代化的实践路径，是推进教育分化和整合的张力平衡与运动，办出具有中国特色、世界水平的现代教育。具体说，以教育利益分化与整合为价值目标，以教育体系和结构、教育资源配置和质量内涵、教育体制机制的分化与整合为实体框架、条件保障、动力装置，不断提高教育现代化水平。这是历史的选择，更是面向未来的战略选择。

一、以教育利益分化与整合为价值目标

诚然，"追究至最深层，可以发现，教育现代化的动力是利益。因为教育包容着巨大的利益，无论国家把教育视作国家竞争、民族竞争的工具，还是个人把教育视为个人向社会上层流动的工具，皆从利益着眼。"[①]根据教育利益主体、客体以及主客体之间的关系，教育利益总体上分为个人利益和国家利益，在此基础上进一步衍生和整合成教育的民生利益和教育的公共利益。从各国教育现代化的教育利益取向看，大致分为教育利益的国家优先和个人优先两种基本模式。进一步看，原发型现代化国家多采用个人优先模式，而后发型现代化国家因为发展的巨大压力，多采用国家优先模式。我国基本实现教育现代化同样需要从中做出选择，形成与中国国情和社会制度相因应的价值路向。

（一）促进教育利益分化，在教育强国的同时注重教育惠民、改善民生

广义上讲，我国教育现代化是近代围绕"师夷之长以制夷"和"富国强兵"目的展开的，学校教育制度的建立、课程体系以及培养目标的确立，更多从民族和国家利益方面考虑，以图民族振兴、国家富强。新中国60多年来开辟的中国特色社会主义教育发展道路，主要追求和实现的是教育的国家利益，包括国家的政治利益、经济利益、文化利益。具体说，教育先后由定位于"文教""科

---

① 褚宏启.教育现代化的路径[M].北京:教育科学出版社,2000:312.

教"领域，作为政治或经济的重要基础——"国计"，转向"国计"与"民生"的并重统一①。其中，1949—1978年，教育定位于"文教"领域，作为上层建筑，教育被政治利益化；1978—2004年，教育定位于"科教"领域，作为生产力的重要因素，服务于经济建设为中心的社会主义现代化建设，教育被经济利益化。但无论政治利益化还是经济利益化，都是国家利益和整体利益，教育的个人利益和民生利益处在一种从属甚至牺牲状态。

十六届四中全会提出建设和谐社会目标，教育开始作为关系人民群众切身利益的民生问题。十七大进一步把教育纳入以改善民生为重点的社会建设，发挥了强国与惠民双重功能。胡锦涛在第四次全国教育工作会议上指出："教育是国计，也是民生；教育是今天，更是明天。""教育是改善民生、促进社会和谐的重要途径，必须坚持以人为本，促进教育公平，保障公民依法享有受教育的权利。"《教育规划纲要》指出："教育是民族振兴、社会进步的基石，是提高国民素质、促进人的全面发展的根本途径，寄托着亿万家庭对美好生活的期盼。"这标志着教育利益主体及其目标走向了分化，即在实施科教兴国，建设教育强国、人力资源强国的同时，将亿万家庭对美好生活的期盼纳入教育的重要关切，将教育公平作为国家基本教育政策，促进城乡及不同地区、群体和家庭的教育利益协调，实现教育的民生利益和公共利益。可见，将教育由"国计"拓展为"民生"，是教育利益分化的结果，反映出我国基本实现教育现代化的一种重要价值追求。概括地说，教育的民生利益是国家和政府发挥公共资源的作用，提高基本公共教育服务体系的可及性、公益性，努力满足人民群众的教育诉求，将公共利益更多转化和落实到不同个体和群体的教育利益公平实现上来。

（二）教育利益分化与整合并举，促进强国与惠民、国计与民生的协调统一

教育利益分化增强了教育发展的竞争和活力，但也带来新的教育利益矛盾和冲突。基本实现教育现代化，首先是落实教育优先发展战略，扩大教育利益输入。然而，在教育利益总量不断丰富和扩大的基础上，如何分好"蛋糕"，理论上存在四种不同的价值选择和分配模式，即教育利益的国家优先、个人优先、

---

① 阮成武.论社会建设中的政府教育职能[J].中国教育学刊,2009(3):1-4.

民生优先、公益优先。其核心是教育利益协调主体在精英取向与大众取向、公益与私益、公平与效率等维度上，寻找一种价值尺度和伦理原则，对教育利益进行分配。其中，国家优先模式以社会共同善为基本取向，体现了国家作为教育的主要举办者与管理者，在教育利益协调中的核心地位和国家整体利益的权威地位，而它的局限性恰恰在于过分强调整体利益，而个体的教育利益处于从属甚至忽略、受损的境地，与现代社会对人的主体地位和基本权利的尊重相背离，也造成不同群体的教育利益矛盾和失衡。个人优先模式注重以每一个人的存在及其价值实现为目的，每个个体是平等的利益需求者与享用者，国家首要责任在于保证社会成员能平等享受其教育利益。然而，国家总是实现统治阶级利益的工具，而且，没有国家的教育利益的充分实现，个人的教育利益会因缺乏实现的经济和政治基础而落空。民生优先模式是在此基础上的改进，克服教育利益的国家优先而忽视个体利益及不同群体的教育利益失衡，将教育的个体利益合法化、现实化，注重不同群体的教育利益协调。但问题是民生领域的教育利益总是以私益取向为主导，具有竞争性和排他性，存在着政府提供的教育服务与个体选择之间的矛盾与冲突，影响教育的国家利益和公共利益。教育利益的公益优先模式则克服前三者的各自缺陷，注重教育的公共性与公益性，有利于公共教育秩序的形成。但如何将公共利益落实到个体私益，满足人民群众多元化教育需求，还需要进一步探索。

基于以上，笔者认为我国基本实现教育现代化的价值目标，应当寻找它们之间的平衡点、契合点，通过理论创新与制度创新，实现以统筹为基本方法的教育利益共享。其中，"共享"是价值取向，"统筹"是基本原则和实践方式。具言之，教育改革和发展应积极顺应人民群众对美好生活的新期盼，着力解决人民群众在教育领域最关心、最直接、最现实的利益问题，按照"共同建设、共同享有的原则"，促进教育利益分配公平，使教育利益从国家垄断及一些社会阶层、群体和个体的专享、优惠，转化为全体人民"学有所教"的共享、普惠。所谓"统筹"，是基于和谐社会现实背景和建设目标，以"统筹兼顾"为根本方法，基于现阶段各种利益差别、矛盾，着眼利益共享的核心目标和长远目标，正确把握教育现代化进程中的重大教育利益关系，处理不同教育主体、教育客体及教育主体与教育客体之间的矛盾，实现精英取向与大众取向的利益均衡、公益与私益的利益整合、公平与效益的关系兼重和良性统一，促进教育利益关系的良性互动和协调发展，实现教育利益共享。

二、以教育体系和结构分化与整合为实体框架

新时期以来，我国教育体系和结构是在围绕现代化建设对人的素质提高和人才培养的要求，不断通过分化与整合的进程中得以发展完善的。1980年提出普及小学教育的战略目标，1985年提出普及九年义务教育。1993年，《中国教育改革和发展纲要》提出，要在世纪末形成具有中国特色的、面向21世纪的社会主义教育体系的基本框架，包括基础教育、高等教育、职业技术教育和成人教育。2007年，党的十七大提出"现代国民教育体系更加完善，终身教育体系基本形成"的新目标。经过新中国60多年特别是近30年来改革与发展，我国已成为教育大国、人力资源大国。在这一基础上，如何体现"国计"与"民生"兼重、沿着强国与惠民统一的价值目标，需要通过教育体系和结构进一步分化与整合，使中国特色社会主义现代教育体系更加完善。

（一）促进教育层次结构分化与整合，为基本实现教育现代化搭建体系框架

与《中国教育改革和发展纲要》以"一个大力加强、三个积极发展"为主体结构的教育体系相比，《教育规划纲要》提出"现代国民教育体系更加完善，终身教育体系基本形成，促进全体人民学有所教、学有所成、学有所用"的新目标。具体说，通过进一步的体系和结构分化，确立教育发展的八大任务及相应的政策措施，形成"中国特色社会主义现代教育体系"的崭新框架。其中，将原先"基础教育"分为学前教育、义务教育和高中阶段教育，彰显义务教育作为基本公共服务均等化的普惠性；将普通高中和中等职业学校整合为高中阶段教育，在此基础上促进普通高中多样化发展；将"职业技术教育"提升为"职业教育"，由"积极发展"改为"大力发展"；将"成人教育"拓展为"继续教育"，由"积极发展"改为"加快发展"；将高等教育由"积极发展"转向"全面提高质量"；此外，将少数民族教育、残疾人教育拓展为"民族教育""特

殊教育"。这样，教育体系由原先四大板块分化成为八大板块，为实现全体人民"学有所教"搭建实体框架。

（二）促进教育类型结构分化与整合，为全体人民"学有所教"提供实现途径

围绕全体人民"学有所教"的国计与民生目标，《教育规划纲要》整合公办教育与民办教育、义务教育与非义务教育、普通教育与专业教育、国民教育与终身教育、政府提供与社会参与等各种教育要素和形式，扩大教育资源总量，实现更高水平的普及教育，包括普及九年义务教育，基本普及学前教育，普及高中阶段教育，高等教育大众化。在此基础上，将教育体系整合为三种不同类型和提供方式：一是形成惠及全民的公平教育，保障公民依法享有接受良好教育的机会，建成覆盖城乡的基本公共教育服务体系，努力办好每一所学校，教好每一个学生。二是提供更加丰富的优质教育，促进教育质量整体提升，优质教育资源总量不断扩大，更好满足人民群众接受高质量教育的需求。三是构建体系完备的终身教育，使现代国民教育体系更加完善，终身教育体系基本形成，促进全体人民学有所教、学有所成、学有所用。（见图1）

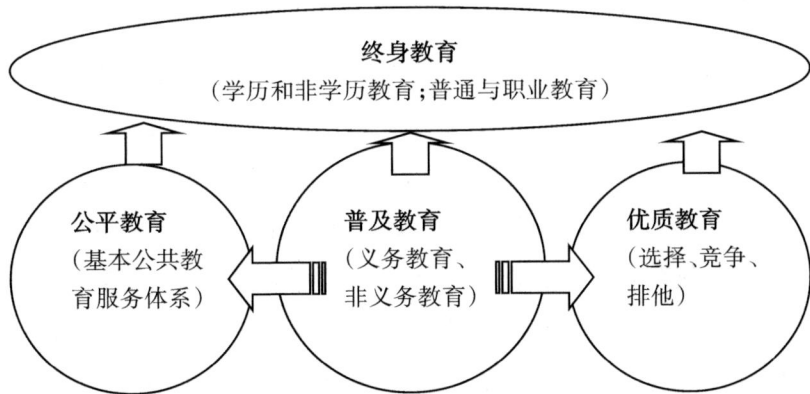

图1　基本实现教育现代化的类型结构

（三）促进教育模式和方式的分化与整合，为人的发展和成才提供多样化途径

教育层次、类型分化与整合，最终依赖教育模式和方式的分化与整合，走向教育实践层面，成为人的发展和成才的具体方式与途径。一方面，《教育规划纲要》促进人才培养模式的分化，提出："推进培养模式多样化，满足不同潜质学生的发展需要"；推动普通高中多样化发展，"促进办学体制多样化，扩大优质资源"；"树立多样化人才观念，尊重个人选择，鼓励个性发展，不拘一格培养人才"；"探索多种培养方式，形成各类人才辈出、拔尖创新人才不断涌现的局面"；"建立科学、多样的评价标准""探索促进学生发展的多种评价方式，激励学生乐观向上、自主自立、努力成才"；"逐步形成分类考试、综合评价、多元录取的考试招生制度。"以此，提供多样化教育机会，形成多样化人才培养模式，开拓多样化发展和成才通道，建立多样化评价标准和评价方式，满足人民群众多样化教育需求，为每个学生提供适合的教育。

另一方面，加强教育模式和方式的各要素、环节和过程的整合。第一，注重各种教育类型及其功能的交叉渗透。如：鼓励有条件的高中根据需要增加职业教育的教学内容，探索综合高中发展模式；高等教育促进科研与教学互动、科研与创新人才培养相结合。第二，树立系统观念，推进小学、中学、大学有机衔接，教学、科研、实践紧密结合，学校、家庭、社会密切配合，加强学校之间、校企之间、学校与科研机构之间合作以及中外合作等多种联合培养方式，形成体系开放、机制灵活、渠道互通、选择多样的人才培养体制。第三，加强学校教育、社会教育和家庭教育的整合，为青少年健康成长创造良好的教育条件和氛围。总之，教育模式和方式的分化与整合，既是建立人力资源强国的有力举措，也更好满足了人民群众接受良好教育和改善民生的现实需要。

三、以教育资源配置和质量内涵分化与整合为条件保障

教育体系和结构的分化与整合，需要通过教育资源配置和质量内涵的相应分化与整合，才能筑牢基本教育现代化实践路径的物质基础和体系保障。

（一）促进教育资源配置的分化与整合，为教育体系和结构的分化与整合垫实物质基础

教育资源配置及其原则和方式，是教育体系和结构的分化与整合的物质依托，也是教育利益分化与整合的关键。我国基本实现教育现代化的一个重要突破口，是将促进公平作为国家基本教育政策。这意味着国家采取差别对待的分化原则，将教育资源配置重点向农村地区、边远贫困地区和民族地区倾斜，加快缩小教育差距。如：重点发展农村学前教育，努力提高农村学前教育普及程度；义务教育建立城乡一体化义务教育发展机制，在财政拨款、学校建设、教师配置等方面向农村倾斜，切实缩小城乡、校际差距；加快薄弱学校改造，在保障适龄儿童少年就近进入公办学校的前提下，发展民办教育，提供选择机会；实施中西部高等教育振兴计划，加强中西部高校基础能力建设，扩大东部高校在中西部地区招生规模，加大东部高校对西部高校对口支援力度，并鼓励东部地区高等教育率先发展。

与此同时，通过种种有效的整合举措促进教育资源的均衡配置。如：推进义务教育学校标准化建设，均衡配置教师、设备、图书、校舍等资源。实行县（区）域内教师、校长交流制度；逐步实行城乡统一的中小学编制标准，对农村边远地区实行倾斜政策；加大省级政府对区域内各级各类教育的统筹，建立健全公共教育服务体系，逐步实现基本公共教育服务均等化。中央财政通过加大转移支付，支持农村欠发达地区和民族地区教育事业发展，加强关键领域和薄弱环节，解决突出问题。这种分化与整合有机结合的教育资源配置方式，合乎中国教育国情，与教育作为国计与民生的价值目标相一致。

（二）促进教育质量内涵的分化与整合，为教育体系和结构的分化与整合提供体系保障

将提高质量作为教育改革发展的核心任务，不断扩大优质教育资源总量，更好满足人民群众接受高质量教育的需求，是基本实现教育现代化的核心目标。但提高质量的前提是要树立科学的教育质量观，通过教育质量内涵的分化与整合，为教育体系和结构优化提供航向和路标。

一方面，是教育质量内涵的分化。包括：义务教育主要促进县域均衡发展，全面提高普及水平和教育质量，确保适龄儿童少年接受良好义务教育。高中阶段教育要合理确定普通高中和中等职业教育招生比例，在全面完成国家规定的文理等各门课程学习的同时，为学生提供更多选择，促进学生全面而有个性地发展。高等教育重在优化学科专业、类型、层次结构，促进多学科交叉和融合，重点扩大应用型、复合型、技能型人才培养规模，建立高校分类体系，实行分类管理，形成各自的办学理念和风格，在不同层次和领域办出特色，争创一流。

另一方面，教育质量内涵的分化与多元，需要有效的整合手段加以引导、规范和监督。《教育规划纲要》提出：建立以提高教育质量为导向的管理制度和工作机制，制定教育质量国家标准、教师资格标准、办学标准，建立健全教育质量保障体系；整合国家教育质量监测评估机构及资源，完善监测评估体系，定期发布监测评估报告，加强教育监督检查，完善教育问责机制。其中，学前教育要求制定办园标准，建立幼儿园准入制度，严格执行幼儿教师资格标准。义务教育要求严格执行义务教育国家课程标准、教师资格标准，建立义务教育质量的国家标准和监测制度。高中阶段教育全面实施高中学业水平考试和综合素质评价，实行优质普通高中和优质中等职业学校招生名额合理分配到区域内初中的办法；职业教育通过制定基本办学标准，健全教育质量保障体系，吸收企业参加教育质量评估。高等教育要制定人才培养质量标准，建立科学规范的高等学校教学评估制度和高等学校质量年度报告发布制度。

四、以教育体制机制分化与整合为动力装置

改革开放以来，伴随经济体制、政治体制改革的进展，我国教育体制不断深化。1985年《中共中央关于教育体制改革的决定》就指出，要从根本上改变教育工作不适应社会主义现代化建设需要的局面，"必须从教育体制入手，有系统地进行改革。"由此迈出教育体制机制分化的步伐：一是调整中央政府与地方政府、政府与学校的关系，党的领导与校长负责制、校务委员会、教职工代表大会的关系；二是国家教育委员会负责掌握教育的大政方针，统筹整个教育事业的发展，协调各部门有关教育的工作的同时，承认全国各省市区之间及省域、

市域、县域教育发展的不平衡性，鼓励一部分地区先发展起来，同时鼓励先发展起来的地区帮助后进地区，达到共同的提高。同时，通过教育立法、党的领导等方式，加强教育整合，保障教育事业发展健康有序。此后，《中国教育改革和发展纲要》以及相关教育法律法规的颁布，进一步按照"三个有利于"的原则（有利于坚持教育的社会主义方向，培养德智体全面发展的建设者和接班人；有利于调动各级政府、全社会和广大师生员工的积极性，提高教育质量、科研水平和办学效益；有利于促进教育更好地为社会主义现代化建设服务），努力改革包得过多、统得过死的体制，初步建立起与社会主义市场经济体制和政治体制、科技体制改革相适应的教育新体制。然而，教育领域仍然被人们认为是计划经济的最后堡垒，教育体制改革仍然难以进入"深水区"。《教育规划纲要》进一步明确提出，要以体制机制改革为重点。总结30多年来教育改革的经验和教训，突破教育发展和人才培养的种种羁绊，同样需要促进教育体制机制分化与整合的张力平衡与运动。这就是以人才培养体制的分化与整合为核心，由内而外，逐层推动考试招生体制机制、办学体制机制、教育管理体制机制的分化与整合。

（一）促进教育体制机制的分化，使教育改革发展充满生机活力

从现实看，无论是经济社会发展对高质量多样化人才需要与教育培养能力不足的矛盾，还是人民群众期盼良好教育与资源相对短缺的矛盾，都集中地体现在长期以来形成的与计划经济相适应的人才培养体制、办学体制和管理体制上。概括地说，计划经济是"以已知解决已知"，即面对已知的问题，用已有的知识去解决；教育是以知识为本，重视基本知识的掌握，人才是一个固化的统一标准；市场经济是"用已知解决未知"和"以未知对未知"，重视学生基本知识的应用能力，以及在意外情况下对知识的应用，注重人的多样性、个性化、选择性、创造性，人人都可能成功，人才标准是多样的。因此，教育体制改革的核心是人才培养体制和模式的分化与整合，培养出与社会主义市场经济体制相适应的各级各类人才，这是解决现阶段教育利益矛盾的根本途径。

一是人才培养目标的分化。一方面，树立人人成才和全面发展观念，面向全体学生，努力造就德智体美全面发展高素质人才；另一方面，树立多样化人

才观念，尊重个人选择，鼓励个性发展，不拘一格培养人才。二是人才培养模式的分化，推进不同教育层次、阶段和要素、环节的衔接、结合和合作，形成体系开放、机制灵活、渠道畅通、选择多样人才培养体制，探索多种培养方式，关注学生不同特点和个性差异，发展每一个学生的优势潜能，形成各类人才辈出、拔尖创新人才不断涌现的局面。三是人才评价标准和方式的分化，建立科学多样的评价标准，探索促进学生发展的多种评价方式。四是考试招生类型和方式的分化，积极探索招生与考试相对分离的办法，建立由政府宏观管理，专业机构组织实施，学校依法自主招生，学生多次选择，分类考试、综合评价、多元录取；逐步实施高等学校分类入学考试，建立健全有利于促进入学机会公平和优秀人才选拔的多元录取机制。

同时，也加强对人才培养体制的整合，使人才培养体制改革活而不乱。如：开展由政府、学校、家长及社会各方面参与的教育质量评价活动；成立国家教育考试指导委员会，完善国家考试科目试题库，实行普通高等学校本科入学全国统一考试；加强考试招生信息公开、社会监督以及法规建设等。

（二）促进办学体制机制的分化与整合，形成充满生机活力的办学体制和现代学校制度

一方面是办学体制机制的分化。推进政校分开、管办分离，建立依法办学、自主管理、民主监督、社会参与的现代学校制度，构建政府、学校、社会之间新型关系。落实和扩大学校办学自主权，完善中国特色现代大学制度和中小学学校管理制度。高等学校坚持和完善党委领导下的校长负责制的同时，发挥学术委员会的作用，加强教职工代表大会、学生代表大会制度建设，形成行政权力、学术权利和师生民主参与权利协调运行的治理结构。中小学和中等职业学校在实行校长负责制的同时，建立健全教职工代表大会制度。深化办学体制改革，健全政府主导、社会参与、办学主体多元、办学形式多样、充满生机活力的办学体制，满足人民群众多层次、多样化的教育需求。

另一方面，也通过种种方式加强对办学体制机制的整合，使学校运行和各种形式办学健康有序。如：学校在自主办学、自主管理的同时，强调要依法办学，接受师生员工和社会的监督等。在深化公办学校办学体制改革，增强办学

活力、提高办学效益的同时，鼓励公平竞争，引进社会资源进入教育领域，大力支持民办教育，形成以政府办学为主体、全社会积极参与、公办教育与民办教育共同发展的格局。

（三）促进教育管理体制机制的分化与整合，为教育发展注入强大动力

建立健全统筹有力、权责明确的教育管理体制，形成政事分开、权责明确、统筹协调、规范有序的教育管理体制，是我国基本实现教育现代化的重要体制保障。教育管理体制改革的实践路径同样是分化与整合的张力平衡与运动。

与此同时，实现多种手段和方式对教育体系及其运行加以整合。一是强化党和政府对教育的政治领导。"外国和我国教育现代化的历史进程表明，没有高度统一的政治权威体系，教育的现代化是难以实现的。"①《教育规划纲要》确立教育优先发展地位，加强党和政府在教育改革和发展中的责任和对教育的领导；同时，要求转变政府教育管理职能，切实履行统筹规划、政策引导、监督管理和提供公共教育服务的职责，促进管办评分离，形成政事分开、权责明确、统筹协调、规范有序的教育管理体制，构建政府、学校、社会之间的新型关系。二是加强市场对教育的调节功能。"市场机制的利益杠杆以及与此相关的各种保护个人合法权利的制度安排，为每个人在教育现代化建设中充分发挥自己的主动精神与创造精神，提供了有效的动力保障。这正是改革开放20多年，中国教育现代化变迁始终充满生机活力的最直接的制度根源。"②《教育规划纲要》提出，要全面形成与社会主义市场经济体制相适应的充满活力、富有效率、更加开放、有利于科学发展的教育体制机制，形成以政府办学为主体、全社会积极参与、公办教育和民办教育共同发展的格局。三是加强教育政策法规的规范保障功能。包括：政府依法落实教育经费投入的"三个增长"；依法加强对教育的管理与监督，综合应用立法、拨款、规划、信息服务、政策指导和必要的行政

---

① 田正平,李江源.教育制度变迁与中国教育现代化进程[J].华东师范大学学报(教育科学版),2002(1):39-51.

② 田正平,李江源.教育制度变迁与中国教育现代化进程[J].华东师范大学学报(教育科学版),2002(1):39-51.

措施对教育进行管理；依法保障学校充分行使办学自主权、明确承担的相应责任，建设依法办学、自主管理、民主监督、社会参与的现代学校制度。

综上所言，教育分化与教育整合对于教育现代化的基本实现，如船之双楫，鸟之两翼。两者的张力平衡与运动贯穿于我国基本实现教育现代化的全程与全域，是我们深度解读和深入实施《教育规划纲要》的一把钥匙、一张路线图。当然，在教育现代化实际进程中，分化与整合如何由对立到统一并实现新的对立与统一，推动张力平衡与运动，是需要进一步深入研究的。但无论如何，分化与整合的张力平衡与运动作为基本实现教育现代化的实践路径，已经彰显出重要的方法论意义和实践指导功能。

中国式教育现代化的民生利益旨向：历史发生学认识视角①

教育民生及以此为论域的教育民生论，学者们已从民本主义教育观和平民主义教育的思想源头②，或从东西方民生哲学中的国家需要与责任③，来探讨其发生机制。然而，教育民生论的逻辑起点是教育与人的生活关系。民生作为一种中国传统风格的概念表达及中国人对于美好生活的思想镜像，事实上反映了人类普遍面对的共同课题，即人的生活。马克思指出：一切历史的第一个前提，是"人们为了能够'创造历史'，必须能够生活'"④。诚然，我们研究历史性、过程性的思想和事物，当透析其形成发展的历史线索和内在逻辑，从其内在发生机理入手，回到历史的客观现实、实事求是地按事物发展的逻辑理路研究，这就是内在历史发生学⑤。教育是否纳入民生，在什么意义、范围和程度上成为民生，以及教育民生的属性、内涵、价值目标，不应立足于逻辑推论和理论预设，而是要从教育与人的生活关系的客观历史过程，亦即教育与人的生活关系的历史发生学来考察和认识。诚然，中国式教育现代化着眼于办好人民满意的教育，坚持以人民为中心发展教育，同样需要从教育与民生的历史发生学认识中进行价值澄明，以此确立中国式教育现代化的民生利益旨向。

---

① 本节根据《教育民生论：一种历史发生学认识视角》修改形成，原载于《教育研究》2017年第1期。

② 李金奇认为，作为一个新的教育概念范畴，教育民生论产生有其内在的思想源流。人类教育思想史上源远流长的民本主义教育观和平民主义教育思想，是教育民生论思想源头和生长土壤。参见：李金奇.教育民生论的发生与解读[J].高等教育研究，2013,34(11):18-24.

③ 谭维智认为，中国传统的民生哲学是中国社会经济发展乃至国家政治运作的逻辑起点和价值取向，是教育民生观的理论基础和思想渊源；同时，从发生学看，教育与国家和民生需求之间不可分割的联系，发展教育民生是国家的责任和担当。谭维智.国家视角下的教育民生论[J].教育研究，2014(12):4-11.

④ 马克思恩格斯文集(第一卷)[M].北京：人民出版社，2009:531.

⑤ 王华英.历史发生学视域下的马克思技术思想[J].自然辩证法研究，2008,24(2):59-65.

一、教育与生活的原始综合：原初形态的教育民生论

教育与人的生活关系历经漫长复杂的历史变迁。从原始形态的非制度化教育发展成为制度化教育，两者关系的形态和性质发生深刻的历史和社会变迁。20世纪20年代，杨贤江就提出教育起源于人类社会生活需要的观点，认为教育是帮助人在社会生活中谋生的一种手段。认为："教育的发生就只根于当时当地的人民实际生活的需要；它是帮助人类社会生活的一种手段。""自有人生，便有教育。因为自有人生，便有实际生活的需要。"①这一观点与马克思的生活哲学根本一致："人们生产自己的生活资料，同时间接地生产着自己的物质生活本身。"②"为了生活，首先就需要吃喝住穿以及其他一些东西。因此第一个历史活动就是生产满足这些需要的资料，即生产物质生活本身，而且，这是人们从几千年前直到今天单是为了维持生活就必须每日每时从事的历史活动，是一切历史的基本条件。"③杨贤江将教育"本质"看作是帮助人类营谋社会生活的一种手段，而将阶级社会教育与生产和实际生活的脱节看作是"变了质"的教育——教育成了支配阶级的剥削工具、统治武器④。当然，这并不意味着他主张教育要停留或回归到原始社会。他指出："我们不否认是有它（指奴隶社会的教育）的进步的方面。"⑤这种教育起源于生活需要的观点，得到当代教育学者的支持和进一步发展。

这种原始形态的教育与人的生活结合，反映了教育既是满足人的物质生活需要，也是社会生活的需要。杜威在《民主主义与教育》开篇指出：教育是生活的需要。"社会群体每一个成员的生和死的这些基本的不可避免的事实，决定教育的必要性。"⑥在杜威看来，这种生活不仅是物质层面的即环境对生物需要

---

① 杨贤江.杨贤江教育文集[M].北京:教育科学出版社,1982:413-414.

② 马克思恩格斯文集(第一卷)[M].北京:人民出版社,2009:519.

③ 马克思恩格斯文集(第一卷)[M].北京:人民出版社,2009:531.

④ 杨贤江.新教育大纲[M].北京:人民教育出版社,1961:38.

⑤ 潘懋元.杨贤江(李浩吾)教育思想:中国近代教育史研究资料[J].厦门大学学报(文史版),1954(1):127-139.

⑥ 约翰·杜威.民主主义与教育[M].王承绪,译.北京:人民教育出版社,2001:7.

的不断地重新适应，而且包括个体的和种族的全部经验，包括习惯、制度、信仰、胜利和失败、休闲和工作①。教育在其最广意义上就是生活的延续。此时，教育与人的生活的原始综合是全面的和全民的，目的在于形成一个人的性格、才能、技巧和道德品质，一个人是通过共同生活的过程来教育自己的，而不是被别人所教育的。年轻人必须接受其社会生活所必需的实际技能（如狩猎、捕鱼、作战）和道德教育以及专门的职业训练②。

需要指出的是，虽然后来的社会"有了学校教育这种新的教育形式，但那是极少数人的事情，绝大多数人仍然是在社会生产和社会生活的过程中进行教育的，这是古代教育的基本方式"③。而且，这种在家庭生活和社会生活中进行的自然的、非制度化教育，一直在世界广大地区流行至今，仍然是为千百万人提供教育的唯一形式，④成为教育民生的原初形态。这种教育民生是社会每一成员共同参与和享有的，关涉所有社会成员的生活，以生活需要为动因，在生活中进行并直接服务生活，机会平等的概念并无实质意义。只是在此阶段，"教育并不是也不会有人去说明它是生存的必要条件，一切都以朦昧的状态进行"⑤，因而，尚未形成教育民生论的思想自觉和认识基础。

二、教育与生活的阶级分裂：政治取向的教育民生论

教育作为社会生活的重要部分和重要支撑，进入阶级社会便落入政治生活的窠臼。社会分工带来社会生产和生活的分化，私有制、家庭、阶级和国家的产生，社会成员及其生活产生裂变，社会生活分化成政治、军事、宗教、文化、教育、劳动、闲暇等不同领域，不同社会成员进入不同的生活领域，其之间相互隔离甚至对立。奴隶主阶级、平民和奴隶过着完全不同的生活，产生不同的生活需要，其满足需要所采用的实践方式和使用的工具也相应不同。"即一个阶

---

① 约翰·杜威.民主主义与教育[M].王承绪,译.北京:人民教育出版社,2001:7.

② 约翰·杜威.民主主义与教育[M].王承绪,译.北京:人民教育出版社,2001:13-14.

③ 王道俊,郭文安.教育学[M].北京:人民教育出版社,2009:21.

④ 联合国教科文组织国际教育发展委员会.学会生存:教育世界的今天和明天[M].华东师范大学比较教育研究所,译.北京:教育科学出版社,1996:27.

⑤ 周浩波.教育哲学[M].北京:人民教育出版社,2000:36.

级是自由的，而另一个阶级的社会地位是奴役于人的。这后一个阶级不仅要为维持自己的生计而劳动，而且要为上等阶级提供生活资料，使他们不必亲自从事职业，这种工作几乎要花掉他们全部时间而且在性质上无需使用智力，或不能获得智力。"①在此之下，教育从原始综合的生活过程中剥离出来，形成专门化、制度化的学校教育。自此，学校教育只是关涉贵族集团和精英的生活，无论从教育机会还是教育内容，都与普通民众的生活割裂开来，谈不上纳入民生的范畴。教育民生从原始综合走向分裂和式微，即教育不再眷顾民生，民生也不再涵涉教育。这种教育与生活的脱离，使劳动人民失去了全面占有自己本质的生活空间，同时，贵族集团和精英子弟接受的教育也囿于狭小的空间内。杜威称这种"正规的教育"存在明显的危险，即与社会经验脱节，忽视了教育的社会必要性，不顾教育与影响有意识的生活的一切人类群体的一致性，培养的是自私自利的专家，永久的社会利益被忽视了②。不过，一些具有政治抱负和民生情怀的统治者和思想家，还是认识到民众教育对于政权巩固、国家建设的重要作用。

中国古代，作为由原始社会向国家过渡的中间环节，尧、舜、禹将教育作为敬行生民所愿之事，养民厚生的重要手段。"神农氏制耒耜，教民农作。"（《易·系辞》）"伏羲氏之世，天下多兽，故教人多猎。"（《尸子》）"后稷教民稼穑，树艺五谷。"（《孟子·滕文公上》）《尚书·尧典》记载，帝尧命羲和"敬授民时"，命契"敬敷五教"，命夔典乐"教胄子"。《左传·文公六年》云："闰以正时，时以作事，事以厚生，生民之道于是乎在矣。不告闰朔，弃时政也，何以为民？"这些记载表明统治者将指导农事时令与厚生之道联系起来，保留了原初形态教育民生一些遗迹。

其后一些执政者和思想家从尧、舜、禹"德惟善政，政在养民"的政治主张得到借鉴，开始从"敬天"转向"保民"，注重"正德""厚生"与"利用"，以巩固其执政基础。由此，以教民作为重要执政手段的教育民生论开始萌芽。春秋时期，管子主张树人，认为如果教化得当，则能减少犯罪，使人民形成好的品质，"百姓舍己，以上为心"，国家便可民治久安。孔子将教育作为实现其

---

① 约翰·杜威.民主主义与教育[M].王承绪,译.北京:人民教育出版社,2001:269.

② 约翰·杜威.民主主义与教育[M].王承绪,译.北京:人民教育出版社,2001:13-14.

社会理想的重要手段，提出"庶之""富之""教之"的治国之道。随着奴隶社会走向崩溃，原先以政治地位划分为"君子"与"小人"的旧标准逐步瓦解，产生以道德学问作为划分"君子""小人"的新标准，教育在人的社会地位获得中发挥重要作用。他主张"学而优则仕""学也，禄在其中矣"，倡导"有教无类"，正是为社会下层通过教育培养仁德而成为君子，从而进入统治集团提供通道。同时，提倡"小人学道"，使民"易使"，提高庶民的议政能力，允许"小人"追求功利和物质民生，所谓"君子喻于义，小人喻于利"。不过，孔子更为关注士及君子的正德、道义，《论语》中的上、中、下以及君子与小人，主要是以德分等的。他重视教育对于君子正德、道义的作用，至于百家众技、农圃医卜的"小道"无足轻重，为君子所不为。至于教育对"小人"的功利和物质民生的作用，他是忽视甚至否定的，所谓"君子不器"。他所设计的教育内容并不包括"学稼""为圃"等民生之道，认为只要"好礼""好义""好信""夫如是，则四方之民极负其子而至矣，焉用稼？"（《论语·子路》）因此，孔子教育民生思想具有二重性，将大人与小人、精神民生与物质民生割裂开来。但他毕竟打破了族类、贵贱、贫富等界限，把教育范围扩大到平民，通过"学而优则仕"从平民中培养具有从政能力和礼义仁德的君子，给平民以向往，力使当政者"为政以德"以促进社会进步和民生改善。因此，这种教育民生观具有强烈的政治目的。

在西方，柏拉图更为注重护卫者、高级官吏和哲学王的培养，对大多数"低级公民"来说，只需有"服从"的美德即可。他将所有自由民的子女看成是奴隶主国家的儿童，在进行第二阶段教育（普通教育）后，绝大多数手工业者和农民的子弟便成为他所理想的具有美德（顺从）的劳动者；其后，奴隶主子弟进一步接受意志教育、理智教育和辩证法教育，经逐级选拔分别培养成护卫者、高级官吏和哲学王。虽然柏拉图也注重教育与生活的关系，但他的教育蓝图及制度设计将社会成员区隔在各个不同阶层，"低级公民"被挡在通向更高社会阶梯的门外，难以通过教育改变自己的生活和阶级地位。与柏拉图不同，亚里士多德认为，人与人之间存在自然差异，但这种差异并不要求民众"认命"式的"各安其位"，他认为一个统一体构成的元素在种类上是不同的，最好的政治应当体现互惠原则，轮番而治，"这就好像鞋匠和木匠交换了他们的职业，同一个人并不总是做鞋匠和木匠。"①与他的老师不同，亚里士多德更为重视"低级公民"的教育，相信"化民成俗"的力量②。他"双足牢牢站在现世生活的土地上，并将自己的努力限制在已有的种种可能性的范围内，按照道德理想去铸造现世生活"③。认为理想国家的建立"应考虑到大多数人所能享有的那种生活，以及国家一般地所能够达到的那种政府形式"④。他说，人天生是政治动物，总是生活在一定的家庭和城邦中的。政治社会由统治者和人民共同构成，"他们的教育不能不相同，但也要有所区别。"⑤他将教育分为"有用"的旨在培养谋生技能的教育和"体面"的旨在培养自由的理智能力的教育，为此，应当教授儿童那些真正有用的东西，但并不是教以一切有用的东西，但如果没有德行即为鄙俗⑥。虽然他更加追求脱离物质生活的精神的"至善性"，但也主张对统治者以外的人民进行谋生技能的教育。他主张教育是一种共同利益有关的公共的事业，"既然全邦具有一个目的，显然所有的人就应该受到同一的教育""并且使教育成为国家的事业"⑦。"没有人会怀疑立法者应首先注意少年人的教育，因为忽视教育就会危害政制。"⑧然而在漫长的中世纪，亚里士多德的思想被埋没和歪曲，基督教神学对人的生活进行严厉束缚，教育远离人的现实生活。

总体而言，无论中国和西方，"自从社会上分成阶级以来，教育便离开生活，从装饰品变成了统治工具"⑨，学校教育脱离普通民众的生活。这一阶段萌生的教育民生论，虽然旨在德性目的和政治需要，但毕竟冲破远离社会生活的贵族和宗教教育的藩篱，关注普通民众的教育机会及现实生活，只不过这些思想多为一种理想状态，缺少社会基础和实践基础。

---

① 苗力.亚里士多德全集：第九卷[M].北京：中国人民大学出版社，1994：33.
② 刘良华.柏拉图与亚里士多德教育哲学的差异[J].教育研究，2012(12)：114-119.
③ E.策勒尔.古希腊哲学史纲[M].翁绍军，译.济南：山东人民出版社，1992：211.
④ 张法琨.古希腊教育论著选[M].北京：人民教育出版社，1994：281.
⑤ 张法琨.古希腊教育论著选[M].北京：人民教育出版社，1994：287.
⑥ 张法琨.古希腊教育论著选[M].北京：人民教育出版社，1994：293-294.
⑦ 张法琨.古希腊教育论著选[M].北京：人民教育出版社，1994：293.
⑧ 张法琨.古希腊教育论著选[M].北京：人民教育出版社，1994：292.
⑨ 唐振宗.生活教育[M].上海：生活·读书·新知上海联合发行所，1949：10.

三、教育为了生活：功利取向的教育民生论

文艺复兴时期，人文主义教育思想推动了教育向现实生活的复归，成为新的教育民生论的思想源头。夸美纽斯从新兴资产阶级对学校教育的要求出发，高度重视教育对社会生活的作用，认为受过良好教养的民族，将善于利用自热力和地下宝藏，把土地耕种得像在天堂里那样好，扫除愚昧和贫困，从而生活得富足、幸福。他建立学校教育体系的目的，一是使"一切青年都能受到教育"；二是"他们都能学到一切可以使人变成有智慧、有德行、能虔信的科目"；三是"教育是生活的预备，能在成年以前完成"①。他尤其强调，一个人的整个生活全视儿童时期所受的教导为转移②。为此，他主张普及教育，指出："青年人应该受到共同的教育，所以学校是必须的。"③所有城镇乡村的男孩和女孩，不论富贵和贫贱，都应当进学校④。他主张打破封建等级界限，将初等教育扩大到手工业者、庄稼汉、脚夫和妇女；而中等教育也应改变只有富人、贵族和官吏才能入学的框框，面向新兴资产阶级开放。与此同时，所设置的课程虽然包括神学和宗教性内容，但主要转向了对现实生活有用的科学知识，利用万物过好现世生活。不过，夸美纽斯对不同阶级和阶层的人实施的教育，目的和程度上是有区分的，富人、贵族子女是为了更具智慧、更好使用权力，而地位较低的人受教育，则在于"聪明、谨慎地服从长上"。

此后，在工业革命和科学革命推动下，功利主义和科学主义教育思想勃兴，进一步密切了教育与生活的关系，为生活作准备的教育民生论到达巅峰。边沁将教育作为实现个人幸福的工具，主张男女儿童都应享有接受适合其地位和境况的教育机会，帮助人获得有用的知识，获得谋生技术和能力，体会到掌握技能和获得财富带来的快乐，产生幸福感；同时，养成儿童良好的美德，节制欲望，从事公益活动。密尔父子提出，实现幸福的道路在于使所有儿童都有接受

---

① 夸美纽斯.大教学论[M].傅任敢,译.北京:人民教育出版社,1957:49.
② 夸美纽斯.大教学论[M].傅任敢,译.北京:人民教育出版社,1957:43.
③ 夸美纽斯.大教学论[M].傅任敢,译.北京:人民教育出版社,1957:44.
④ 夸美纽斯.大教学论[M].傅任敢,译.北京:人民教育出版社,1957:49.

教育的机会，人人均有享受幸福的权利，教育机会应惠及各个社会阶层；教育内容应注重专门的知识教育和实用科目，以增强其谋生能力，增进他们的幸福感。斯宾塞把教育与个人的"完满生活"直接联系起来，认为"怎样运用我们的一切能力使对己对人最为有益，怎样去完满地生活？这个既是我们需要学的大事，当然也就是教育中应当教的大事。为我们的完满生活作准备是教育应尽的职责"①。准备过完满的生活，是教育应该履行的功能。为此，他建立了一套对现代教育产生深远影响的指向未来美满生活的学校课程体系。

总体说来，这种生活预备的教育民生论是那个时代社会需要的反映，其将教育扩展到普通民众，变成为获得完满生活的工具；然而，教育是否关涉所有人的生活，人在接受教育过程中生活得怎样，则被忽视了。这也引来后世学者的批判和质疑，并催生新的教育民生论。

中国近代，孙中山融中国古代民生思想传统、西方进步思潮和科学社会主义某些思想观点，将"民生"发展成为"民生主义"，并作为三民主义的最高旨归。为了改良"人民的生活——社会的生存、国民的生计、群众的生命"，他提出在解决衣食住行四大基本问题的同时，主张将教育列入民生。认为："学校者，文明进化之泉源也。必学校立而后地方自治乃能进步。故于衣、食、住、行四种人生需要之外，首当注重于学校也。"②由此出发，他主张由国家实行免费普及教育，并发展各种专业教育。对未来大同社会的民生理想，他也主张包括教育——"幼者有所教"。此后，一些志士仁人主张从民生出发，通过教育来增强国民的生计能力，借此改良民众生活、扶植社会生存、保障群众生命，并发展成为一种颇具社会影响的教育思想——民生教育思潮。邰爽秋、黄振祺提出："教育是民生要素，立国基础。惟教育始可以开发民智，惟教育始可以推进社会，亦惟教育始以可增厚国力振兴民族。""要改进生产的方法，提高生产的能率（力），唯一的法门，当然是普及民生教育，使教育与民生打成一片，而后国民经济，才有发展的一日。"③这种产生于中国本土的教育民生论，或从经济入手，发展社会生产，传授生产技能和经济知识，是以解决人民生计，改变国

---

① 赫·斯宾塞.斯宾塞教育论著选[M].胡毅,王承绪,译.北京:人民教育出版社,2005:11.

② 孙中山.孙中山全集(第五卷)[M].北京:中华书局,1985:224.

③ 邰爽秋,黄振祺.中国普及教育问题[M].长沙:商务印书馆,1938:1,8.

民的经济生活；或从社会福利着手，通过民生教育促进社会改造，加强社会建设；或出于政治目的，通过民生教育为民生运动奠定基础。但总体上可归入为生活做准备的功利取向教育民生论。

民生教育思潮虽然"以农工劳苦大众为教育对象，视经济活动为一切教育的下层基础，坚持教育与生产结合，并为生产服务"①，但在积贫积苦的社会背景下，并未符合民众的实际需要。本已衣食难保的民众根本无力投资教育、通过教育来改良孩子及家庭的未来生活，而是顾及眼前的生计和生存；同时，缺少政府支持，实际推行举步维艰。

四、教育就是生活：人本取向的教育民生论

在西方社会，文艺复兴将人从神坛拉回到现实生活，确立以人为本的生活观。启蒙思想家在反对封建等级制度的斗争中，针锋相对地提出人权、自由和平等的口号，注重通过教育来启迪和唤醒长期遭受宗教神学蒙蔽的人的理性，建设符合资产阶级利益的新社会和新生活。

卢梭主张教育立足于生活，指出："所有的人都要生活。这个论点，每一个人将随他懂得的人情世故的多少而产生或多或少的同感，但在我看来，从讲这句话的人来说，是无可辩驳的。"②他主张教育应当旨在培养儿童享受当前的快乐。他指出："试想那种野蛮的教育，它牺牲儿童当前的生活，而为着追求将来。它一开始就使儿童感到苦闷，说是为了遥远的将来——一种假设的快乐做准备。但这种快乐，他们可能永远也享受不到。"③"当我们看到野蛮的教育为了不可靠的将来而牺牲现在，使孩子受各种各样的束缚，它为了替他在遥远的地方准备我认为他永远也享受不到的所谓的幸福。"④为此，他认为教育应当立足不同阶段儿童的生活。在幼儿期，他反对洛克用理性去教育孩子，认为这

① 刘齐.民国时期民生教育的理念与实践[J].华东师范大学学报（教育科学版）,2015（3）:117.

② 卢梭.爱弥儿论教育:上卷[M].李平沤,译.北京:商务印书馆,1978:286.

③ 引自约翰·S.布鲁巴克.教育问题史[M].单中惠,王强,译.济南:山东教育出版社,2017:15.

④ 卢梭.爱弥儿论教育:上卷[M].李平沤,译.北京:商务印书馆,1978:72.

"简直是本末倒置，把目的当作了手段"①，主张"大自然希望儿童在成人之前就要象（像）儿童的样子"②。而到了少年期，教育则应立足儿童新的生活需要。在卢梭看来，"劳动是社会的人不可或免的责任。任何一个公民，无论他是穷或是富，是强或是弱，只要他不干活，就是一个流氓。"③无论富人还是穷人都应从事一门谋生的职业（最好是手工劳动，因为这是最不受命运和他人影响的），通过自己的劳动过上"自由、健康、诚实、勤劳和正直的生活"。为此，他认为在少年期阶段，"我是绝对地主张爱弥儿学一门职业的。"④爱弥儿学习职业不仅要有用，而且需要诚实，适应自己的爱好和倾向，并学会机械原理，学会做人，认识到社会的不平等，以养成尊重劳动和对劳动人民的同情心。他说："生活在自然环境中的自然人和生活在社会环境中的自然人是大有区别的。爱弥儿……。他必须懂得怎样在城市中满足他的需要，怎样利用它的居民，怎样才能同他们一起生活，虽然他不象（像）他们那样生活。"⑤因此，卢梭对教育与生活关系的理解，是根据由自然环境中的自然人向自然环境中的社会人过渡而赋予不同目标、内容和方式。这一点被很多研究者忽视或曲解了。

然而，卢梭的教育主要针对贵族及其子弟，使其改变甚至逃避原先生活而创造新的资产阶级生活；相反，他对劳动人民虽然充满同情，但认为穷人是不需要什么教育，因为他们从自然的劳动和生活环境中受到了教育⑥。他的教育思想尚不能纳入教育民生范畴，只为人本取向的教育民生论提供了思想启蒙。此后，裴斯泰洛奇极力通过改良主义的途径，对那些流离失所的农民留下的孤儿和流浪儿实施爱的教育和劳动教育，尊重儿童的个性和人格，教给他们基本的知识和劳动技能，发展他们的自主精神。这是人本取向教育民生论的初步实践。但他将教育比作一座大厦，每个等级的人都应受到适应于其生活和地位的教育，贵族应当受到准备当贵族的教育，手工业者、农民子弟也应当受到准备做手工业者和农民的教育，那么，社会自然安宁了。这虽然为广大底层民众提供了教

---

① 卢梭.爱弥儿论教育：上卷[M].李平沤,译.北京：商务印书馆,1985:83.

② 卢梭.爱弥儿论教育：上卷[M].李平沤,译.北京：商务印书馆,1985:84.

③ 卢梭.爱弥儿论教育：上卷[M].李平沤,译.北京：商务印书馆,1985:249.

④ 卢梭.爱弥儿论教育：上卷[M].李平沤,译.北京：商务印书馆,1978:266.

⑤ 卢梭.爱弥儿论教育：上卷[M].李平沤,译.北京：商务印书馆,1978:279.

⑥ 王天一,夏之莲,朱美玉.外国教育史：上册[M].北京：北京师范大学出版社,1985:278.

育机会，但其社会地位和生活地位却被固化在原先阶层内。

人本取向的教育民生论在杜威教育思想中得以真正形成。杜威指出，斯宾塞的生活预备说"可以算是教育界一大进步。因为从前的教育，与生活完全没有关系。但是这话千万不要误解。要知所谓预备将来的生活，并不是很远的生活，是一步一步过去的生活。步步都是生活，便是步步都是预备"①。他坚持认为，"教育是生活的过程，而不是将来生活的预备"②，进而形成人本取向的教育民生论。

一方面，批判斯宾塞的生活预备说，主张教育以儿童生活经验为本位。认为为了成人生活上的成就而不顾儿童时期的能力和需要是自杀性的。因为，在快速发展的民主和现代工业社会，准备使儿童适应未来生活是不可行的，"我们不可能明确地预言二十年后的文化是什么样子，因此也不能准备儿童去适合某种定型的状况。"③在杜威"理想的学校"中，儿童的生活应成为压倒一切的目标。他指出："学习？肯定要学习，但生活是首要的，学习是通过这种生活并与之联系起来进行的。"④这种联系就是将学校建成一个现实社会生活简化了的"雏形社会"。儿童不应作为正式社会的候补人，教育不应在儿童之外附加什么目的，被作为"另一种生活"的预备期。教育就是儿童在"雏形社会"的学校生活中扩充、提高、更新、重组自己的经验，不断地通向未来，进而成为合格社会成员。这并不意味教育不为将来做准备，而是不要"把预备将来作为现在努力的主要动力"，进而"把全副精力一心用于使现在的经验尽量丰富，尽量有意义，……于是，随着现在于不知不觉中进入未来，未来也就被照顾到了。"⑤"所谓预备不过是一种副产。从现在取得其中本来具有的那一种类、那一程度的生长就是教育。"⑥

---

① 约翰·杜威.教育哲学[M]//胡适学术文集·教育:附二.北京:中华书局,1998:369.

② 约翰·杜威.学校与社会·明日之学校[M].赵祥麟,任钟印,吴志宏,译.北京:人民教育出版社,2005:6.

③ 约翰·杜威.学校与社会·明日之学校[M].赵祥麟,任钟印,吴志宏,译.北京:人民教育出版社,2005:5.

④ 约翰·杜威.学校与社会·明日之学校[M].赵祥麟,任钟印,吴志宏,译.北京:人民教育出版社,2005:42.

⑤ 约翰·杜威.民主主义与教育(上)[M].王承绪,译.北京:人民教育出版社,1990:60.

⑥ 约翰·杜威.哲学的改造[M].许崇清,译.上海:商务印书馆,1958:109.

　　另一方面，建立为人民大众提供均等机会的教育制度。他认为，为未来生活做预备的教育是以贵族和有闲阶级的利益为基础的，它的教材和教学方法也是为那些生活优越、因而不必去为生活而工作的人设计的[①]。他指出："我们的社会生活正在经历着一个彻底的和根本的变化。如果我们的教育对于生活必须具有任何意义的话，那么它就必须经历一个相应的完全的变革。"[②]在民主社会，需要"建立新教育使人人有真正平等的机会的过程中迈出的第一步，因为这种新教育是以儿童生活的那个世界为基础的"[③]。民主社会不允许存在一种教育制度是为有更多闲暇时间的家长的子女，而另一种教育制度是为那些靠工资为生的人的子女的情况。相反，民主社会的教育制度应当以机会均等为其理想，把学习和社会应用、观念和实践、工作和对于所做工作的意义的认识，从一开始并始终如一地结合起来。杜威认为，准备生活的唯一途径就是参与社会生活，否则无异于在岸上教儿童学习游泳。他指出："教育工作者必须坚持把教育的价值放在首位，这不是它们本身的原因，而是因为这些价值代表了社会尤其是在一种民主基础上组织起来的社会更为根本的利益。"[④]他主张对现有的普通学校进行重新组织，使"每个人，无论他恰好属于哪个阶层，都有一种权利，要求一种能满足他自己所需要的教育，并且国家为了自身的缘故必须满足这种要求"[⑤]。杜威从其社会有机论出发，试图消解个人与社会之间的矛盾，儿童通过教育在当下生活中实现经验的改造与生长，不知不觉地进入未来的民主社会，实现"民有、民享、民治"，而不需要通过动摇现实社会的经济基础，反映出一种社会改良主义。但他极力为劳动大众争取机会均等的教育，使教育与社会生活保持一种生动的联系，所有人通过自尊、自立、明智的工作，为自己和为那

　　[①] 约翰·杜威.学校与社会·明日之学校[M].赵祥麟,任钟印,吴志宏,译.北京:人民教育出版社,2005:300.

　　[②] 约翰·杜威.学校与社会·明日之学校[M].赵祥麟,任钟印,吴志宏,译.北京:人民教育出版社,2005:37.

　　[③] 约翰·杜威.学校与社会·明日之学校[M].赵祥麟,任钟印,吴志宏,译.北京:人民教育出版社,1994:315.

　　[④] 约翰·杜威.学校与社会·明日之学校[M].赵祥麟,任钟印,吴志宏,译.北京:人民教育出版社,2005:391.

　　[⑤] 约翰·杜威.学校与社会·明日之学校[M].赵祥麟,任钟印,吴志宏,译.北京:人民教育出版社,1994:388.

些有赖于自己努力的人而生活，凸显其教育思想的民生品格。

五、教育面向人生：发展取向的教育民生论

20世纪后半叶，经济发展和科技进步带来一系列社会问题以及人的自身发展问题，教育不平等和不平衡现象严重。对此，各种教育思潮及改革举措杂呈、纷争或交织，但一个共同价值追求是教育更加指向人的自身发展和生活改善。正如《教育——财富蕴藏其中》指出："教育在人和社会的持续发展中起着重要作用。"[①]教育是更深刻、更和谐的人的发展并从而减少贫困、愚昧、（不平等的）排斥、压迫和战争的一种主要手段，教育是社会的核心，是提高社会生活质量的一个手段。这种以人的发展为取向的教育民生论，不仅是政治民主化的结果，更是教育对经济增长、社会进步和科技发展给人类带来种种挑战的一种必然回应。

（一）教育民生的"民"，拓展至全社会每一个成员

虽然现代学校制度自产生以来一直饱受批评和诟病，甚至受到极端的非学校化思潮挑战，但当代教育民生仍然将教育民生化及教育公平的希望投向学校教育，并力争将学校教育普及和扩展到全民。正如《教育——财富蕴藏其中》指出："没有什么可以代替正规教育系统，在该系统中，每个人初步学习各种形式的知识学科。"[②]只不过，"教育已不再是某些杰出人才的特权或某一特定年龄的规定活动：教育正日益向着包括整个社会和个人终身的方向发展。"[③]于是，教育成为每个公民的权利、义务和责任，成为与社会、政治、家庭和公民生活密切交织的过程。1990年联合国教科文组织在泰国宗滴恩召开的世界全民教育大会，庄严提出2000年全民教育目标是将全民教育作为一个以所有人的参与为

---

① 联合国教科文组织.教育:财富蕴藏其中[M].联合国教科文组织总部中文科,译.北京:教育科学出版社,1996:2.

② 联合国教科文组织.教育:财富蕴藏其中[M].联合国教科文组织总部中文科,译.北京:教育科学出版社,1996:8.

③ 联合国教科文组织国际教育发展委员会.学会生存:教育世界的今天和明天[M].华东师范大学比较教育研究所,译.北京:教育科学出版社,1996:200.

基础的社会的前提条件，旨在满足全体儿童、青年和成人尤其是女性的"基本学习需要"，使人们获得消除贫穷和提高生活质量所必需最基本的知识和技能。

（二）教育民生的"教育"，延伸至人生发展的全过程

当代社会发展给教育及人的生活带来种种挑战，激发人们不再踯躅于教育是为生活做准备还是生活本身的争论。诚如保罗·朗格让所言："为寻求更好生活的唯一解决办法，在于社会彻底贯彻终身教育的原则，并且把教育同社会的进步和成就紧密地联系在一起。"①人们普遍认同"教育在个人生活中的地位越来越重要，因为它在促进现代社会发展方面的作用越来越大"。教育已不再能参照生活的一个具体阶段，而是成为与人的生命有共同外延并拓展到社会各个方面的连续性教育，即"终身教育"。在此之下，教育冲破制度化教育的体制束缚，以占有工作及闲暇在内的人类全部活动，由学校教育阶段拓展至扫盲、自学、教育技术应用等终身学习，而不再是从外部施加于生活的附属物。于是，这种"不再有时间和空间限制的教育便成为生活本身的一个方面"②，进而拓展至"从生命运动的一开始到最后结束这段时间的不断发展，也包括了在教育发展过程中的各个点与连续的各个阶段之间的紧密而有机的内在联系"③。

（三）教育民生的"生"，深入到人的生活广泛领域

发展取向的教育民生在走向全民教育和终身教育的同时，其与人的生活的关系内涵也得到极大的丰富。为应对教育体系受到的内部和外部压力，《学会生存——教育世界的今天和明天》认识到经济社会发展带来的人的分裂和人的完成性，为此，建议将教育与生活结合起来，让人们"学会生活，学会如何去学习，这样便可以终身吸收新的知识"④；同时，教育目的越来越走向一种"科学

---

① 丁振宇.世界教育名著通览(上)[M].长春:吉林出版集团有限责任公司,2018:293.

② 联合国教科文组织.教育:财富蕴藏其中[M].联合国教科文组织总部中文科,译.北京:教育科学出版社,1996:101.

③ 联合国教科文组织国际教育发展委员会.学会生存:教育世界的今天和明天[M].华东师范大学比较教育研究所,译.北京:教育科学出版社,1996:8.

④ 联合国教科文组织国际教育发展委员会.学会生存:教育世界的今天和明天[M].华东师范大学比较教育研究所,译.北京:教育科学出版社,1996:98.

的人道主义"——它既是人道主义的，旨在关心人和他的福利，又是科学的，即通过科学对人与世界的知识领域继续不断地作出新的贡献而加以规定和充实[①]，从而"把一个人在体力、智力、情绪、伦理各方面的因素综合起来，使他成为一个完善的人，这就是对教育基本目的的一个广义的界说"[②]。

进入90年代，国际21世纪教育委员会向联合国教科文组织提交的《教育——财富蕴藏其中》，进一步将教育服务经济增长转向了促进人的发展。提出："教育不仅仅是为了给经济界提供人才：它不是把人作为经济工具而是作为发展的目的加以对待的。"[③]为此，报告提出教育应围绕四种基本学习来加以安排，即学会认知、学会做事、学会共同生活、学会生存。这被认为是21世纪教育四大支柱。由一个"学会"（学会生存）到四个"学会"（四大支柱），反映出当代教育民生内涵的极大丰富。其中，"学会共同生活"（学会共存）是核心，其他作为这一核心的基本因素[④]。2001年召开的第47届国际教育大会以"全民教育与学会共存"为主题，将"学会共同生活"（学会共存）的主题进一步提到一个新的高度。

在此阶段，中国共产党和中国政府对教育民生建设作出积极的理论和实践探索。新中国成立之初，就提出"为工农服务，为生产建设服务"的教育方针，通过高度整合以实现阶级内的教育平等。此后相当一个时期，教育先后定位于政治领域和经济领域，作为一种上层建筑和国民经济建设的重要支撑，并没有成为人们普遍享用和不可或缺的生活必需品和民生福祉。改革开放30多年，经济社会实现了一系列重大的历史性跨越，由生存型社会进入发展型社会，教育、就业、分配、社保、医疗、安定，成为老百姓最关心、最直接、最现实的民生关切。新世纪以来，我国从理念、政策、行动三个层面，促进教育从工具论向民生论的转型与回归，实现了教育民生思想在内涵、路径、价值目标等方面的

---

① 联合国教科文组织国际教育发展委员会.学会生存：教育世界的今天和明天[M].华东师范大学比较教育研究所,译.北京：教育科学出版社,1996：8.

② 联合国教科文组织国际教育发展委员会.学会生存：教育世界的今天和明天[M].华东师范大学比较教育研究所,译.北京：教育科学出版社,1996：195.

③ 联合国教科文组织.教育：财富蕴藏其中[M].联合国教科文组织总部中文科,译.北京：教育科学出版社,1996：70.

④ 联合国教科文组织.教育：财富蕴藏其中[M].联合国教科文组织总部中文科,译.北京：教育科学出版社,1996：9.

跨越①。党的十六大报告首次将"为人民服务"写入党的教育方针。十七大明确提出"办好人民满意的教育",将"努力使全体人民学有所教"作为民生建设的首要任务。十八大报告进一步突出教育"为人民服务",要求在"学有所教"等方面上"持续取得新进展"。在十八届一中全会后中央政治局常委与中外记者见面会上,习近平总书记将"更好的教育"列在人民对美好生活"七有"期盼之首。2013年9月,习近平主席指出,要"努力让13亿人民享有更好更公平的教育,获得发展自身、奉献社会、造福人民的能力。"②新修《教育法》将"为人民服务"纳入国家教育方针,首次提出"国家适应社会主义市场经济发展和社会进步的需要,推进教育改革,推动各级各类教育协调发展、衔接融通,完善现代国民教育体系,健全终身教育体系,提高教育现代化水平。国家采取措施促进教育公平,推动教育均衡发展。"

新时期以来,中国共产党和中国政府根植于中国悠久的教育民生思想传统和马克思主义民生思想及人的全面发展学说,顺应了教育民生论发展的内在逻辑,对教育民生论作出进一步丰富和发展。它体现了社会主义现代化建设的根本目的,即坚持以人民为中心,把增进人民福祉、促进人的全面发展作为发展的出发点和落脚点,体现了教育民生的人民情怀、生活关照和国家担当,彰显教育民生论的中国气派和特色。

综观以上,教育与生活的关系是个古老而又弥新的话题,但人们往往忽视了生活的主体——人,即"人"的生活。人不是抽象的存在物,教育与生活的关系不应成为一座"无人城堡"。教育民生论关于教育与人的生活关系的认识,应当立足"具体的人"或"现实个人"。广义上说是教育与人民生活的关系;狭义地说,是教育与普通民众生活的利益关系。换言之,当教育的对象、目的、内容和方式关涉人民特别是普通民众及其生活,教育民生论才有发生的实践源头。教育与民生之关系经由原始综合到分化、融合的历史变迁,当教育对象、目的、内容和方式关涉人民特别是民众的生活,教育民生便有了发生的基础和源头。至于教育以何种范围、目的、内容和方式关涉人民特别是民众生活,是

---

① 张学文.教育民生与大国复兴[N].中国教育报,2015-04-15(07).

② 习近平.习近平主席在联合国"教育第一"全球倡议行动一周年纪念活动上发表视频贺词[N].人民日报,2013-09-27(03).

维持现有生活还是为未来生活做准备；是教育即生活自身的更新，还是教育成为每个人生活的一部分，不同时代政治家、思想家和教育家形成不同认识和主张。不同价值取向的教育民生论形成与发展，与其说是思想认识的不同，不如说是社会发展的产物，具有历史的必然性，反映教育民生的一种内在逻辑。与那种习惯于用西方学术眼光和范式来诠释教育与生活关系的研究范式相比，从历史发生学视角来透析教育民生论的历史线索和内在逻辑，从而凸显中国民生思想的历史贡献，确立中国气派和特色的教育民生论的价值坐标，为中国式教育现代化的民生利益旨向提供理论营养和思想启迪。

中国式教育现代化的美好生活观照及理论逻辑①

　　教育与美好生活作为一种哲学范畴和命题发源于古希腊，此后，卢梭、斯宾塞、罗素、杜威、列奥·施特劳斯的思想多有涉猎，尤其是罗素和杜威。罗素1926年出版《教育与美好生活》一书，针对西方社会由于工业革命带来物质财富巨大丰富，社会大众的温饱和安居已经不再成为问题，相应的，教育目的不光应使心灵充满有直接实际用途的知识，更应设法让学生获得对自己完善有裨益的精神财富。他赞同教育上将应用科学作为主要成分，但教育的核心宗旨在于培养人的理想品格，"将活力、勇敢、敏感以及智慧四种特征结合便可奠定理想品格的根基"②，以此引导和改造人的本性，以达致改造社会、创造美好生活之目标。杜威明确承认"教育学关乎美好生活"③，认为"柏拉图的理论证明了教育曾被当作人类建立美好生活的方法，而哲学则曾是研究这种美好生活本质、组成、实现条件的科学。哲学与教育原本就存在着有机联系"④。他晚年甚至提出"回到柏拉图"。教育与美好生活的这套西方话语，有着特定的哲学基础、价值取向和实践路径。

　　将教育作为美好生活重要目标和实现路径，作为国家发展目标和对广大人民的政治承诺，当属中国共产党和中国政府。经过新中国70年特别是改革开放40年努力，"我国稳定解决了十几亿人的温饱问题，总体上实现小康，不久将全面建成小康社会，人民美好生活需要日益广泛，不仅对物质文化生活提出了更高要求，而且在民主、法治、公平、正义、安全、环境等方面的要求日益增长。"在此之下，普遍享受更好的教育成为人民日益增长的美好生活重要目标和

　　① 本节部分内容节选自:阮成武.教育民生论[M].北京:人民出版社,2021.

　　② 罗素.罗素论教育[M].杨汉麟,译.北京:人民教育出版社,2009:38.

　　③ 约翰·杜威.杜威全集·晚期著作:1925～1953.第5卷:1929～1930[M].孙有中,战晓峰,查敏,译.上海:华东师范大学出版社,2015:227.

　　④ 约翰·杜威.杜威全集·晚期著作:1925～1953.第5卷:1929～1930[M].孙有中,战晓峰,查敏,译.上海:华东师范大学出版社,2015:227.

内涵，同时，教育又是人人享有人生出彩机会和创造美好生活的重要条件和途径。加强教育民生理论建设和实践努力，实现以解决温饱问题为目标的生存型社会，向即将实现的全面小康社会并进一步实现美好生活向往的发展型社会转型和跃升。在这一过程中，党和国家开始从理念、政策、行动三个层面，促进教育从工具论向民生论的转型与回归，实现了教育民生思想的内涵、路径、价值目标等方面的跨越。①中国共产党和中国政府关于教育民生的理论和实践探索，根植于中国悠久的教育民生思想传统和马克思主义唯物史观的教育与美好生活的理论学说，顺应教育民生论发展的内在逻辑，是对当代以发展为取向教育民生论的进一步丰富和发展，形成教育与美好生活的中国话语。它体现了中国共产党领导的中国式现代化的根本目的，即坚持以人民为中心，把增进人民福祉、促进人的全面发展作为发展的出发点和落脚点，体现了教育与美好生活的人民中心、生活关照、美好向往和国家担当，形成中国式教育现代化实现人民美好生活的理论逻辑。

一、以人民为中心发展教育的教育民生主体论

教育与美好生活的中国话语，坚持人民主体地位、以人民为中心发展教育，坚持教育为人民服务为根本宗旨，以造福人民为工作目标，不断使教育同人民群众期待相契合。党的十九大报告指出："为什么人的问题，是检验一个政党、一个政权性质的试金石。带领人民创造美好生活，是我们党始终不渝的奋斗目标。必须始终把人民利益摆在至高无上的地位，让改革发展成果更多更公平惠及全体人民，朝着实现全体人民共同富裕不断迈进。"以人民为中心发展教育，彰显人民作为教育与美好生活的主体地位，既是对国际上全民教育运动的积极呼应，也体现《宪法》规定的"中华人民共和国公民有受教育的权利和义务"之精神，是中国特色社会主义教育的制度本性，是中国特色社会主义教育发展道路的核心旨归。这里的"人民"是整体的又是具体的，包括全体人民，尤其是各类处境不利的弱势人群。《教育规划纲要》把促进公平作为国家基本教育政策，将教育公平作为社会公平的重要基础。《教育法》修正案规定："国家采取

---

① 张学文.教育民生与大国复兴[N].中国教育报,2015-04-15(07).

措施促进教育公平，推动教育均衡发展。"在一个拥有2.6亿名学生和50多万所学校、发展仍然不平衡不充分的教育大国，提升全民教育水平，真正落实以人民为中心发展教育的思想，需要两手齐抓、两头发力：

一方面，多谋教育民生之利，构建和完善教育民生保障机制，通过政策和法律的完善，进一步调整新时代教育利益结构，增强教育福祉，编织教育民生"保障网"，使人人享有公平而有质量的教育，以满足人民群众不断增长的多层次多样化教育需求。同时，充分发挥教育民生功能，深化教育体制机制改革，破除教育利益固化的藩篱，努力解决好教育领域人民群众最关心最直接最现实的利益问题，完善教育成层和社会流动机制，畅通向上社会流动的"逐梦梯"，使人人拥有通过教育和学习实现自身发展、共享人生出彩和梦想成真的机会。另一方面，是多解教育民生之忧，解决好人民群众最关心最直接最现实的教育问题，为教育民生装配"解压阀"，通过建立和完善各类教育标准，逐步实现基本公共教育服务均等化，提升教育发展的整体水平和全民的科学文化水平，厚植教育方面人民群众获得感；同时，找准重点和难点，补齐短板，努力纾解教育民生压力，加大对特殊类型地区和特殊人群的教育支持力度，加快缩小教育差距，努力实现全体人民"学有所教"。

二、以促进人的全面发展为宗旨的教育民生目的论

教育与美好生活的中国话语和路径，摆脱了西方教育民生思想中"生活预备说"与"教育即生活说"的割裂与对峙，把教育为人民更好生活服务为基本目标。一方面，观照青少年儿童的当下生活。近年来，国家努力建成覆盖城乡的基本公共教育服务体系，办好每一所学校，教好每一个学生，不让一个学生因家庭经济困难而失学；积极发展普惠性幼儿园，推行农村义务教育学生营养改善计划，加强寄宿制学校建设，率先从建档立卡的家庭经济困难学生实施普通高中免除学杂费；采取各种有效措施努力减轻学生课业负担，推行"阳光体育""研学旅行"，促进青少年儿童健康快乐成长。这些举措为青少年儿童更好接受教育提供有力的政策保障。同时，教育民生也要观照青少年儿童的未来生活。《教育规划纲要》提出："教育学生学会知识技能，学会动手动脑，学会生

存生活，学会做人做事，促进学生主动适应社会，开创美好未来。"这里"四个学会"与联合国教科文组织提出的"四个学会"相比，更加具体和具有可操作性。当然，时代发展和社会进步，对青少年学生及广大社会成员未来生活观照，需要积极构建体系完备的终身教育，为学习者提供方便、灵活、个性化的学习条件，努力"促进全体人民学有所教、学有所成、学有所用"。为此，在制度和政策等各个方面促进各级各类教育纵向衔接、横向沟通，提供多次选择机会，建立继续教育学分积累与转换制度，实现不同类型学习成果的互认和衔接，搭建终身学习"立交桥"，基本形成全民学习、终身学习的学习型社会。这是提升青少年学生乃至全体人民发展能力的关键。

同时，依据马克思主义唯物史观，突破西方思想史上囿于精神生活的教育与美好生活的桎梏，中国话语朝向美好生活的教育民生论将人民美好生活的向往目标和内涵理解，拓展成为物质生活和精神生活的全面改善，将教育作为人民生活水平全面提高和人的全面发展的实现路径和发展通道。十七大报告将现代国民教育体系更加完善、终身教育体系基本形成和全民受教育程度，作为发展社会事业和改善人民生活的重要内涵。十八大报告指出："提高人民物质文化生活水平，是改革开放和社会主义现代化建设的根本目的"，并将"学有所教"持续取得新进展，作为努力让人民过上更好生活的重要目标和实现手段之一。十八大以来，习近平总书记多次将教育与人民美好生活联系起来，不仅将"更好的教育"作为人民美好生活新期待的重要目标，同时明确指出："教育是人类传承文明和知识、培养年轻一代、创造美好生活的根本途径。"①十九大提出，新时代是全国各族人民团结奋斗、不断创造美好生活、逐步实现全体人民共同富裕的时代。进入新时代，我国人民美好生活需要日益广泛，不仅对物质文化生活提出了更高要求，而且在民主、法治、公平、正义、安全、环境等方面的要求日益增长，包括经济、政治、文化、社会、生态等方面。习近平指出："随着人民生活水平不断提高，人民对包括文艺作品在内的文化产品的质量、品位、风格等的要求也更高了。"②他强调"满足人民过上美好生活的新期待，必须提

---

① 习近平谈治国理政[M].北京:外文出版社,2014:191.
② 习近平.坚持以人民为中心的创作导向 创作更多无愧于时代的优秀作品[EB/OL].(2014-10-15)[2020-09-16].http://jhsjk.people.cn/article/25843852.

供丰富的精神食粮"①。

因此，中国话语朝向美好生活的教育民生论注重实施德智体美劳全面培养，实现人的全面发展。具言之，在努力通过教育传播科学文化知识，培养青年一代运用科学技术创造物质财富的能力，实现物质生活改善的同时，十分注重教育对于人民精神生活的引领与提升。一是重视思想道德教育，坚持立德树人，引导青年一代志存高远、德才并重、情理兼修、勇于开拓，求真理、悟道理、明事理，成为有大爱大德大情怀的人，成为有信念、有梦想、有奋斗、有奉献的时代新人，在实现中国梦的伟大实践中创造自己的精彩人生。二是加强体育，"帮助学生在体育锻炼中享受乐趣、增强体质、健全人格、锤炼意志"。三是注重美育和劳动教育，坚持以美育人、以文化人，提高学生审美和人文素养；教育引导学生崇尚劳动、尊重劳动，形成劳动最光荣、劳动最崇高、劳动最伟大、劳动最美丽的劳动价值观，培养学生辛勤劳动、诚实劳动、创造性劳动的态度、能力和习惯。

三、以教育与生产劳动相结合为根本途径的教育民生路径论

中国话语朝向美好生活的教育民生论，不同于西方思想史上通过沉思及德性教育或一种生活方式的建立来达致所谓美好生活，也区别于西方国家教育福利制度单单通过教育福利保障和资源供给，而是依据马克思主义人的全面发展学说，将教育与生产劳动相结合作为实现人的全面发展和创造美好生活的根本途径。

习近平总书记指出："人世间的一切幸福都需要靠辛勤的劳动来创造。"②"劳动是财富的源泉，也是幸福的源泉。人世间的美好梦想，只有通过诚实劳动才能实现；发展中的各种难题，只有通过诚实劳动才能破解；生命里的一切辉

---

① 习近平.决胜全面建成小康社会 夺取新时代中国特色社会主义伟大胜利[EB/OL].(2017-10-27)[2020-09-19].http://jhsjk.people.cn/article/29613458.

② 习近平.人民对美好生活的向往，就是我们的奋斗目标[EB/OL].(2012-11-16)[2020-09-21].http://jhsjk.people.cn/article/19596022.

煌，只有通过诚实劳动才能铸就。"①进入新时代，发展不平衡不充分已然成为满足人民日益增长的美好生活需要的主要制约因素，我国仍处于并将长期处于社会主义初级阶段的基本国情没有变。因此，"实现中国梦，创造全体人民更加美好的生活，任重而道远，需要我们每一个人继续付出辛勤劳动和艰苦努力。"②中国人民向往和追求的美好生活，唯有靠全体中国人民"撸起袖子加油干!"，用辛勤劳动来创造。习近平积极倡导："必须牢固树立劳动最光荣、劳动最崇高、劳动最伟大、劳动最美丽的观念，让全体人民进一步焕发劳动热情、释放创造潜能，通过劳动创造更加美好的生活。"③将教育与生产劳动相结合作为创造美好生活的根本路径，不是直接通过生产劳动，也不单单是指学校开展的劳动教育，而是有着更广更深的内涵。

首先，教育与生产劳动相结合需要大力推行教育普及，保障青少年儿童和社会成员获得公平而有质量的教育机会，使每一个劳动者都能获得更多的科学文化知识，提高劳动能力，改变劳动力形态。这是在科学技术高度发达和生产过程与科学技术高度融合的现代化进程中，每个社会成员通过劳动创造美好生活的教育基础。习近平总书记指出："教育公平是社会公平的重要基础，要不断促进教育发展成果更多更公平惠及全体人民，以教育公平促进社会公平正义。要加强对基础教育的支持力度，办好学前教育，均衡发展九年义务教育，基本普及高中阶段教育。要优化教育资源配置，逐步缩小区域、城乡、校际差距，特别是要加大对革命老区、民族地区、边远地区、贫困地区基础教育的投入力度，保障贫困地区办学经费，健全家庭困难学生资助体系。要推进教育精准脱贫，重点帮助贫困人口子女接受教育，阻断贫困代际传递，让每一个孩子都对自己有信心、对未来有希望。"④"要加大投资于人的力度，全面加强教育事业，深化教育综合改革，提升教育质量，加快推进中西部教育发展，高度重视对农

---

① 习近平同全国劳动模范代表座谈并发表重要讲话[EB/OL].(2013-04-28)[2020-09-21].http://jhsjk.people.cn/article/21322585.

② 习近平在第十二届全国人民代表大会第一次会议上的讲话[EB/OL].(2013-03-17)[2020-09-22].http://jhsjk.people.cn/article/20819130.

③ 习近平在同全国劳动模范代表座谈时的讲话[EB/OL].(2013-04-28)[2020-09-23].http://jhsjk.people.cn/article/21323712.

④ 习近平在北京市八一学校考察时的讲话[N].人民日报,2016-09-10(01).

民工、职业农民、退役军人等的培训，及时对下岗失业人员进行技能再培训，使劳动者更好适应变化了的市场环境。"①尤其是在脱贫攻坚和实施教育扶贫的过程中，要努力通过教育和学习，帮助贫困地区和家庭的孩子接受更好的教育。正如习近平总书记指出："授人以鱼，不如授人以渔。扶贫必扶智，让贫困地区的孩子们接受良好教育，是扶贫开发的重要任务，也是阻断贫困代际传递的重要途径。我们正在采取一系列措施，让贫困地区每一个孩子都能接受良好教育，让他们同其他孩子站在同一条起跑线上，向着美好生活奋力奔跑。"②

其次，教育与生产劳动相结合需要在宏观上加强教育与国民经济建设和发展的高度融合。邓小平同志早就指出："更重要的是整个教育事业必须同国民经济发展的要求相适应"③"今后国家将努力开辟新的途径，增加新的行业，以便更有效地为四个现代化服务。我们制订教育规划应该与国家的劳动计划结合起来，切实考虑劳动就业发展的需要。"④从而"使教育事业的计划成为国民经济计划的一个重要组成部分"⑤。习近平总书记在全国教育大会上明确要求："新时代新形势，改革开放和社会主义现代化建设、促进人的全面发展和社会全面进步对教育和学习提出了新的更高的要求。""要提升教育服务经济社会发展能力，调整优化高校区域布局、学科结构、专业设置，建立健全学科专业动态调整机制，加快一流大学和一流学科建设，推进产学研协同创新，积极投身实施创新驱动发展战略，着重培养创新型、复合型、应用型人才。"⑥同时，中小学基础教育也"要教育孩子们从小热爱劳动、热爱创造，通过劳动和创造播种希望、收获果实，也通过劳动和创造磨炼意志、提高自己"⑦。否则，正如邓小平

---

① 中央经济工作会议在北京举行 习近平李克强作重要讲话[EB/OL].(2015-12-22)[2020-11-02].http://cpc.people.com.cn/n1/2015/1222/c64094-27958723.html.

② 习近平.携手消除贫困 促进共同发展：在2015减贫与发展高层论坛的主旨演讲[EB/OL].(2015-10-16)[2020-11-02].http://jhsjk.people.cn/article/27709112.

③ 邓小平文选(第二卷)[M].北京：人民出版社,1994:107.

④ 邓小平文选(第二卷)[M].北京：人民出版社,1994:108.

⑤ 邓小平文选(第二卷)[M].北京：人民出版社,1994:108.

⑥ 习近平.坚持中国特色社会主义教育发展道路 培养德智体美劳全面发展的社会主义建设者和接班人[EB/OL].(2018-09-11)[2020-11-02].http://jhsjk.people.cn/article/30284771.

⑦ 习近平在庆祝"五一"国际劳动节暨表彰全国劳动模范和先进工作者大会上的讲话[EB/OL].(2015-04-28)[2020-11-02].http://jhsjk.people.cn/article/26921006.

同志指出的："学生学的和将来要从事的职业不相适应，学非所用，用非所学，岂不是从根本上破坏了教育与生产劳动相结合的方针？"①唯有通过教育与生产劳动相结合，培养与经济社会发展需要相适应的人才，才能提高教育服务经济社会发展的能力，才能创造更丰富的物质文化财富，为人民美好生活提供丰厚的物质文化基础。

第三，教育与生产劳动相结合应重在教育引导学生通过辛勤劳动、诚实劳动、创造性劳动来创造美好生活，实现人的全面发展。马克思不仅把教育与生产劳动的早期结合当作为童工、少年工（广义上说包括整个无产阶级）争取受教育权利，改造现代社会的最强有力的手段之一，而且，将生产劳动同智育和体育的结合，作为未来社会提高社会生产和造就全面发展的人的唯一方法。可见，教育与生产劳动相结合既是现代教育和社会发展的一条普遍规律，又具有鲜明的时代性特征。邓小平同志指出："为了培养社会主义建设需要的合格的人才，我们必须认真研究在新的条件下，如何更好地贯彻教育与生产劳动相结合的方针。"②诚然，"社会主义的本质，是解放生产力，发展生产力，消灭剥削，消除两极分化，最终达到共同富裕。"③社会主义生产关系不再造成资本主义私有制下"劳动内容对工人本身的异己性"④。在社会主义社会，"劳动是财富的源泉，也是幸福的源泉。"劳动人民是国家的主人，劳动者既是美好生活的创造者，也是美好生活的享有者，国家建设和发展以人民共同富裕和人的自由而全面发展为目的。习近平总书记指出："全面建成小康社会，进而建成富强民主文明和谐的社会主义现代化国家，根本上靠劳动、靠劳动者创造。"⑤"中国人民要过上美好生活，还要继续付出艰苦努力。"同时，时代也在不断改善新时代劳动的社会关系，不断赋予劳动者的自由和价值。

因此，新时代教育是与生产劳动紧密结合的，教育引导学生将自己的学习、成才和成就与生产劳动的全面性、主动性、动态性结合，通过自己辛勤劳动、

① 邓小平文选(第二卷)[M].北京:人民出版社,1994:107.
② 邓小平文选(第二卷)[M].北京:人民出版社,1994:107.
③ 邓小平文选(第三卷)[M].北京:人民出版社,1993:373.
④ 马克思恩格斯全集(第四十六卷)[M].北京:人民出版社,1985:91.
⑤ 习近平在庆祝"五一"国际劳动节暨表彰全国劳动模范和先进工作者大会上的讲话[EB/OL].(2015-04-28)[2020-11-02].http://jhsjk.people.cn/article/26921006.

诚实劳动、创造性劳动创造美好生活。所谓全面性结合，是指全体学生及各类受教育者，都要结合国家建设和发展需要积极投身劳动，包括物质生产劳动和精神生产劳动。"在我们社会主义国家，一切劳动，无论是体力劳动还是脑力劳动，都值得尊重和鼓励；一切创造，无论是个人创造还是集体创造，也都值得尊重和鼓励。"①所谓主动性结合，是要认识劳动对于人类社会对于美好生活的本源性价值，崇尚劳动、尊重劳动，懂得劳动最光荣、劳动最崇高、劳动最伟大、劳动最美丽的道理，既享受劳动的成果，也享受劳动过程的快乐，实现劳动者的自我解放和劳动价值的自我回归。"全社会都要贯彻尊重劳动、尊重知识、尊重人才、尊重创造的重大方针，全社会都要以辛勤劳动为荣、以好逸恶劳为耻，任何时候任何人都不能看不起普通劳动者，都不能贪图不劳而获的生活。"②"通过劳动教育，提高广大中小学生的劳动素养，促进他们形成良好的劳动习惯和积极的劳动态度，使他们明白'生活靠劳动创造，人生也靠劳动创造'的道理，培养他们勤奋学习、自觉劳动、勇于创造的精神，为他们终身发展和人生幸福奠定基础。"③所谓动态性结合，是要努力学习科学文化知识，提高创新创业能力，主动适应科技飞速发展条件下的产业升级和技术升级，全面发展和表现自己全部的即体力的和脑力的劳动能力促进人的自由而全面发展。

四、以增强国家担当与依靠人民相结合的教育民生责任论

中国共产党和中国政府在总结新中国成立以来领导教育事业发展的经验和教训基础上，更加坚定了教育发展的民生取向和民生担当，对中国话语朝向美好生活的教育民生论的形成发挥了核心领导作用。改革开放以来，历次党代会报告和历年政府工作报告，以及中共中央、国务院主持召开的四次全国教育工作会议，从党的纲领、国家意志和政府执政理念上，实现了教育作为国家大计

---

① 习近平在庆祝"五一"国际劳动节暨表彰全国劳动模范和先进工作者大会上的讲话[EB/OL].(2015-04-28)[2020-11-02].http://jhsjk.people.cn/article/26921006.

② 习近平在庆祝"五一"国际劳动节暨表彰全国劳动模范和先进工作者大会上的讲话[EB/OL].(2015-04-28)[2020-11-02].http://jhsjk.people.cn/article/26921006.

③ 教育部,共青团中央,全国少工委.关于加强中小学劳动教育的意见[J].中华人民共和国教育部公报,2015(09):31.

到国计与民生兼重的重大转变，彻底将"人民教育人民办"转向了"人民教育政府办"，通过建立强大的公共财政来支撑和保障包括教育在内的公共事业，使教育成为人人可及和共享的社会公共服务产品，以消解教育的拥挤性、排他性和竞争性，减轻人民群众教育民生压力。习近平总书记在中国共产党十八届中央委员会第一次会议讲话指出："检验我们一切工作的成效，最终都要看人民是否真正得到了实惠，人民生活是否真正得到了改善，这是坚持立党为公、执政为民的本质要求，是党和人民事业不断发展的重要保证。"①将教育纳入民生，发挥中国话语朝向美好生活的教育民生论的巨大优势，正是发挥了社会主义制度优势，彰显教育民生的国家担当，创造性地开展教育民生建设实践，不断提高教育民生建设和发展水平。

首先，教育民生的国家担当突出表现为党和国家长期坚持教育优先发展战略，把优先发展教育事业作为推动党和国家各项事业发展的重要先手棋，在不断使教育同党和国家事业发展要求相适应、同我国综合国力和国际地位相匹配的同时，努力实现教育发展同人民群众期待相契合。新颁布的《教育法》根据《宪法》关于"国家发展社会主义的教育事业，提高全国人民的科学文化水平"的精神要求，明确："教育是社会主义现代化建设的基础，国家保障教育事业优先发展。"为此，党和国家从"五位一体"总体布局的战略高度将教育纳入社会建设，着力保障和改善教育民生，进一步突出教育的公益性和普惠性，在国家法律和政策上进一步调整教育利益关系，形成与全面建成小康社会相适应的新型教育利益结构，提高公共教育的福利性与公平性，保证人民平等参与、平等发展的权利。党的十九大报告指出："更加突出的问题是发展不平衡不充分，这已经成为满足人民日益增长的美好生活需要的主要制约因素。"发展不平衡不充分不符合实现共同富裕的社会主义本质要求，不符合广大人民群众的意愿和期许。就教育发展不平衡现状来说，主要体现为城乡间发展不平衡、地区间发展不平衡，其表现是不平衡程度较高、水平差距明显。就教育发展不充分现状来说，主要体现在教育发展的质量和效益上，如学前教育发展的普惠性不充分、义务教育资源的均衡配置不充分、中等教育的多样化发展不充分、职业教育与

---

① 习近平.全面贯彻落实党的十八大精神要突出抓好六个方面工作[EB/OL].(2013-01-04)[2020-11-04].http://jhsjk.people.cn/article/20083095.

行业职业融合不充分、高等教育的内涵建设不充分。虽然近些年国家及各地政府推出了一系列教育民生政策，实施了一系列的教育民生工程，在兜住底线上下了很大功夫，但缺少与公平而有质量的教育相对应的教育民生保障水平线、标杆线，造成教育民生建设的碎片化。如何对标人民日益增长的美好生活，织密教育民生建设的"保障网"，畅通教育民生功能实现的"逐梦梯"，加固教育民生压力纾解的"解压阀"，还需要做长期艰苦的努力。

另一方面，中国特色朝向美好生活的教育民生论，没有走西方国家的教育福利制度的路子，而是紧紧依靠人民的力量，突出表现在党团结带领全国各族人民不懈奋斗，实现全体人民共建共享公平而有质量的教育，共享人生出彩的机会，不断创造美好生活。习近平强调："新时代是奋斗者的时代。我们要坚持把人民对美好生活的向往作为我们的奋斗目标，始终为人民不懈奋斗、同人民一起奋斗，切实把奋斗精神贯彻到进行伟大斗争、建设伟大工程、推进伟大事业、实现伟大梦想全过程，形成竞相奋斗、团结奋斗的生动局面。"[1] "幸福不会从天而降，梦想不会自动成真"[2]；"世界上没有坐享其成的好事，要幸福就要奋斗。"[3]具言之，依靠人民办教育，首先表现在坚持把教师队伍建设作为教育事业的基础工作，作为一项根本性民生工程。《中共中央 国务院关于全面深化新时代教师队伍建设改革的意见》提出：教师是"教育发展的第一资源，是国家富强、民族振兴、人民幸福的重要基石。"习近平强调："建设社会主义现代化强国，对教师队伍建设提出新的更高要求，也对全党全社会尊师重教提出新的更高要求。"[4]在国家赋予中小学教师作为国家公职人员特殊的法律地位，提升教师的政治地位、社会地位、职业地位的政策背景下，广大教师应当担当公共教育服务的职责，强化国家责任、政治责任、社会责任和教育责任，切实履行作为国家公职人员的义务，努力提高教书育人的自觉性和业务水平，努力

① 中共中央国务院举行春节团拜会 习近平发表重要讲话[EB/OL].(2008-02-15)[2020-11-04].http://jhsjk.people.cn/article/29824821.

② 习近平在同全国劳动模范代表座谈时的讲话[EB/OL].(2013-04-28)[2020-09-23].http://jhsjk.people.cn/article/21322585.

③ 习近平在第十三届全国人民代表大会第一次会议上的讲话[EB/OL].(2018-03-20)[2020-11-04].http://jhsjk.people.cn/article/29879544.

④ 习近平.坚持中国特色社会主义教育发展道路 培养德智体美劳全面发展的社会主义建设者和接班人[EB/OL].(2018-09-11)[2020-11-02].http://jhsjk.people.cn/article/30284598.

满足人民对公平而有质量的教育的迫切期待。其次，习近平指出："办好教育事业，家庭、学校、政府、社会都有责任。"①加强教育民生建设，家庭和家长、各级各类学校、各级政府和社会都应当负起责任。最后，也是最为重要的，学校、家庭和社会应当教育引导广大青少年儿童在享有受教育的机会和更好更公平的教育过程中增强奋斗精神，"树立高远志向，历练敢于担当、不懈奋斗的精神，具有勇于奋斗的精神状态、乐观向上的人生态度，做到刚健有为、自强不息"，努力获得发展自身、奉献社会、造福人民的能力。

当然，教育民生的主要责任在政府。在教育民生建设的政策设计上，政府应调整事权关系，增强各级政府的教育民生财政能力和支出责任；调整政府与市场、社会的关系，建立教育民生服务的多元供给机制；建立府际之间磋商协调，保持区域间教育民生保障标准基本一致、相关制度衔接；形成教育民生保障体系框架，建立教育民生保障水平的动态监控与预警机制；深化教育教学改革，拆除各种教育利益固化的体制机制藩篱，努力为人人共享人生出彩的机会提供公平公正的机会和平台。

---

① 习近平.坚持中国特色社会主义教育发展道路 培养德智体美劳全面发展的社会主义建设者和接班人［EB/OL］.（2018-09-11）［2020-11-02］.http://jhsjk.people.cn/article/30284598.

教育民生的精神向度和取径①

目前学术界关于教育民生的研究及其理论建构，主要聚焦教育权利保障、机会获得、资源配置等物质向度，而缺乏精神向度的观照。教育的终极目的是使人的精神得到解放和心灵获得自由。然而，反观当下教育民生问题及人民群众面临的教育民生压力，突出表现为教育获得及其公平性不足而产生的相对剥夺感和不公平感，以及教育功利化导致教育过程目标、内容、过程及评价的应试倾向，学生课业负担和心理压力沉重，教育生活沉郁乏味，缺少必要的休闲及行为选择的自主性与自由度。因此，突破现有教育民生论的视域局限，对教育民生的精神向度和取径进行深入研究与探索，无疑会丰富教育民生的理论内涵，为我国当代教育民生建设提供理论借鉴。

一、人的精神属性与民生的精神内涵

（一）精神属性是人的本质的最高属性

人的本质是由自然属性、社会属性和精神属性组成，精神属性是人的本质的最高属性。精神是指人的意识、思维活动和一般的心理状态。人和动物最大的区别，就是人有丰富的精神世界和精神生活。精神生活比物质生活更能标志着人的存在，人的本质是由人的精神生活建构生成的。人通过长期的物质生活实践，产生了精神活动和人的精神世界，再通过精神活动逐步摆脱愚昧，进入文明、进步、繁荣的现代社会。人的精神包括思想、情感、意识、价值观、性格、气质、爱好等，是人的精神指引着人的奋斗目标并充盈着人的生活。人类的政治、哲学、艺术、宗教等都是人类精神的结晶。弗兰克尔指出："生命不能从其自身的延续中得到意义，而只能从非生物学的参照中获得意义：从智能、

---

① 本节原载于《湖南师范大学学报（教育科学版）》2018年第3期，与徐雪莲合作。

审美、道德等事物中。这些参照系代表着对生命的超越。"①这里所说的智能、审美、道德，都属于人的精神范畴。我国学者李向民认为："物质是财富之母，精神是财富之父。"②人不仅有精神需求，更要有精神追求和精神生活。高尚远大的理想，勤奋踏实的作风，不畏艰险的胆略，才是人生中最可宝贵的精神。人有了物质才能生存，有了精神才谈得上生活。单纯追求物质而忽视精神追求的人，只能说是活着，而谈不上真正的生活。一个人精神追求的目标越高，他的才能才会发挥得越充分，对社会的贡献也就越大。

（二）精神生活是民生的重要内涵

传统意义的民生，一般有以下几层含义：一是民众的生存、生计、生活。二是人的本性。《君陈》中提到："惟民生厚，因物有迁。"三是人生。《楚辞·离骚》中提到："民生各有所乐兮，余独好修以为常。"到了近代，孙中山对民生有了更深的认识和更高的建树。他在突出教育的民生功能的同时，十分注重"内求于心"的价值功能，培养"新民"，提高人的道德和培养新的人格："今民国既已完成，国民之希望甚大，然最要者为人格，我中国人民受专制者已数千年……今日欲回复其人格，第一件须从教育始。"③进入当代，党和国家在继承中国传统民生思想的基础上不仅更加重视民生建设，还创新了民生理论。例如把"为人民服务""以人为本""执政为民"作为党的根本宗旨，把物质文明和精神文明建设作为奋斗目标，并将精神生活的重要性提高到了战略的高度。邓小平指出："物质贫乏不是社会主义，精神空虚也不是社会主义。"④中共中央《关于深化文化体制改革推动社会主义文化大发展大繁荣若干重大问题的决定》明确指出："全面建成惠及十几亿人口的更高水平的小康社会，既要让人民过上殷实富足的物质生活，又要让人民享有健康丰富的文化生活。""更好满足人民

---

① 王坤庆.精神与教育：一种教育哲学视角的当代教育反思与建构[M].上海：上海世纪出版集团,上海教育出版社,2002：163.

② 李向民.精神经济[M].北京：新华出版社,1999：3.

③ 中国社会科学院近代史研究所中华民国研究室等.孙中山全集（第2卷）[M].北京：中华书局,1982：358.

④ 中共中央文献编译室.十四大以来重要文献选编（下）[M].北京：人民出版社,1999：2277-2278.

精神需求、丰富人民精神世界、增强人民精神力量。"十八大以来，以习近平同志为核心的党中央强调"人民对美好生活的向往，就是我们的奋斗目标"①。这里的"美好生活"不仅仅包含更好的教育、更稳定的工作、更满意的收入、更可靠的社会保障、更高水平的医疗卫生服务、更舒适的居住条件、更优美的环境，也包括更丰富的精神文化生活。

（三）精神生活产生于人的现实生活过程

人的精神生活及精神属性不是抽象的、绝对的，而是与人们的物质活动、物质交往及现实生活交织在一起的，是现实的人在从事现实生活活动的历史过程中产生的。马克思指出："我们的出发点是从事实际活动的人，而且从他们的现实生活过程中还可以描绘出这一生活过程在意识形态上的反射和反响的发展。甚至人们头脑中的模糊幻象也是他们的可以通过经验来确认的、与物质前提相联系的物质生活过程的必然升华物。因此，道德、宗教、形而上学和其他意识形态，以及与它们相适应的意识形式便不再保留独立性的外观了。它们没有历史，没有发展，而发展着自己的物质生产和物质交往的人们，在改变自己的这个现实的同时也改变着自己的思维和思维的产物。不是意识决定生活，而是生活决定意识。"②马克思进一步指出："但是这种意识并非一开始就是'纯粹的'意识。'精神'从一开始就很倒霉，受到物质的'纠缠'"。"意识一开始就是社会的产物。"③人的精神活动和物质活动、享受和劳动、生产和消费之间发生的矛盾，根源在于分工。具言之，分工使精神活动和物质活动、享受和劳动、生产和消费由不同的个人来分担，由此带来劳动及其产品分配的不平等，进一步产生了所有制及其所带来的单个人的利益、单个家庭的利益与所有相互交往的个人的共同利益之间的矛盾，反映到人们的观念、立场等精神世界之中；相反，个人在精神上的现实丰富性完全取决于他的现实关系的丰富性。因此，精神层面的民生改善，应当充分发挥国家职能，通过改变和完善所有制进而消除分工

---

① 习近平.人民对美好生活的向往就是我们的奋斗目标[EB/OL].(2012-11-15)[2018-01-08].http://politics.people.com.cn/n/2012/1115/c1024-19590525.html.

② 马克思恩格斯文集(第一卷)[M].北京:人民出版社,2009:525.

③ 马克思恩格斯文集(第一卷)[M].北京:人民出版社,2009:533.

带来的社会阶层、城乡、地区之间的利益矛盾和差距，消灭异化，实现个人的自由而全面发展。

二、教育民生的精神向度及其内涵

（一）民生的本质内涵规定了教育民生的精神取向

近代以来，从培根强调知识或感觉来源于实验的经验主义开始，经过提倡人应该成为理性动物的夸美纽斯，到主张教育目的是为资产阶级培养绅士的洛克和倡导科学教育的斯宾塞的演绎，现代教育更加注重人的物质生活需要，强调知识和教育对于生活的适应和改造的重要性，工具理性取代价值理性。虽然这是一种历史的进步，但功利主义和经济主义掩盖了人的生命本原价值，教育沦为个体谋取社会资本的工具，人们成为自己欲望的奴隶。刘铁芳指出，这种"弥漫着浓郁的功利主义倾向的教育，最终导致精致利己主义症候的产生"[①]。在这种教育下，人性的虚荣、贪婪暴露无遗，精神危机此起彼伏。现实生活中，随着经济的快速发展，中国的富裕阶层甚至已经超越西方中产阶级的物质水平，但并没有带来精神上的丰富与充盈。无论是生活在大都市，还是生活在偏远地区，越来越多的人经常会产生"人活着究竟是为了什么"的疑惑。诚如前文所述，民生既具有物质层面也具有精神层面，民生的本质内涵规定了教育民生的精神取向，教育民生的应有目标和历史任务是为人的全面发展提供保障，而失去了精神发展的人只能成为生存意义上的"单面人"。找回人类失去的灵魂和精神家园，已成为教育民生急需回应的重要问题。"现代教育的重建，需要重新唤起现代人对美好生活的关切……超越平等诉求与权利意识的扩展，在维护个体现代价值的正当性的同时，提升人性的境界。"[②]教育民生既要发挥教育对人民物质生活的改善功能，又要承担改善和丰富精神生活的职责，这是教育民生的

① 刘铁芳,刘艳侠.精致的利己主义症候及其超越:当代教育向着公共生活的复归[J].高等教育研究,2012,33(12):1-8.
② 刘铁芳.从自然人到社会人:教育人性基础的现代转向[J].华东师范大学学报(教育科学版),2010(4):20-28.

发展目标，也是对教育民生的精神向度的把握。

（二）精神生活是教育民生的重要旨趣

精神生活是指人们在社会实践过程中产生的心理体验和对现实世界的思考与想象，既指人的思想活动状态，也指创造、传递和体验精神价值的活动，是人的生活、生命亦即民生的重要层面。改革开放以来，我国在教育方面取得了世人瞩目的成就，普及九年义务教育，大力发展高等教育，为广大人民群众提供受教育机会，办学形式灵活多样，办学条件日益完善，办学规模空前扩大。但是教育发展所伴生的问题也不容忽视。最突出的问题是重视教育的功利价值而轻视教育的人文价值，重视教育与经济的联系、与物质利益的联系，而轻视对人自身的生命关怀。然而，学生智力的发展和理科知识的掌握只能增强其改造物质世界的能力，而对于人的精神生活的改善几乎起不到任何作用。在精神生活中，不仅仅是人的物质生活获得了真正属于它的生命根基，更重要的是人的精神也获得了真正属于它的自由天地，人在自己的精神家园中孕育了自己的精神情感和生命的激情，形成了自己丰富的精神生命和生命价值，使人能够对更高的生命境界与生活状态有所追求[1]。由此可见，精神生活把人引向实现生命价值的自由境界，是人的发展的助推器。精神生活应成为教育民生关注的重点，教育民生论理应包含对人的精神生活的观照。一味强调教育的经费投入、教育资源配置的均衡与共享，一味关注学生接受教育的权利、过程和结果公平，一味关注学生谋求生活的技能与方法、物质生活保障，就会导致教育民生走向片面与狭隘。朱自清先生指出："太重视学业这一面了，便忽略了那一面；于是便成了跛的教育。跛的教育是不能行远的。"[2]联合国教科文组织在其报告《反思教育：向"全球共同利益"的理念转变？》中，从人文主义发展观出发指出："在教育和学习方面，这就意味着超越狭隘的功利主义和经济主义，将人类生存的多方面融合起来。……为所有人提供发挥自身潜质的可能性，过上有尊严的

---

[1] 郑芳.精神生活与人的发展[D].北京：北京交通大学,2011.
[2] 朱自清.朱自清全集(第4卷)[M].南京：江苏教育出版社,1996：143.

生活。"① "维护和增强个人在其他人和自然面前的尊严、能力和福祉，应是21世纪教育的根本宗旨。"②可见，精神生活不能被忽视和轻视，而应成为教育民生建设的重要旨趣。

（三）精神生活是教育民生的重要向度

教育民生只有转化为具体的政策和实践，才具有现实意义。目前关于教育民生论更多聚焦于教育民生的基础性层面，关注教育对于人的物质生活需求和学生的受教育权利以及教育公平的实现。谭维智认为，教育不仅是维系国家存在的需要，还是维持社会继续存在的需要；更进一步地，教育是社会发展、社会改造的需要。教育民生通过对公平的追求实现个人利益和国家利益的统一③。李金奇认为，优化资源配置、提高教育质量、促进教育均衡发展成为教育民生论最重要的实践课题④。张学文认为，教育作为民生，必须从社会层面着眼，即成功的教育改革要着眼于普通民众的基本生存和生活状态，着眼于普通民众的基本发展机会、基本发展能力和基本权益保护的状况。……真正把人民群众或普通民众的切身利益作为理解和解决一般与重大教育问题的出发点和落脚点，这才是今后科学有序地推进教育政策制定、修改、实施的基本宗旨和实践准则⑤。这些研究均未指涉教育民生另一重要向度——教育对于人的精神生活的功能。具言之，教育民生涵摄物质生活、制度生活和精神生活三个价值向度。物质生活是人类得以存在的基础，也是教育发展的基础性条件，因此是教育民生最基本的价值向度，关系人民群众的现实利益诉求。其次，教育政策与法规是国家及各级政府促进每个人在教育面前公平而有质量地享有接受教育的制度保障。教育民生对制度有着天然的依赖关系；没有制度的介入，教育民生问题便不可能从根本上得到解决。第三，精神生活是一种内在超越性生存方式，对于

---

① 联合国教科文组织.反思教育:向"全球共同利益"的理念转变?[M].联合国教科文组织总部中文科,译.北京:教育科学出版社,2017:2.

② 联合国教科文组织.反思教育:向"全球共同利益"的理念转变?[M].联合国教科文组织总部中文科,译.北京:教育科学出版社,2017:28.

③ 谭维智.国家视角下的教育民生论[J].教育研究,2014,35(12):4-12.

④ 李金奇.教育民生论的发生与解读[J].高等教育研究,2013,34(11):18-24.

⑤ 张学文.教育综合改革应由"教育工具论"向"教育民生论"转型:"十八大"报告"努力办好人民满意的教育"之学理解读[J].清华大学教育研究,2013,34(1):17-21.

人的自由而全面发展起内因作用，并对物质生活和制度生活起价值作用。诚然，由德洛尔担任主席的国际21世纪教育委员会向联合国教科文组织提交的《教育——财富蕴藏其中》的报告中指出："委员会从它举行第一次会议开始就坚决地重申了一个基本原则：教育应当促进每个人的全面发展，即身心、智力、敏感性、审美意识、个人责任感、精神价值等方面的发展。"①

人们需要更多机会过上有意义的生活，享有平等的尊严，而教育对于扩大这种机会的能力至关重要②。当中国经济社会发展到足以实现教育大众化和普及化之际，我们应该把教育民生提高到一个新的高度，既满足人的物质需求，又要满足人的精神需求，并着力提升人的发展品质。

三、教育民生建设的精神取径

精神生活不仅是教育民生的重要向度，也是教育民生建设的必取之径。目前教育民生在加强经费保障、资源配置以及教育公平的制度建设等方面已取得重大进展。随着教育民生的精神向度及其内涵的确立，教育民生亟须在精神取径上拓展新的建设思路与空间。

（一）厚植人民群众的教育获得感与公平感

近年来随着教育优先发展战略和促进公平作为国家基本教育政策的实施，人民群众在教育权利实现、教育机会和资源获得方面有了大幅度进步，教育公平取得重要进展。然而，作为一种精神体验和感受，人民群众的教育获得感和公平感还存在很大差距，相反，教育的相对剥夺感和不公平感难以消解，在很多群体和领域还相当强烈。这不仅成为教育民生的一块短板，也是引起新的教育民生问题和加大教育民生压力的内在动因。诚然，教育获得感和公平感是建立在教育获得和教育公平的实践及实现程度基础上的，具有客观性，但它们又

---

① 联合国教科文组织.教育:财富蕴藏其中[M].联合国教科文组织总部中文科,译.北京:教育科学出版社,1996:85.

② 联合国教科文组织.教育:财富蕴藏其中[M].联合国教科文组织总部中文科,译.北京:教育科学出版社,1996:24.

建基于特定的教育利益关系之上，随着教育利益关系的改变必然导致不同教育利益主体的心理感受与体验的变化与失衡，因而又具有主观性，由此产生失去感、失落感和相对剥夺感、不公平感。就教育获得感而言，其不仅是对于"绝对获得"的感觉，还由"相对获得感"所决定：发展不均衡、改革红利分配不公、弱势群体不断被边缘化所导致的"失去感"①。就教育公平感而言，"传统的重硬件的'输血型'公平路径忽略了对人的主观感受的考量，人们自然而然地把客观条件的满足作为公平追求的终极目标。因此，当客观条件具备后，人们发现新的问题又产生了，即客观条件的公平未必就意味着主观公平感受的获得。"②按照马克思关于个人在精神上的现实丰富性完全取决于他的现实关系的丰富性的观点，增强人民群众的教育获得感和公平感，需要从客观和主观同时着力。

一方面，要在现行所有制下进一步扩大教育的开放度，改变现行教育财政制度、入学制度、考试招生制度以及户籍制度、收入分配制度、住房制度、就业制度等对教育获得和教育公平的体制机制性羁绊，落实《教育法》所确立的"公民不分民族、种族、性别、职业、财产状况、宗教信仰等，依法享有平等的受教育机会"。形成以公民权利为本的教育获得和教育公平保障机制，促进受教育者的家庭资本均衡，为增强教育获得感和公平感提供物质和制度保障。另一方面，推动教育改革举措的"自上而下"与"自下而上"结合与互动，促进人民群众对教育决策过程、教育问题讨论的参与，扩大教育改革和发展的社会合作意识和心理共识，确立与现阶段相适应的教育公平观，促进不同教育利益群体主动进行社会心理调适；改变教育发展方式，促进教育供给侧改革，注重从"现实的人"出发，研究不同群体的教育利益需求和教育民生压力源，调适各类群体的参考群体，纾解相对剥夺感和心理压力，建立和完善人生出彩的教育机会共享机制。

（二）凸显教育目标和内容的人文性与整全性

为迎接21世纪挑战，联合国教科文组织在《教育——财富蕴藏其中》指出：

---

① 曹现强.获得感的时代内涵与国外经验借鉴[J].人民论坛·学术前沿,2017(2):18-28.
② 张善鑫.公平感:教育公平的深度价值追求[J].当代教育与文化,2017,9(2):16.

教育不再是达到掌握某些技能、获得各种能力和实现经济目的一种手段，而是实现个人全面发展——学会认知、学会做事、学会共同生活、学会生存。"教育的基本作用，似乎比任何时候都更在于保证人人享有他们自己充分发挥自己才能和尽可能牢固掌握自己命运而需要的思想、判断、感情和想象方面的自由。""教育应当促进每个人的全面发展，即身心、智力、敏感性、审美意识、个人责任感、精神价值等方面的发展。"①联合国教科文组织在其报告《反思教育：向"全球共同利益"的理念转变？》重新解读和保护教育的四大支柱，并特别强调"学会做人"和"学会共处"的至关重要性。我国《国家教育事业发展"十三五"规划》首次强调提高学生文化修养，坚持以美育人、以文化人，以提高学生艺术素养、陶冶高尚情操、培育深厚民族情感、激发创新意识。结合我国当下教育实际，教育民生的精神取径应落实在注重开展道德教育、审美教育和优秀传统文化教育，以增强教育目标与内容的人文性与整全性。

一是生活教育。生活是一切物质文明和精神文明的策源地。只有不脱离生活的教育才有价值，才能促进人的身心健康成长。斯宾塞认为，教育是为了未来的完满生活做准备。这一观点忽视了学生的当下生活，并且在我国目前的教育现实中表现得淋漓尽致。由于教育体制、考试评价制度上存在的弊端，某种程度上孩子们成了管理部门和学校实现政绩、老师实现业绩、父母实现理想的工具。孩子们每天背着沉重的书包（由于太过沉重，商家设计出了拉杆书包并受到家长的青睐），上课和作业构成了他们生活的全部，快乐和自然的天性被无情地剥夺，导致很多学生厌学、迷惘、彷徨甚至自暴自弃。当生活变得如此，他们便不能享受和体验充实的人生，失去了种种生活的经验，最终导致精神生活无力。而被剥夺了精神生活的人，就等于被剥夺了尊严和价值。难怪有些学生认为他们被迫失去了本该属于自己的尊严，从而没有了生存的价值。其实，每一个孩子对身边的事物都抱有一种天然的好奇心，都热衷于在生活中去寻找、去发现、去创造。对于多数孩子来说，现在缺少的不是物质生活上的保障，而是精神上的满足。孩子最不能忍受的不是生活上的清苦，而是生活的单调、刻板和无趣。培养活泼的人，从生活中吸取知识的养分，是教育的职责也是教育

---

① 联合国教科文组织.教育：财富蕴藏其中[M].联合国教科文组织总部中文科,译.北京:教育科学出版社,1996:85.

的民生关怀。

二是闲暇教育（又称休闲教育）。闲暇教育旨在改善与提高人们的精神生活品质，顺应教育民生的本真意义。陈建华认为，通过休闲教育，教给人们利用闲暇时间学习知识和技能；在闲暇时间内，个体通过教育活动，学习如何理解休闲的相对自由，学习如何进行休闲的判断和抉择[①]。在我国当下，一年中的周末、节假日加起来共有110天左右，接近全年天数的三分之一。大中小学校学生除了周末、法定节日以外，还拥有寒暑假两个长假。另外，数以千万计的退休人员、失业、待业人员等，他们的生活基本都是在闲暇中度过。由于缺少正确的引导或者本身没有足够的享受闲暇的能力，很多人不仅没有感受到闲暇时间的幸福，反而把闲暇当成一种负担，只能靠打麻将、晒太阳、打游戏、上网等来打发时光。积极的闲暇生活有利于增长人的见识，提高人的思想道德水平，既愉悦身心，又能促进人的全面发展。而消极的闲暇生活不但使人感到空虚和无聊，而且使人精神颓废。为了提升人们闲暇生活的质量和充盈人们的精神生活，只能依靠闲暇教育来引导和充实。闲暇教育引导人们与大自然亲密接触，到环境优美的地方去放松身心，从而身心获得极大的愉悦。

三是美感教育。美育可以唤醒人们潜藏在内心深处的美好情感，从而发现生活中的美，继而热爱美，并积极主动地去追求人生的情趣与理想生活。蔡元培指出，教育的任务就是通过美感教育，使人达于最高精神境界。他说："我们提倡美育，便是使人类能在音乐、雕刻、图画、文学里找见他们遗失了的情感……"[②]美育任务之一就是发展学生对美的感受力、鉴赏力和创造力，从而提升他们的精神境界和充盈他们的精神生活。当一个人的精神生活变得丰富多彩，他自然而然就会成为一个精神焕发、充满活力和正能量的人。这样的人能用正确的观点看待任何事物，能够理解人、关心人、尊重人、信任人，同时也能用正确的审美标准约束自己的言行，从而不仅能够在这个世界上学会生存，而且能够生存得更好。

四是优秀传统文化教育。我国传统文化博大精深，蕴涵着丰富的人生智慧

---

① 陈建华.教育为休闲生活做准备：兼论教育与休闲关系的历史嬗变[J].教育研究，2011（10）：84-88.

② 蔡元培.蔡元培全集（第6卷）[M].北京：中华书局，1984：614.

和深厚的人文精神，体现对人格理想和精神境界的追求。加强传统文化教育是构筑青少年精神家园的一个重要途径。历经几千年流传下来的优秀传统文化，重视培养人的高尚的道德情操和健康的人格品质，提升人的自身修养和精神境界。如：儒家的仁爱精神，道家的返璞归真情怀，范仲淹的"先天下之忧而忧，后天下之乐而乐"的担当精神，不胜枚举。学习优秀传统文化可以强化现代人与古圣先贤的精神联系，使之进入个体精神成长的历程之中。传统文化中的仁、义、礼、智、信，诗、词、歌、赋，传统节日，戏剧，地域文化，宗教哲学，民风民俗等，既能够陶冶人的情操，又能够丰富人的精神生活。

由此可见，无论生活教育、闲暇教育，抑或美感教育、优秀传统文化教育，其宗旨皆在于发挥教育的引领作用，丰富人的精神生活，使人成为自己精神世界的主人，以达到精神世界的升华与超越，使人更好地生活。

（三）增强教育过程的包容性与生活性

教育民生的精神取径，还应当从教育过程自身进行拓展，植根于教育生活。一方面，教育民生的生活主体是"现实的人"，特别是各级各类学生和广大教师；另一方面，教育生活是连接社会生活过程与人的全面发展的重要纽带和桥梁，也是教育民生的精神取径的重要路径。现实而言，近年教育上注重农村留守儿童心理关爱、进城务工人员子弟就读城镇学校的文化融入，教育扶贫注重突破"贫困文化"和从根本上改善"心理贫困"，高校注重特殊学生心理和精神关爱。这体现出对各级各类学生教育生活的精神关怀，但只是聚焦一些特殊群体和重点领域，事实上，在以应试为核心、分数为目标、选拔竞争为方式的教育模式下，"只要学不死，就往死里学"的励志口号，导致教育的去生活化和非生活化。各种学业水平程度的学生都承受着巨大的心理和精神压力，面临相对剥夺感和失去感的威胁。由此产生诸如学生轻生甚至自杀、校园欺凌等问题，根本原因是教育上盛行的功利主义和经济主义。为此，应实现教育的包容性发展，彰显教育的生活品性，超越狭隘的功利主义和经济主义，将各种受歧视的人群包容进来，为不同学业水平和生活境况的学生提供学习和发展机会，使人人都是教育生活的主人，为所有人提供发挥潜能的机会，过上有意义、有尊严的生活。

　　与此同时，当下教育民生建设的严重空白地带是广大教师的教育生活的精神维度。各种行政性任务、业务培训、绩效考核、达标评估应接不暇，冲击着教师的专业生活秩序；各种师德规定甚至红线、禁令层层加码，冲击着教师的专业自主性。教师"流水线"式工作更多与"有效""高效"及各种指标的评比考核联系在一起，而失却专业工作者的尊严与自由，失却对弱势学生群体和个体的包容和关怀。加之，长期以来教师薪酬待遇缺少职业竞争力和吸引力，难以形成职业自尊感和自豪感；同时又承受着社会的过高期望，由此带来各种不公正批评所产生的孤独感和失望感。因此，教育民生建设的精神取径，应当关怀广大教师的精神生活，深入不同学段的各种教师群体，了解他们的精神困惑和职业倦怠的原因，采取切实措施让广大教师过上体面而有尊严的教育生活。诚然，我们"应为教师提供吸引力、更能激发人的积极性以及更加稳定的生活和工作条件，包括薪资和职业前景。假如我们不想看到我们眼中全球最重要的基础性职业因求职者兴味索然而受到削弱，就必须这样做。"①

---

　　① 联合国教科文组织.反思教育:向"全球共同利益"的理念转变?[M].联合国教科文组织总部中文科,译.北京:教育科学出版社,2017:47.

论中国式教育现代化的路向、路径与路基①

教育现代化作为国家和社会现代化的重要部分，既有着超越不同国家和社会情境而殊途同归的趋同性一面，又表现出对国家发展和社会主体结构的依附性一面。换言之，教育现代化既有着自身结构和发展逻辑，又置身并发生在不同国家的政治、经济、文化和社会情境之中，与其他社会系统的现代化相掣互动。如何在这种趋同性与依附性之间寻找一种张力平衡，作出中国式教育现代化的路径选择，是新中国成立75周年特别是改革开放40多年来中国教育积极探寻的。第四次全国教育工作会议及《教育规划纲要》，正是在总结经验、探索规律、直面现实的基础上，着眼全面建设小康社会和建设人力资源强国的总体目标，开创了教育现代化的中国之路。本节通过对《教育规划纲要》政策背景和政策文本的系统分析，论述中国式教育现代化的路向、路径、路基。

一、以坚持中国特色社会主义教育发展道路为路向

（一）遵循中国特色社会主义教育发展规律

胡锦涛在第四次全国教育工作会议上指出："新中国教育的60年，是中国特色社会主义教育体系日益完善的60年。在这一历史进程中，我们不断深化对我国社会主义教育事业发展规律的认识，得出了十分重要的结论。"这些结论概括起来就是"五个必须"。一是必须坚持党对教育工作的领导，明确政府发展和管理教育的责任，落实教育优先发展的战略地位，实现教育和经济社会协调发展，充分发挥教育在党和国家事业中的基础性、先导性、全局性地位和作用。二是必须全面贯彻党的教育方针，把促进学生健康成长作为学校一切工作的出发点

---

① 本节原载于《徐州工程学院学报》2012年第1期，原题为《论中国特色教育现代化的路向、路基与路径》。本次有改动。

和落脚点，根本目的在于培养德智体美全面发展的社会主义建设者和接班人。三是必须始终按照面向现代化、面向世界、面向未来的要求，立足社会主义初级阶段基本国情，坚持继承和创新相结合，不断深化教育体制改革和教育教学改革。四是必须坚持以人为本，促进教育公平，保障公民依法享有受教育的权利，促进民生改善和社会和谐。五是教育事业发展的关键在教师，必须紧紧依靠广大教师和教育工作者，遵循教育规律办学教学，不断提高教师政治和业务素质，弘扬尊师重教的社会风气。

"五个必须"科学地揭示了中国特色社会主义建设伟大事业中，教育的地位作用、方针宗旨、发展动力、价值原则、实践主体。它们既有各自内涵和功能，又相辅相成，反映了中国式教育现代化与国家发展和社会主体结构之间的规律性联系。基于"五个必须"，《教育规划纲要》提出"优先发展、以人为本、改革创新、促进公平、提高质量"的工作方针，体现了合目的性与合规律性的辩证统一。

（二）坚持社会主义办学方向，把握教育发展的阶段性特征

中国作为一个社会主义国家，教育现代化必然表现为对国家发展和社会主体结构的依附性一面。首先，在教育坚持什么方向、为谁服务的问题上，《教育规划纲要》指出："坚持社会主义办学方向"；"坚持教育为社会主义现代化建设服务"；"牢牢把握党对学校意识形态工作的主导权"；"深入推动中国特色社会主义理论体系进教材、进课堂、进头脑。深入开展社会主义核心价值体系学习教育。"其次，在培养什么人的问题上，《教育规划纲要》提出，"培养德智体美全面发展的社会主义建设者和接班人"，坚持以人为本、全面实施素质教育是教育改革发展的战略主题，"立德树人，把社会主义核心价值体系融入国民教育全过程"；"着力提高学生服务国家服务人民的社会责任感、勇于探索的创新精神和善于解决问题的实践能力。"第三，中国式教育现代化要立足社会主义初级阶段教育国情，把握教育发展的阶段性特征。在我国社会主义初级阶段，教育规模大，教育发展不均衡，教育的制度供给和经费投入不足，人民群众对良好教育的期盼高，这是其他任何国家教育现代化模式都无法适用的，必须立足社会主义初级阶段的教育国情，走中国之路。即加强统筹兼顾，抓住社会主义初级

阶段教育发展的主要矛盾，将人的需要、人的发展、人民群众对美好生活的期盼作为教育的出发点，按照教育规律办学和教学，立足并主动适应社会现实、社会需求，以此来调整优化教育的层次、类型、布局等结构，使人的发展与社会发展需求更好地适应，达到改善民生、促进人的全面发展的根本目的。

（三）坚持以人为本，实现教育强国与惠民、国计与民生的并重统一

在新中国成立以来开辟的中国特色社会主义教育发展道路上，由于党和国家不同时期政治路线和工作重点不同，教育先后由定位于"文教""科教"领域，作为政治或经济的重要基础——"国计"，转向"国计"与"民生"的并重统一①。其中，1949—1978年，教育定位于文教领域，作为上层建筑，主要发挥了政治功能；1978—2004年，教育定位于科教领域，作为生产力的重要因素，服务于社会主义现代化建设，特别是经济建设，主要发挥了经济功能。1985年《中共中央关于教育体制改革的决定》提出："现在的问题就是如何在有限的财力物力条件下，把教育搞上去，满足社会主义现代化建设的迫切需要。"1993年《中国教育改革和发展纲要》提出要"建立适应社会主义市场经济体制和政治、科技体制改革需要的教育体制，更好地为社会主义现代化建设服务"。总体而言，无论政治功能还是经济功能，都是关注于教育的国家利益和整体利益，服务于国家和社会需要。

2004年十四届四中全会提出建设和谐社会目标，教育开始作为关系人民群众切身利益的民生问题。十七大进一步把教育纳入以改善民生为重点的社会建设，发挥了强国与惠民双重功能。胡锦涛在第四次全国教育工作会议上指出："教育是国计，也是民生；教育是今天，更是明天。"《教育规划纲要》指出："教育是民族振兴、社会进步的基石，是提高国民素质、促进人的全面发展的根本途径，寄托着亿万家庭对美好生活的期盼。"这标志着教育利益走向分化，即在建设教育强国、人力资源强国和实施科教兴国战略的同时，将家庭对美好生活的期盼纳入教育的重要关切。《教育规划纲要》通篇提到"家庭"一词共20处，始终将教育发展和改革与人民群众的切实利益紧紧连在一起，关注人民群

①阮成武.论社会建设中的政府教育职能[J].中国教育学刊,2009(3):1-4.

众对接受良好教育的期盼和心声。为此,《教育规划纲要》坚持以人为本,将"办好人民满意的教育,建设人力资源强国"同列为教育改革和发展的指导思想,彰显教育强国与惠民的并重、国计与民生的统一,并贯穿在教育改革和发展的工作方针、任务、措施各方面。

二、以建立和完善中国特色社会主义现代教育体系为路径

"教育现代化进程是教育持续分化的过程。"[①]1993年《中国教育改革和发展纲要》提出,要在世纪末形成具有中国特色的、面向21世纪的社会主义教育体系的基本框架。经过新中国75年特别是近40多年来的改革与发展,我国已建成世界最大规模的教育体系,成为教育大国、人力资源大国。在这一基础上,《教育规划纲要》促进教育系统的进一步分化,使中国特色社会主义现代教育体系更加完善,加快建设教育强国和人力资源强国。

(一)促进教育层次的分化,为全体人民"学有所教"提供充分和优质的教育机会

1993年《中国教育改革和发展纲要》确立的面向21世纪的社会主义教育体系框架,是以九年义务教育为基础,大力加强基础教育,积极发展职业技术教育、成人教育和高等教育;此外,重视和扶持少数民族教育事业、重视和支持残疾人教育事业。与这个以"一个大力加强、三个积极发展"为主体结构的教育体系相比,《教育规划纲要》通过进一步分化,确立教育发展的八大任务,形成"完善中国特色社会主义现代教育体系"的崭新框架。其中,将原先"基础教育"一分为三,分化为学前教育、义务教育和高中阶段教育,分别提出相应的发展目标和政策措施,克服了三者之间及与其他教育阶段之间的制度壁垒;将"职业技术教育"提升为"职业教育",由"积极发展"改为"大力发展";将"成人教育"拓展为"继续教育",由"积极发展"改为"加快发展";将高等教育由"积极发展"转向"全面提高质量";此外,将少数民族教育事业、残疾人教育事业拓展为"民族教育""特殊教育"。这样,教育体系由原先四大板

---

① 褚宏启.教育现代化的路径[M].北京:教育科学出版社,2000:54.

块发展成为八大板块，构成两大教育体系——国民教育体系和终身教育体系，使中国特色社会主义现代教育体系更加丰富和完善。

（二）促进教育类型的分化，为全体人民"学有所教"提供多样化的教育获得方式

围绕"基本实现教育现代化，基本形成学习型社会"这一战略目标，《教育规划纲要》为全体人民"学有所教"提供四种不同类型的教育获得方式。一是实现更高水平的普及教育。由普及九年义务教育扩展到基本普及学前教育，巩固提高九年义务教育水平，普及高中阶段教育（毛入学率达到90%），高等教育大众化水平进一步提高（毛入学率达40%），扫除青壮年文盲。在此基础上，为人民群众提供多样、多次的教育获得方式；二是形成惠及全民的公平教育，保障公民依法享有接受良好教育的机会，建成覆盖城乡的基本公共教育服务体系。三是提供更加丰富的优质教育，整体提升各级各类教育质量，不断扩大优质教育资源总量，使人民群众接受高质量的教育。四是构建体系完备的终身教育，在使现代国民教育体系更加完善的同时，基本形成终身教育体系。

通过教育层次和类型的分化，把教育的"蛋糕"做大、做厚，同时进行"蛋糕"的合理分配。《教育规划纲要》提出"推进培养模式多样化，满足不同潜质学生的发展需要"。具体包括：推动普通高中多样化发展，使学生学业发展有更多的选择机会；通过促进办学体制多样化，以扩大优质资源；通过推进培养模式多样化，以满足不同潜质学生的发展需要；通过提供多种教育方式，为在校生和未升学毕业生提供职业教育；通过树立多样化人才观念，以尊重每一个学生的个人选择，促进个性发展，不拘一格培养人才；通过探索多种培养方式，促进各类人才辈出、拔尖创新人才不断涌现；通过建立科学、多样的评价标准和评价方式，以激励学生乐观向上、自主自立、努力成才；通过建立分类考试、综合评价、多元录取的考试招生制度，以突破人才培养体制改革的瓶颈。以此形成多种人才培养模式，提供多种教育选择机会，开拓多种发展和成才通道，建立多种评价标准和评价方式，以满足人民群众多层次、多样化的教育需求。

三、以建立与社会主义市场经济体制相适应的教育体制机制为路基

教育层次和类型的分化使中国特色社会主义现代教育体系渐趋完善，也带来一系列结构失调、系统矛盾和体制性冲突。《教育规划纲要》指出：教育改革的中心任务是"加快解决经济社会发展对高质量多样化人才需要与教育培养能力不足的矛盾、人民群众期盼良好教育与资源相对短缺的矛盾、增强教育活力与体制机制约束的矛盾"。这三者揭示了三种不同性质关系的矛盾，其中，经济社会发展对高质量多样化人才需要的矛盾，反映出社会主义初级阶段教育与经济社会发展需要的不相适应；人民群众期盼良好教育与资源相对短缺的矛盾，反映出社会主义初级阶段教育与人的发展需要的不相适应；增强教育活力与体制机制约束的矛盾，反映出社会主义初级阶段教育自身体系结构与运行体制机制的不相适应。解决三大矛盾的基本方式，是促进教育与社会需要、人的发展需求以及其自身体系结构的进一步整合，以建立与社会主义市场经济体制和全面建设小康社会目标相适应的教育体制机制，以此来激活教育发展的动力和活力。

（一）加强教育利益整合协调，发挥多种利益主体参与和促进教育改革的积极性

"追究至最深层，可以发现，教育现代化的动力是利益。因为教育包容着巨大的利益，无论国家把教育视作国家竞争、民族竞争的工具，还是个人把教育视为个人向社会上层流动的工具，皆从利益着眼。"[1]首先，《教育规划纲要》从前期调研、起草论证到向全社会公开征求意见和审议公布，就是一个开放、民主的教育利益诉求的表达、协商过程，是国家、社会和广大人民群众等各利益主体的教育利益整合过程。唯其如此，所建立起来的教育体制机制才更加合乎民意、具有针对性和实效性。其次，《教育规划纲要》从指导思想到工作方针、改革举措、条件保障，都体现了国家利益与群体利益、个人利益的整合协调，形成一种教育利益转化和共享的良性机制。如国家和政府制定切实措施，确保

---

① 褚宏启.教育现代化的路径[M].北京:教育科学出版社,2000:312.

办好每一所学校、教好每一个孩子，树立人人成才观念，面向全体学生，促进每一个学生的全面发展和个性发展；同时，要求学生养成服务国家服务人民的社会责任感，树立社会主义核心价值观，成为德智体美全面发展的社会主义建设者和接班人。第三，教育过程及评价体现了多种利益主体的深度参与。如《教育规划纲要》提出，在教育教学评价上，要增强政府、学校、家长及社会各方面的广泛参与；在考试招生制度改革上，探索建立由政府宏观管理，专业机构组织实施，学校依法自主招生，学生多次选择的考试招生制度新框架。

（二）发挥多种整合机制的共振效应，促进教育体制机制改革的整体推动

《教育规划纲要》将"健全充满活力的教育体制"作为重要战略目标，提出以人才培养体制改革为核心，渐次外推到考试招生制度改革、现代学校制度改革、办学体制改革、管理体制改革，以及扩大教育开放，为人才培养和成长创造新的更加开放和具有活力的体制环境。综观起来，一个重要思路和特点就是多种整合机制并用与共振，整体推动促进教育体制机制改革。

一是发挥中国特色社会主义政治制度对教育改革和发展的统领和主导作用。"外国和我国教育现代化的历史进程表明，没有高度统一的政治权威体系，教育的现代化是难以实现的。"[1]为此，《教育规划纲要》首先确立了教育在党和国家工作全局中的优先发展地位，要求各级党委和政府要把优先发展教育作为贯彻落实科学发展观的一项基本要求，切实保证教育发展的"三个优先"（经济社会发展规划优先安排教育发展，财政资金优先保障教育投入，公共资源优先满足教育和人力资源开发需要）；同时，把推进教育事业科学发展作为各级党委和政府政绩考核的重要内容，完善考核机制和问责制度。其次，加强党和政府在教育改革和发展中的责任。如：明确教育公平的主要责任在政府，确立政府发展学前教育、职业教育、民族教育、特殊教育的主导责任，并把发展民办教育作为政府的重要职责。第三，加强党和政府对教育改革和发展的领导。提出要"全面贯彻党的教育方针"；"牢牢把握党对学校意识形态工作的主导权"。第四，

---

① 田正平,李江源.教育制度变迁与中国教育现代化进程[J].华东师范大学学报(教育科学版),2002(3):39-51.

转变政府职能，要求各级政府切实履行统筹规划、政策引导、监督管理的职责，建立健全公共教育服务体系；同时，建立依法办学、自主管理、民主监督、社会参与的现代学校制度，使政府、学校、社会之间的关系得以重建。

二是发挥中国特色社会主义经济制度对教育改革和发展的激活和推动作用。从20世纪90年代市场机制引入教育制度体系以来，我国教育体制及其运行机制发生了深刻裂变，从根本上改变了教育资源配置方式，极大地提高了教育发展的效率，赋予了每个人在教育活动中的主体地位。"市场机制的利益杠杆以及与此相关的各种保护个人合法权利的制度安排，为每个人在教育现代化建设中充分发挥自己的主动精神与创造精神，提供了有效的动力保障。这正是改革开放20多年，中国教育现代化变迁始终充满生机活力的最直接的制度根源。"①《教育规划纲要》提出要"全面形成与社会主义市场经济体制和全面建设小康社会目标相适应的充满活力、富有效率、更加开放、有利于科学发展的教育体制机制"。具体包括：学前教育要建立政府主导、社会参与、公办民办并举的办园体制；职业教育要建立健全政府主导、行业指导、企业参与的办学机制；高等教育要探索建立高等学校理事会或董事会，加强高等学校的社会支持和社会监督。

三是发挥中国特色社会主义政策与法制对教育改革和发展的规范与保障作用。《教育规划纲要》提出："按照全面实施依法治国基本方略的要求，加快教育法制建设进程，完善中国特色社会主义教育法律法规。"首先，政府要依法履行教育职责，严格按照教育法律法规规定，确保教育投入的"四个增长"（年初预算和预算执行中的超收收入分配都要体现法定增长要求，教育财政拨款增长明显高于财政经常性收入增长，在校学生人数平均的教育费用逐步增长，教师工资和学生人均公用经费逐步增长）。其次，政府依法加强对教育的管理与监督。如减少不必要的行政干预，综合应用立法、拨款、规划、信息服务、政策指导和必要的行政措施，由直接管理改为间接管理；同时，要求学校坚持依法理财，严格执行国家财政资金管理法律制度和财经纪律。

---

① 田正平,李江源.教育制度变迁与中国教育现代化进程[J].华东师范大学学报(教育科学版),2002(3):39-51.

（三）加强教育资源公平合理配置，为公平教育与优质教育的良性发展提供机制保障

社会主义初级阶段教育面临主要矛盾之一，是人民群众期盼良好教育与资源相对短缺的矛盾。处理好公平教育与优质教育的关系，关键是通过机制创新，加强教育资源公平合理配置。一方面，要扩大和丰富优质教育资源，更好满足人民群众接受高质量教育的需求。《教育规划纲要》提出：形成加大教育投入的长效机制，努力扩大优质资源总量；丰富优质教育内涵，鼓励通过特色学校、优势学科、特色专业的建设，引导各级各类学校办出自己特色和水平；充分发挥现代信息技术作用，促进优质教学资源共享，加强优质教育资源开发应用；建立开放灵活的教育资源公共服务平台，促进优质教育资源共享；通过扩大教育开放，引进和利用国外优质教育资源。另一方面，通过机制创新，在促进教育公平的过程中将公平教育与优质教育进行有效整合。包括：改进、试点实行优质普通高中和优质中等职业学校招生名额合理分配到区域内初中，发挥高中考试招生制度改革对义务教育办学的导向作用；完善高校招生名额分配方式和招生录取办法，促进入学机会公平，为优秀人才选拔创造条件。

综上所言，中国式教育现代化的路向、路径和路基是相辅相成的，规定了中国社会主义初级阶段教育向着教育现代化迈进的目标指向、实现方式和体制框架，共同构成中国特色社会主义教育发展道路的核心要件。沿此路向、路径和路基，中国式教育现代化将发展成为中国特色、世界水平的现代教育。

教育作为基础性、战略性支撑的逻辑定位①

党的历次全国代表大会工作报告无不关涉教育，并不断深化对教育的规律性认识，作出教育功能、价值、目标定位及战略布局。党的二十大围绕以中国式现代化推进中华民族伟大复兴的使命任务，将教育、科技、人才设立专章，三位一体构成报告的第五部分，作为全面建设社会主义现代化国家的基础性、战略性支撑，全面赋能经济建设、政治建设、文化建设、社会建设、生态文明建设。进而在为谁办教育、办什么教育、怎样办教育以及在培养什么人、怎样培养人、为谁培养人的根本问题上实现历史性变革和系统性重塑。

对此，有关领导进行了分析和解读。教育部部长怀进鹏认为："把教育、科技、人才统筹谋划和一体部署，这在党的工作报告中还是首次，这充分体现出总书记对历史发展规律，对当今时代特征，对未来发展关键的深刻洞察和把握，充分体现出党的创新理论和对建设中国式现代化规律性认识的深化。"学术界对此也进行及时的关注和回应。2022年10月20日中国教育报"圆桌对话"上，相关专家提出，党的二十大报告统筹教育、科技、人才三方面工作并独立成章，将"实施科教兴国战略，强化现代化建设人才支撑"进行专章论述和作出整体部署，是报告的一大亮点。报告把教育、科技、人才强国战略进行一体化安排，既是对科教兴国战略的历史延续，又是在新发展阶段的重要提升。此外，张志勇认为：教育和科技、人才作为二十大报告的第五部分，强调"实施科教兴国战略，强化现代化建设人才支撑"，体现了党对教育、科技、人才相互作用规律，以及它们与高质量发展之间相互作用的规律有了更加深刻的认识和科学的把握。周光礼指出：教育、科技、人才是一个有机联系的整体，共同支撑社会主义现代化强国建设，有机整体服务"两个大局"，同气连枝支撑世界主要科学中心和世界重要人才中心"两个中心"建设，教育、科技、人才三驾马车推动

---

① 本节原载于《教育文汇》2022年第11期。

高质量发展①。张东刚指出：科教兴国战略、人才强国战略、创新驱动发展战略一体谋划、一体部署、一体推进、一体实施，体现了我们党对时代发展大潮、国力竞争大势、现代化进程内在要求的准确把握，彰显了我们党以更大力度深入实施科教兴国战略、人才强国战略、创新驱动发展战略，不断塑造发展新动能新优势的决心和气魄②。这些观点对深入理解和准确把握党的二十大报告关于教育的战略地位、任务和发展战略无疑是十分有益的。本节在此基础上通过历史回顾与比较，从功能、价值和目标三重视角分析二十大报告确立的教育作为基础性、战略性支撑的逻辑定位。

一、功能定位：教育是全面建设社会主义现代化国家的基础性、战略性支撑

从新中国成立以来历次党代会报告看，党的八大报告将文化教育作为与工业、农业、商业、政治生活并列的一个部类，将教育定位于"政治-经济"领域；九大、十大报告将教育作为上层建筑组成部分，定位于政治领域；十一大报告要求教育配合经济建设和科学技术事业发展，适应社会主义革命建设需要，将教育定位于"经济-政治"领域；十二大、十三大、十四大报告将教育作为经济建设战略重点；十五大、十六大报告将教育同时归属于经济建设和文化建设，定位于"经济-文化"领域；十七大、十八大、十九大报告把教育作为改善民生为重点的社会建设，同时，在政治建设、经济建设和文化建设等部分也涉及教育，进而将教育定位于"五位一体"社会主义事业总体布局，初步形成教育的全局性定位③。但从结构上看，教育定位于以民生改善为重点的社会建设领域，属于局域性教育定位。十九大报告首次提出，建设教育强国是中华民族伟大复兴的基础工程，必须把教育事业放在优先位置，将教育列为提高保障和改善民生水平的首务，依然属于局域性教育定位。同时，十一届三中全会以来历次党代会报告虽然都强调科技和人才的重要性，但同样分布在经济建设、文化建设

---

① 周光礼.教育科技人才三位一体 共同支撑高质量发展[N].光明日报,2022-11-01(15).

② 张东刚.深入贯彻科教兴国战略 为全面建设社会主义现代化国家提供有力人才支撑[N].光明日报,2022-10-31(06).

③ 阮成武.中国特色社会主义事业总体布局的教育定位[J].安徽师范大学学报(人文社会科学版),2015(4):439-446.

以及党的建设等各个不同部分，教育、科技、人才之间尚未进行整体规划和定位。

二十大报告将教育、科技、人才这三个相关联的核心要素从党和国家各项事业中抽离出来，作为一个独立部类进行整体谋划和战略布局，实现教育定位的重大历史性突破。这一方面接续和融合了不同历史时期局域性教育定位所积累的历史经验及取得的重大成就，同时，根据新发展阶段"中国共产党的中心任务就是团结带领全国各族人民全面建成社会主义现代化强国、实现第二个百年奋斗目标，以中国式现代化全面推进中华民族伟大复兴"的新需要，将教育作为国之大计、党之大计，定位于以中国式现代化全面推进中华民族伟大复兴的总体布局，成为全面建设社会主义现代化国家的基础性、战略性支撑。这不仅大大拓展和丰富了教育的功能，要求教育与科技、人才工作形成整体联动机制，及时回应经济建设、政治建设、文化建设、社会建设、生态文明建设等提出的任务和使命，成为支撑社会主义现代化国家建设的坚强有力柱础。而且，这也是符合教育自身规律的。在教育学原理上，教育与社会发展关系就包括教育与政治、经济、文化、民生和生态等社会各子系统的规律性联系。二十大报告所确立的全局性教育定位，既是党和国家从"两位一体""三位一体""四位一体"到"五位一体"不断拓展和完善，教育的功能定位相应地拓展到促进社会全面进步和人的全面发展；同时，教育功能定位的拓展也促进教育与社会发展各个系统的规律性联系不断发展和完善，并与科技、人才相互作用，形成一鼎之三足立，共同支撑全面建设社会主义现代化国家的发展战略。

二、价值定位：教育是国之大计、党之大计，办好人民满意的教育

新中国成立初期，面对经济落后、民生凋敝的现状，1949年12月召开的第一次全国教育工作会议确立了"教育为工农服务，为生产建设服务"的方针，建立面向工农的教育体系。此后一段时间，由于国际形势风云突变，新生的共和国面临如何自力更生和巩固执政基础的重大课题，随之，教育的价值定位转向主要面向和服务国家需要，重点发展高等教育，基础教育则主要由基层政府负责、群众出资。十年"文革"期间，教育更是卷入政治斗争的风潮。改革开

放初期，邓小平指出："我们要实现现代化，关键是科学技术要能上去。发展科学技术，不抓教育不行。靠空讲不能实现现代化，必须有知识，有人才。"①形成了"现代化—科学技术—人才—教育"的发展战略逻辑。由此，教育定位从为阶级斗争服务转向以发展生产力为中心的经济建设上来。1985年《中共中央关于教育体制改革的决定》确立"教育必须为社会主义建设服务、社会主义建设必须依靠教育"的指导思想，提出教育体制改革的根本目的是提高民族素质，多出人才、出好人才。此后，党的历次全国代表大会先后将教育定位于经济建设、文化建设。党的十七大报告开始，教育定位转向以改善民生为重点的社会建设，将教育公平作为社会公平的重要基础，由此实现教育定位由国计向民生的重大转变。

党的二十大报告确立教育的全局性定位，不仅大大拓展和丰富了教育功能，使教育赋能政治建设、经济建设、文化建设、社会建设和生态文明建设，而不再限于此前的民生范畴。那么，是不是教育不再关涉民生了呢？当然不是。一方面，随着第二个百年奋斗目标的确立，中国式现代化的实现对科技、人才的依赖性进一步增强，科技是第一生产力、人才是第一资源、创新是第一动力，教育优先发展地位更加凸显。习近平总书记指出："教育兴则国家兴，教育强则国家强。"②"教育是提高人民综合素质、促进人的全面发展的重要途径，是民族振兴、社会进步的重要基石，是对中华民族伟大复兴具有决定性意义的事业。"③在中国式现代化进入新征程的今天，无论是加快实施创新驱动发展战略，加快实现高水平科技自立自强，集聚力量进行原创性引领性科技攻关，坚决打赢关键核心技术攻坚战，增强自主创新能力，建设人才强国，加快建设世界重要人才中心和创新高地，着力形成人才国际竞争的比较优势，基础和土壤都在教育。二十大报告提出"教育、科技、人才是全面建设社会主义现代化国家的基础性、战略性支撑"，不仅突出了教育优先发展的全局优先，也突出了教育强国建设在建设科技强国、人才强国中的优先发展地位。与此同时，教育作为国

① 邓小平文选(第二卷)[M].北京:人民出版社,1994:40.
② 习近平.在北京大学师生座谈会上的讲话[M].北京:人民出版社,2018:4.
③ 习近平.做党和人民满意的好老师:同北京师范大学师生代表座谈时的讲话[M].北京:人民出版社,2014:2.

之大计、党之大计，是在更高站位关涉民生。习近平总书记指出："教育是人类传承文明和知识、培养年轻一代、创造美好生活的根本途径。"①在全国教育大会上指出，教育要以凝聚人心、完善人格、开发人力、培育人才、造福人民为工作目标。党的二十大报告指出："为民造福是立党为公、执政为民的本质要求。必须坚持在发展中保障和改善民生，鼓励共同奋斗创造美好生活，不断实现人民对美好生活的向往。"在"实施科教兴国战略，强化现代化建设人才支撑"部分，将"办好人民满意的教育"作为教育部分标题句，明确提出坚持以人民为中心发展教育，加快建设高质量教育体系，发展素质教育，促进教育公平。并提出加快义务教育优质均衡发展和城乡一体化，优化区域教育资源配置，强化学前教育、特殊教育普惠发展，坚持高中阶段学校多样化发展，完善覆盖全学段学生资助体系等教育民生改善新举措。

三、目标定位：坚持教育优先发展，建设高质量教育体系，建成教育强国

党的二十大报告在"过去五年的工作和新时代十年的伟大变革"中指出，我们深入贯彻以人民为中心的发展思想，在幼有所育、学有所教、劳有所得、病有所医、老有所养、住有所居、弱有所扶上持续用力，建成世界上规模最大的教育体系。回顾新中国成立以来很长一个时期，党和国家一直坚持"穷国办大教育"，在有限的财力基础上，需要处理普及与提高、数量与质量、基础教育与高等教育、普通教育与职业教育、公平与效率、财政投入与成本分担、国家需要与民生改善等一系列矛盾。改革开放以来，党和国家逐步确立并不断推进教育优先发展。党的十三大报告提出必须坚持把发展教育事业放在突出的战略位置；十四大报告提出必须把教育摆在优先发展的战略地位；十五大报告提出实施科教兴国战略；十六大报告提出教育是发展科学技术和培养人才的基础，在现代化建设中具有先导性全局性作用，必须摆在优先发展的战略地位；十七大报告提出优先发展教育，建设人力资源强国；十八大报告提出要坚持教育优先发展，努力办好人民满意的教育；十九大报告提出建设教育强国是中华民族

① 习近平主席在联合国"教育第一"全球倡议行动一周年纪念活动上发表视频贺词[N].人民日报,2013-09-27(03).

伟大复兴的基础工程，必须把教育事业放在优先位置。二十大报告基于教育、科技、人才是全面建设社会主义现代化国家的基础性、战略性支撑，提出要深入实施科教兴国战略，坚持教育优先发展，并将2035年建成教育强国列在"建成教育强国、科技强国、人才强国、文化强国、体育强国、健康中国"最前位。并提出要坚持为党育人、为国育才，全面贯彻党的教育方针，落实立德树人根本任务，培养德智体美劳全面发展的社会主义建设者和接班人。坚持以人民为中心发展教育，加快建设高质量教育体系，发展素质教育，促进教育公平。

二十大报告对教育发展的目标定位，既是目标导向，也是问题导向和实践导向。经过新中国成立以来特别是改革开放40多年来的艰苦努力，在持续推动优先教育发展的政策支持下，我国教育发展总体上已经进入世界中上行列。特别是最近十年，教育经费投入连年保持在GDP的4%以上。2021年，全国拥有大学文化程度的人口超过2.18亿，高等教育毛入学率达到57.8%，十年间提高了27.8个百分点；劳动年龄人口平均受教育年限达10.9年，比2012年增加了1年。十年间，高等学校累计培养了高素质专业人才7700多万人，中高职学校累计培养毕业生7900多万人。我国稳稳实实地建成了世界上规模最大的教育体系。但对标中国式现代化的本质要求和总体目标，教育同党和国家事业发展要求的适应度、同人民群众对美好生活期待的契合度、同我国综合国力和国际地位的匹配度上，还存在不少突出问题和短板。正如二十大报告提出，必须清醒看到，我们的工作还存在一些不足，面临不少困难和问题，发展不平衡不充分问题仍然突出，推进高质量发展还有许多卡点瓶颈，科技创新能力还不强，群众在就业、教育等方面面临不少难题。

因此，教育作为基础性、战略性支撑的目标定位，宏观上，要求加强教育与科技、人才协同联动，以教育优先发展推动科技自立自强、人才引领驱动，全面提高人才自主培养质量，着力造就拔尖创新人才，以教育强国推动建设科技强国、人才强国。从教育自身建设看，应坚持为党育人、为国育才，全面贯彻党的教育方针，改变以"五唯"及应试教育为特征的教育功利化倾向，发展素质教育；真正落实立德树人根本任务，培根铸魂，启智润心，培养德智体美劳全面发展的社会主义建设者和接班人，培养有理想、有本领、有担当的时代新人；进一步促进教育均衡发展和城乡一体化发展，改变教育资源配置方式，改革完善考试评价制度，促进教育的机会公平、过程公平和结果公平，办好人民满意的教育。对此，政府、学校、家庭和社会都肩负使命，明确推动教育优先发展和建成教育强国目标的责任担当，推动教育、科技、人才相互推动、整体赋能，成为全面建设社会主义现代化国家坚实而强大的基础性、战略性支撑。

第三章　中国式教育现代化政策定位研究

教育定位于社会建设的政府职能转变[①]

党的十七大将教育纳入"以改善民生为重点的社会建设",使教育由先前定位于政治领域或经济领域,转移到社会建设领域。教育定位的转移,是新时期我国政府教育职能转变的重要表现和结果;同时教育作为社会建设及其功能的实现,又需要政府担负新的职责,发挥不同于以往的作用与功能。如何正确把握社会建设领域中的政府职能,对发挥教育在以改善民生为重点的社会建设中的作用,有着重要的理论和实践意义。

一、教育定位与政府职能的历史演变

(一)教育定位于政治领域的政府职能

新中国成立之初,受苏联1951—1952年教育本质争论及其结论的影响,我国理论工作者确立了教育是上层建筑的观点。1957年毛泽东同志作出了教育是意识形态的论断,教育纳入"文教"系列作为上层建筑。相应地,政府一直将教育定位于政治领域,作为一种完全由政府财政拨款和直接配置的纯公共产品。国家在教育上采用政府强制统一的方式进行教育资源配置和管理,排斥市场介

---

① 本节原载于《中国教育学刊》2009年第3期。

入，拒绝社会力量和民间资本的参与。政府与学校形成单一、垂直的行政关系；学校听命于政府的计划调控，与社会领域中多元化的教育诉求相隔离。

（二）教育定位于经济领域的政府职能

1978年开始对教育本质问题的讨论，形成了教育本质的"上层建筑说""生产力说""双质说""本质演变说"等多种观点。这场讨论尽管难有定论，却改变着理论界、政府对教育定位的取向，使教育逐步走出单纯的政治领域，与经济建设、社会生活以及人的发展联系起来。80年代至90年代初，有计划的商品经济开始兴起，教育体制发生重大变革。1985年《中共中央关于教育体制改革的决定》指出："改革管理体制，在加强宏观管理的同时，坚决实行简政放权，扩大学校的办学自主权。"基础教育改变了纯公共产品性质和由国家统包统配的管理体制，改由地方政府负责，社会力量以及民间资本也开始涉入。同时，扩大高等学校办学自主权，加强高等学校同生产、科研和社会其他各方面的联系，使高等学校具有主动适应经济和社会发展需要的积极性和能力，在国家计划外招收少数自费生，毕业后由学校推荐就业或自谋职业。这些政策改变了一直以来将教育定位于政治领域、由政府垄断的局面，教育开始转向"科教"系列，归入经济建设领域。1988年前后，兴起"教育与商品经济"的讨论，形成教育市场化、产业化声浪。1992年随着社会主义市场经济确立，1993年开始新一轮政府职能转变，强化和新增了与市场经济建设相适应的政府职能。同年《中国教育改革和发展纲要》提出，要逐步建立与社会主义市场经济体制相适应的政府办学为主体、社会共同办学的教育新体制。

市场介入和教育服务市场的逐步形成，打破长期以来教育资源由政府垄断和计划配置的模式，对克服政府失灵发挥了重要作用。但"教育市场化、产业化"取向，助长一些地方政府的教育职能缺位或越位，把教育推向"市场"，将公办学校挂牌出售或改制，或者默许公办学校高收费、乱收费行为，以学费收入冲抵教育财政拨款，转嫁政府投入教育的责任。同时，一些热衷"教育产业化"的人，将教育当成谋利行业，形成以追求利润为导向的企业式运作模式，严重降低和损害教育的公益性。而且，教育市场化、产业化导致市场失灵，教育资源配置出现区域、城乡、群体及学校内部的严重不均衡，教育公平和社会公平面临危机。

（三）教育定位于社会建设领域的政府职能

事实上，随着市场经济建立和政府职能转变，我国长期以来分化程度很低的"二元结构"社会逐步被冲破，内嵌在"单位"体制下的个体人得以解放，公共交往和活动空间日益扩展，社会自主性程度不断提高。人们对社会公共服务的强劲需求与公共物品供应不足之间的矛盾愈加凸显，形成严重的社会分化和利益冲突。这种社会分化和利益冲突造成不同个体和群体对教育机会和资源的争夺与竞争，给教育公平和社会公平带来严重挑战。这既不是把教育定位于政治领域，通过政府包揽能够解决，也不是将教育定位于经济领域，通过市场调节能够解决。教育成为一个关涉民生的社会问题，成为社会领域的一个重要部门和系统。

十七大报告将教育纳入"以改善民生为重点的社会建设"，这是党和国家关于教育定位的重大理论创新。在这种定位下，教育既不是纯公共物品，由政府及其附属机构垄断和包揽，也不是私人物品，交由市场来生产和配置。它是一种由政府的公共利益、市场力量与公民社会的教育诉求之间统筹与分享的非营利性的公共事业。在此之下，教育不是单纯的政府行为和由政府调控的垄断性公共物品，政府需要在确保教育公益性和公共性的同时，协调公民社会的教育诉求与国家、政府的教育价值目标之间的关系，使教育成为人民群众改善民生的重要途径与手段之一。为此，政府教育职能应当在原有基础上进行新的重大调整。

二、教育定位于社会建设的政府职能转变内涵与方式

（一）以教育利益关系统筹协调为核心，建立公共教育政策体系

改革开放是以利益再分配为原动力和突破口所实现的社会变革，表现为一种社会利益结构的转型。这种利益转型是以职业为基础的社会阶层分化机制代替既往以身份为依据的社会阶层分化机制，职业选择及社会成层主要受制于社

会成员所获得的社会资本、文化资本和经济资本。其中，教育程度、学业成就分层及由此获得的教育资格证书或文凭，作为一种身份文化（或符号资本），成为社会成员参与社会交换和获得一定社会职业与地位的一般等价物。而且，由于学校之间的层次、类型和等级方面的差异，受教育者所获得的身份文化（或符号资本）无疑是不同的①。这种利益分化给教育发展带来巨大动力和活力，也带来不同主体之间教育利益的矛盾与失衡。利益关系是社会的客观存在，……这一客观存在不仅对政策能力施加了限制，更规定了政策调节能力可能的实现程度；同时也隐含着这样的意思，即涉及社会利益关系的调整时，政策调节只有在合理的范围才能在最大程度上实现其调节能力②。

十七大提出："社会建设与人民幸福安康息息相关。必须在经济发展的基础上，更加注重社会建设，着力保障和改善民生，推进社会体制改革，扩大公共服务，完善社会管理，促进社会公平正义，努力使全体人民学有所教、劳有所得、病有所医、老有所养、住有所居，推动建设和谐社会。"加强社会建设，正是要以解决人民最关心、最直接、最现实的利益问题为重点，使经济发展成果更多体现到民生的改善。将教育纳入社会建设，政府教育职能不是削弱或减少，而是充分发挥政府的公共职能，使人民群众的教育利益得到合理、充分的实现。诚然，教育制度归根到底来源于个人的利益追求及其过程中的成本—收益计算（理性计算/估算），任何教育制度都是以个人利益为根基的③。公共教育政策作为一种制度设计，应当将各种利益主体的教育诉求投入到决策系统中，政府则统筹兼顾各种利益主体的教育利益，通过制度安排使之取得一种统整与协调。在制度设计和安排上，应不断扩展这种利益空间，将公共利益转化为人民群众教育诉求的实现，使公共教育政策由利益分化、冲突走向利益整合与分享④。为此，政府应加强对教育政策和教育发展的宏观战略研究与制定，对教育规模、结构、布局等方面进行宏观调控，建立教育运行和发展的制度体系，制定教育

---

① 谢维和.教育活动的社会学分析：一种教育社会学的研究[M].北京：教育科学出版社，2000：316.

② 袁振国.教育政策学[M].南京：江苏教育出版社，2001：96.

③ 康永久.教育制度的生成与变革：新制度教育学论纲[M].北京：教育科学出版社，2003：129.

④ 阮成武.由冲突到分享：素质教育政策新视角[J].中国教育学刊，2008（3）：7-10，20.

事业发展规划，加强教育的宏观决策、宏观指导和宏观管理，保障教育的公共性和公益性。

（二）以促进教育公平和社会公平为核心，建立公共教育财政体制

我国在教育投资上一直存在重高等教育而轻基础教育的习惯定势，就是与传统的"生产建设型财政"紧密相关。因为高等教育能直接培养生产建设所急需的各类专业技术人才。与之不同的是，公共财政以解决公共问题，提供公共服务，满足社会公共需要为职责；否则，公共财政不应过多投入，可以交由市场及社会力量去介入。相反，市场无法解决或解决不好的，属于社会领域的公共事业，公共财政则必须介入，以解决市场失灵。

1994年实行分税制以来，我国逐步建立以中央财政为主的公共财政体制。然而，公共财政究竟应重点投资哪些层次和类型的教育呢？从教育自身而言，不同层次和类型教育的受益外在性和排他性表现各异。从小学、初中、高中、大学到成人教育和职业教育，受益外在性逐步减小，消费的排他性则逐渐增大。按照这样的顺序，教育的公共产品属性逐渐减少，私人产品属性逐渐加强[1]。其中，一旦作为义务教育，产品属性就由准公共物品转变为纯公共物品。它是由政府强制推行，利益为社会共同享有，不具有排他性；同时，其个人收益小于社会收益。因此，公共财政应当根据不同层次和类型教育的公共性程度，由重到轻，依次投资小学、初中、高中、大学到成人教育和职业教育；与之相应，则应由紧到宽，允许和鼓励市场及公民社会进行投资，形成公办教育重要补充的民办教育体系。其中，因为义务教育的特殊产品性质，故应由公共财政来投资和保障。当然，非义务教育也具有一定的公共属性，具有较强的社会、政治及文化功能和价值，国家和社会也需要通过非义务教育培养出大批具有特殊知识和技能的专门人才。为此，政府应承担一定的投资责任和义务，但与义务教育相比，市场和公民社会介入有着更大的空间。

需要特别指出的是，在中国经济社会和教育发展的体系格局中，一个十分重要的问题是加强城乡统筹发展，尤其是建立农村义务教育经费保障机制，以

---

① 范先佐.教育投资体制改革的理论与实践问题研究[M].武汉:华中师范大学出版社，2003:57.

及扶持贫困地区、民族地区教育，健全学生资助制度，保障经济困难家庭、进城务工人员子女平等接受义务教育等。为此，政府应通过公共财政建立弱势群体补偿的政策机制，解决教育领域的市场失灵，促进教育公平和社会公平。

（三）以政事分开、政校分开为核心，建立公共教育治理结构

教育进入社会建设领域后，政府与市场、社会以及公民个人的关系都发生了深刻改变。政府对教育的管理，应当改变传统的直接管理、微观管理的方式，综合运用经济手段、法律手段为主，辅之以必要的行政手段，对教育进行间接管理和宏观管理，实现政事分开，鼓励市场介入，鼓励社会参与，将一部分教育职能转移让渡给社会领域和市场，委托或让渡给社会力量或中介服务组织协同进行。政府则加强教育法规和制度、质量标准的建设，加强过程监督和质量监测，由控制式管理转变为督导评估式管理。

在政府与学校关系的重建上，核心是政校分开。政府建立现代教育管理制度，通过制定、实施教育法律、法规对学校进行宏观管理，为校本管理建立必要的体制环境和制度保障；通过经费下拨或购买专业性服务，对学校办学和发展提供物质保障并施以必要的控制和监管，或对学校教学与管理提供专业支持与业务扶持；通过政府督导评估或委托教育中介组织对学校进行评估、指导，监测和保障学校的教育质量。学校在相关政策和法律框架下建立自身的学校管理制度、制定发展规划并进行决策，组织实施并承担与之相关的法律和行政责任，接受政府主管部门的责任问责与绩效考核。从而建立和完善以学校法人制度和法人治理结构为核心，学校依法自主办学、民主管理，指导和促进学校可持续发展的现代学校制度。

（四）以"办人民满意的教育"为目标和标准，建立公共教育服务体系

随着教育进入社会建设领域，社会、学校和公众成为政府提供公共服务的对象，政府应按照改善民生的目标要求，把所掌握的各种社会资源由主要投向经济领域转移到为全社会成员提供更好更多的公共服务上来，由控制型政府向服务型政府转变。为此，政府应从过去管理者角色转变为学校、学生及其家长

合法教育权益的保护者，实现"小政府""大服务"。就教育而言，服务型政府在教育应加强以下方面职能：

（1）健全政府教育职责体系，提高公共教育服务效能。

政府应根据有关教育法律和政策，结合实际，不断改革完善关涉民生的各项教育政策和制度，为人民群众提供合理透明、公正公平的制度服务。运用法治手段维护教育公正，治理教育腐败，提高政府教育工作的公信力，避免教育行政活动的不确定性、随意性、人治化现象，减少推诿、渎职及侵害人民群众教育权益现象发生；简化行政事项、行政流程，减少行政审批，整合教育政务事项，根据目标、任务和内容进行同类项合并，对每个事项的主办、参与单位、法律依据、所需材料、程序手续、目标结果等进行明确规定，把政府和学校从繁杂事务中解放出来；加大机构整合力度，探索实行职能有机统一的大部委制，健全相关部门间的协调配合机制，降低行政成本，着力解决职责交叉、政出多门问题，提高管理效能。

（2）从改善民生的全局出发，拓展和完善政府的教育服务职能。

首先，政府应通过调整社会资源分配的总体结构，加大对教育等公共事业的投入，扩大增量，拓展公共教育服务总量，满足日益增长的人民群众的教育诉求。其次，通过调整结构、提高质量和效率，促进教育资源配置的公平与公正，发挥存量资源的最大效益，避免教育资源浪费、闲置和因为配置不合理引起的不良竞争等现象，扩大优质教育服务的受益面。第三，在新形势下，涉及人民群众切身利益的民生问题各有不同特点，又是相通互动、相互关涉的连续体。建立教育公共服务体系，不能就教育论教育，而应与就业政策、分配政策等结合统筹考虑，从上游或下游加以综合治理，并与教育相连的其他民生问题结合起来配套改革。

（3）加强教育信息服务，提高公共教育服务的透明度和满意度。

为了强化教育利益的协调与整合，完善人民群众的教育诉求和表达机制，为人民群众提供更加透明、准确、有效的信息服务，扩大信息共享、保障公众知情权。政府及教育主管部门应大力发展电子政务，建立政府与学校联通的统计信息系统、信息管理系统和教育资源共享系统；同时，建立面向社会的教育信息发布与查询平台，推进公众参与，加强公众对政府的监督，促进科学民主决策。

教育投入的政府承诺与信用管理①

《教育规划纲要)》最吸引人眼球和最令人期待的亮点之一，是"保障经费投入"一章。该章提出："教育投入是支撑国家长远发展的基础性、战略性投资，是教育事业的物质基础，是公共财政的重要职能。要健全以政府投入为主、多渠道筹集教育经费的体制，大幅度增加教育投入。""提高国家财政性教育经费支出占国内生产总值比例，2012年达到4%。"而且，第四次全国教育工作会议及此后多个重要会议上，党和国家领导人多次重申了这一庄重的政府承诺。

引人注意的是，全国人大教科文卫委员会调研组发表在《求是》2011年第3期上《加大教育经费投入　保障教育事业发展》一文，提出"教育经费投入不足仍是影响教育事业发展的突出问题"，并特别指出："尽管在2012年实现4%涉及诸多因素，情况复杂，有一定难度，但必须确保如期按时完成，不能失信于民。""实现4%，必须实际增加财政性教育经费的投入，防止用扩大目前财政预算内教育经费计算范围的办法来实现。不然不仅会影响到教育经费的实际增长，还会动摇教育界乃至整个社会对国家发展教育事业的信心。"②以此看来，实现4%的政府承诺，在实现必要的教育利益输入、促进教育系统健全发展的同时，还具有十分重要的外部效益。它——攸关教育界乃至整个社会对国家发展教育事业的信心和对各级政府的信任，也影响到政府颁布的教育政策和法律的信用。如何加强政府信用管理，有效实现教育投入的政府承诺，提升政府信用水平，提振人民群众对教育的信心和对政府的信任，是深入贯彻《教育规划纲要》必须解决的重要课题。

---

① 本节原载于《中国教育学刊》2011年第6期。

② 全国人大教科文卫委员会调研组.加大教育经费投入　保障教育事业发展[J].求是,2011(4):47-49.

一、教育投入的政府承诺：攸关人民群众对教育的信心和对政府的信任

（一）实现教育投入的政府承诺是提振教育事业"中国信心"的动力

在《教育规划纲要》公布不久，2010年10月22日《人民日报》刊登题为《教育，需要"中国信心"》的短论[①]，为贯彻实施《教育规划纲要》打气给力。文中提出：教育的"中国信心"，离不开党中央国务院改革发展教育事业的坚强决心和科学决策，离不开各级教育战线工作者对科学决策的有效执行和改革实践，离不开社会公众的大力支持和社会舆论的积极配合。事实上，教育的"中国信心"不足，以及广大老百姓和教育工作者对教育改革和发展的种种"累心""灰心""烦心""忧心"，一个根本的原因是很多教育改革目标和举措的政府承诺不到位，往往是雷声大、雨点小。中央政府提出的善政良策特别是增加教育投入的相关政策，一到基层一线就逐步衰减、弱化了，地方政府落实不了，兑现不了，出现不同程度的政策失真与失灵。人民群众和教育工作者难以从中获得实实在在的教育利益分享，也就一次一次降低了对教育的信心。

早在1993年，《中国教育改革和发展纲要》就明确提出："逐步提高国家财政性教育经费支出占国民生产总值的比例，在本世纪末（即20世纪末——编者注）达到4%。"近些年来，这一目标在党和政府大力推动下不断逼近，特别是"十一五"期间，国家财政性教育经费投入在2009年达到12231.1亿元，比2005年增长了137%；国家财政性教育经费占国内生产总值的比例达到3.59%，比2005年提高了0.77个百分点；国家财政性教育经费占教育总投入的比例达到74.1%，比2005年提高了12.8个百分点[②]。现在，党中央国务院又一次把2012年实现4%作为本届政府的施政目标之一，既反映出党和国家优先发展教育的坚定决心，也体现了党和国家在政策决策上的实事求是。需要指出的是，实现这一

---

① 赵婀娜.教育，需要"中国信心"[N].人民日报，2010-10-22(18).

② 王红，田健.教育投入与保障："十一五"回顾与"十二五"趋势展望[J].教育发展研究，2011(1):23-28.

目标不仅需要中央政府的率先垂范和积极推动，更需要地方各级政府的共同努力。各级政府按时兑现这一政治承诺，将是改变人民群众和广大教育工作者的"累心""灰心""烦心""忧心"，提振教育的"中国信心"最有力的强心剂。

（二）教育投入的政府承诺是切实提高人民群众对党和政府信任度的保障

人民群众对教育的信心，更进一步影响到对党和政府的信任。世界五大公关公司之一的爱德曼（Edelman）公布了《2011年度全球信任度调查报告》，在对各国政府信任度的一项调查中，中国政府荣获全球第一，高达88%的受访中国国民表示信任政府。2007年中国社科院社会学所对全国28个省（区、市）居民的随机抽样调查也显示，在中央政府、地方政府、法官和警察、社区组织、行业协会、消费者协会、信访机构、宗教组织等8种社会基本权力选项中，民众对中央政府的信任程度最高，接近很信任。这是党和政府多年来为人民服务的结果。

正如马克思在主编《莱茵报》时指出的："人民的信任是报刊赖以生存的条件，没有这种条件，报刊就会完全萎靡不振。"[①]当下社会，不仅新闻媒体的公信力面临挑战和考量，而且，人民群众的信任是党和政府治国执政的政治基础和社会基础。现阶段人民群众对政府的信任，特别是对中央政府的信任，让我们感到欣慰，但也隐存并投射出一些深层的问题。就教育而言，中央政府多年来为增加教育经费投入已经做出了巨大努力，这不仅表现在中央财政对于教育经费投入的逐年增加上，表现在中央对于地方特别是中西部地区的财政转移支付大幅度增加上，还表现在中央财政建立的义务教育经费保障机制、困难学生资助体系、国家奖学金和助学金制度、师范生免费教育试点，以及"特岗教师"和"国培计划"等一系列政策的有效实施上。相比之下，很多地方政府虽然在省级财政、县级财政有了很大发展的情况下，却想方设法规避在教育经费上担当的责任。如2004—2008年分别有11个、11个、12个、2个、4个省份预算内

---

① 马克思恩格斯全集(第一卷)[M].北京:人民出版社,1956:234.

教育经费增长低于财政经常性收入增长，不少地区没有足额征收教育费附加[①]。一些地方政府通过所谓学校改制、压缩教师编制或有编不用、压低教育事业费和生均经费标准等方式，来减少本级财政对教育的投入。须知，这样一来，中央的很多好政策到了地方就变样了，或者是"上有政策，下有对策"，以各种理由和手法为自己卸责。这不仅影响了人民群众对中央政府的信任，更直接降低了人民群众对地方政府的信任。而且，教育上的很多怪相（教育乱收费、有偿家教、加重学生课业负担等所谓不规范办学行为），也因此有了产生和存续的土壤——"反正政府的政策只是讲讲好听，从来不会动真格的。"这样，令不行、禁不止，严重影响了政府在人民群众中的信任度。

俞正声同志指出："我国仍处在重要的发展机遇期，能否抓住机遇完成历史重任，关键在党，在于我们能否真正坚持党的宗旨，克服各种腐朽思想文化的腐蚀，继续成为广大人民群众支持、信任和拥护的党。每一个党员，特别是党员领导干部都应该问一问自己，我们值得群众信赖吗？"[②]这席话令我们联想到，政府对教育经费的投入，特别是地方政府的配套落实，将直接关系到千家万户的民生改善，关涉到人民群众包括教育在内的最关心、最直接、最现实利益的实现。民生，连着民心；民心，连着人民群众对党和政府的信任。无疑，实现教育经费的政府承诺，将事关党和政府在人民群众心目中的信任度，而这才是党和政府最为重要的执政基础。

二、教育投入的政府承诺及其信用缺失问题

2012年实现4%，不仅是各级政府作出的政治承诺，关涉人民群众对教育的信心和对政府的信任，更直接影响到政府信用。早在1995年《中华人民共和国教育法》第五十三条就明确规定："国家财政性教育经费支出占国民生产总值的比例应当随着国民经济的发展和财政收入的增长逐步提高。具体比例和实施步骤由国务院规定。全国各级财政支出总额中教育经费所占比例应当随着国民经

---

① 全国人大教科文卫委员会调研组.加大教育经费投入 保障教育事业发展[J].求是,2011(4):47-49.

② 俞正声.领导干部该自问 值得群众信赖吗[N].人民日报,2011-02-11(11).

济的发展逐步提高。"第五十四条进一步规定："各级人民政府教育财政拨款的增长应当高于财政经常性收入的增长，并使按在校学生人数平均的教育费用逐步增长，保证教师工资和学生人均公用经费逐步增长。" 如今15年过去了，虽然经过各级政府的积极努力，我国财政性教育经费占国内生产总值的比例提高到了2009年的3.59%，达到了历年来最高水平。但我们不能不说，这与1993年《中国教育改革与发展纲要》规定的明确要求仍然有0.41个百分点的差距；而且，2002—2008年七年间，全国预算内教育经费有四年增幅低于财政经常性收入增幅。显然，这不仅没有达到《教育规划纲要》的要求，也未能真正体现《教育法》作为教育基本法提出的"两个提高、三个增长"法律规定。随着第四次全国教育工作会议召开和《教育规划纲要》的公布，各省（区、市）纷纷召开教育工作会议，制定和公布了省级教育规划纲要或实施意见，使全国教育工作会议精神和教育投入的中央政府承诺得到深入的贯彻和落实。但仔细分析国家和各省（区、市）的教育规划纲要或实施意见，不难发现两者之间存在一定的系统耗损现象，给政府信用失范和信用缺失播下了新的种子。

根据系统分析法，教育规划活动包括投入、过程、结果（具体分为产品、产出和效果）三个基本要素，以此构成"五要素系统模型"，其核心是进行"评估需求"——对现实状态与理想结果之间差距进行判断，其中，现实与理想"结果"的差距称为"需求"，"投入"或"过程"中的差距称为"准需求"。前者回答"应该是什么？"的问题，后者回答"是什么？"的问题[1]。据测算，2004年世界各国财政性教育经费占国内生产总值的比例平均为4.7%，而按照我国"十二五"教育发展目标推算，财政性教育经费需求占国内生产总值的比例应达到4.41%[2]。这一数据反映出国家层面的《教育规划纲要》存在着"投入"或"过程"的"准需求"上的差距。综观各省（区、市）的教育规划纲要，普遍存在重视前者即"应该是什么"的目标规划，而忽视对后者即"是什么"的"投入"和"过程"的落实，拔高理想目标进而拉大与现实水平之间的差距，却又没有以切实有效的"投入"和"过程"来填补这一差距。具体表现为，在教育

---

① 张春曙.教育战略规划的理论模式与系统分析框架初探[J].教育与经济,1997(4):10-14.
② 全国人大教科文卫委员会调研组.加大教育经费投入 保障教育事业发展[J]求是,2011(4):47-49.

投入的目标和指标上，部分省（区、市）明显低于中央提出的目标水平，一些省（区、市）教育发展目标超过国家要求，而教育投入却低于全国平均水平，或指向中部地区平均水平；在教育投入主体上，存在着政府之间相互推诿现象，或主要依靠中央的转移支付和奖励资金，或将教育投入的责任过多落到县市、乡镇等基层政府头上，省（区、市）本级财政投入力度不够；在教育投入的监督和保障机制上，一些省（区、市）过多承担监督者、评估者角色，而规避了本级政府的被监督、被评估的责任；在教育投入的增长机制上，一些省（区、市）提出了很多促进社会投入的政策，而财政性投入的增长机制刚性不够，保障不力。

以《安徽省中长期教育改革和发展规划纲要》为例，其确立的2020年教育发展的8项主要指标，有4项高于国家指标，4项等于国家指标（见表1）。而在教育投入上，安徽省提出"保证全省财政教育支出占财政支出的比例在2012年达到或超过中央核定的比例，并保持稳步提高""逐步提高区域内各级学校学生人均经费基本标准和学生人均财政拨款基本标准，到2012年不低于中部省份平均水平，到2020年达到或超过全国平均水平。"这将意味着安徽省要用低于或相当于国家的教育投入，来实现高于或等于国家的教育发展指标。

表1 2020年安徽省与国家教育发展主要指标比较

规划目标	学前教育三年毛入学率	义务教育巩固率	高中阶段教育毛入学率	高等教育毛入学率	扫除青壮年文盲	主要劳动年龄人口平均受教育年限	主要劳动年龄人口受过高等教育比例	新增劳动力平均受教育年限
安徽省	80%	98%	90%	43%	扫除	11.2年	22%	13.5年
国家	70%	95%	90%	40%	扫除	11.2年	20%	13.5年
比较结果	>	>	=	>	=	=	>	=

进一步分析，2009年安徽省教育发展与教育投入水平与全国平均水平有着相当大的差距。以2009年预算内教育拨款增长与财政经常性收入增长比较，国家财政增长23.55%，比上年增长2.72%，增幅20.83%；安徽省则为13.55%，比

上年增长 14.10%，增幅-0.55%；以 2009 年预算内教育经费比较，全国为 11974.98 亿元，增长 17.25%，占财政支出比例为 15.69%，增幅-0.63%；安徽省为 354.91 亿元，增长 13.59%，占财政支出比例为 16.56%，增幅-2.40%。再从各级教育生均预算内教育事业费看（见表2），除普通高中和中等职业学校生均预算内公用经费增长率高于全国总体水平，安徽省其他各项均明显低于全国总体水平。

表2 2009年安徽省与全国各级教育生均教育事业费和公用经费增长比较

项目	范围	普通小学/元（增长率）	普通初中/元（增长率）	普通高中/元（增长率）	中等职业学校/元（增长率）	普通高校/元（增长率）
生均预算内教育事业费比较	安徽省	2480.81（19.08%）	3048.55（20.60%）	2234.22（13.42%）	2275.14（9.63%）	4422.34（8.43%）
	全国	3357.92（21.77%）	4331.62（22.25%）	3757.60（17.40%）	4262.52（11.84%）	8542.30（12.73%）
生均预算内公用经费比较	安徽省	607.38（12.93%）	920.06（14.15%）	453.82（24.58%）	464.13（46.31%）	1326.59（13.90%）
	全国	743.70（20.68%）	1161.98（24.09%）	831.59（19.09%）	1164.43（27.72%）	3802.49（17.51%）

当然，安徽省这一问题有着国家宏观教育投入体制上"中部塌陷"的原因。据统计分析，2009年中部地区中等职业学校生均预算内公用经费是东部地区的 1/2 不到，相差 894 元。中部地区高等教育生均经费总支出为 13993 元，比西部地区低 2490 元，比东部地区低 7545 元；东部地区生均预算内公用经费为 5299 元，中部地区为 2256 元，西部地区为 3632 元[①]。这一差距不仅制约着中部地区教育投入政府承诺的实现，更影响到中部地区的政府信用。

三、教育投入的政府信用管理机制构建与完善

诚然，政府并不具备与生俱来的合法性，必须通过某些作为或某种途径和手段使其居于统治地位的治权得到社会成员的普遍认可、赞同、信任[②]。换言

---

① 王红，田健.教育投入与保障："十一五"回顾与"十二五"趋势展望[J].教育发展研究，2011（1）：23-28.

② 刘娉娉.浅析政府合法性与政府信用塑造[J].管理世界，2008（8）：29-40.

之，"政治是一种利益的关系，是一种现实的人为状态。"[1]政府的合法性正是基于一定利益关系之上建立的承诺、规范、法律而呈现的。中国古代有"示信于民"的传统。箕郑曰："信于君心，则美恶不逾；信于民，则上下不干；信于令，则时无废功；信于事，则民从事有业。"《国语·晋语》范仲淹主张："法度所以示信也""今观国家降每隆重宣敕条贯，烦而不信，轻而弗禀。"在现代法治社会，国家和政府更需要示信于民、施信于民，建立政府信用体系，进而建立真正意义的信用政府。一诺如金，诚信大于天。按期兑现承诺，是政府还信于民、施信于民、得信于民的重要途径和保障。

毋庸讳言，政府信用在社会信用体系中处于核心地位，而且是判断政府改革成功与否的重要标准。政府信用是国家信用的核心，是国家信用环境创建的前提[2]。国家和各省（区、市）对教育投入的政府承诺，事实上是政府与人民群众及广大社会构成了一种具有法律意义的契约关系。实现教育投入的政府承诺，是防止政府信用失范和信用缺失，实现"示信于民"、树立政府信用的关键。为此，中央与地方各级政府应当积极联动，合力推动，构建和完善教育投入的政府信用管理机制，提高教育投入的政府信用水平。

（一）促进教育利益结构在全国范围的基本协调与均衡

政府的教育投入是公共财政的重要职能，是教育利益的形成以及公平分配的重要基础。教育投入及其分配的公平是促进教育公平的物质基础和政策保障。无论中央政府还是省级政府，都应当充分测算所确立的教育发展目标与现实之间的差距，按照国家《教育规划纲要》的"三优先"要求，"优化财政支出结构，统筹各项收入，把教育作为财政支出重点领域予以优先保障"，加强规划实施的"投入"和"过程"环节，为既定的发展目标提供切实的条件保障和实现路径。中央政府应根据各省具体情况，调整4%的分配结构，少一点"锦上添花"，多一些"雪中送炭"，特别要克服"中部塌陷"现象。具体而言，应对教育发展和教育投入双双低于全国平均水平的省（区、市）加大财政直补力度，

---

① 浦兴祖,洪涛.西方政治学说史[M].上海:复旦大学出版社,1999:392.

② 范柏乃,张鸣.政府信用的影响因素与管理机制研究[J].浙江大学学报(人文社会科学版),2009(2):43-52.

视其教育投入的政府承诺兑现情况给以奖励资金和政策支持，促进教育利益结构在全国范围的基本协调与均衡。这是克服地方政府教育投入信用失范和信用缺失的基本条件。

（二）建立教育投入的政府信用管理制度和促进机制

中央政府应在率先落实教育投入的目标承诺的同时，按照《教育规划纲要》所提出的："严格按照教育法律法规规定，年初预算和预算执行中的超收收入分配都要体现法定增长"的要求，评估、检查、督查各省（区、市）教育投入"三个增长"的落实情况，建立对地方各级政府教育投入的目标、措施、步骤、机制。明确中央、省和县三级政府教育投入的分担责任，避免中央和地方政府之间的博弈而造成教育投入的落空。同时，将"依法治教"落实在教育投入的政府承诺的兑现与问责上，通过修订《教育法》，制定完善政府教育投入绩效评价体系和问责机制、教育投入的政府及官员失信惩戒机制，加强政府信用的法制监督，克服政府的行政监督乏力、政府及官员的自利性、行政责任追究制度不健全等问题，提高政府及官员的失信成本。

（三）建立实现教育投入政府承诺的信用信息公开系统

按照《中华人民共和国政府信息公开条例》的规定，"涉及公民、法人或者其他组织切身利益的"的政府信息，行政机关应当主动公开。该条例的附则还特别说明，教育、医疗卫生等与人民群众利益密切相关的公共企事业单位在提供社会公共服务过程中制作、获取的信息的公开，参照本条例执行。显然，教育发展规划、统计信息、财政预算、决算报告以及政策措施和实施情况，应依法对社会公开，在保障公民的知情权的同时也接受公众监督。具体而言，各级政府将教育投入的财政预算及其执行情况、教育投入的政策措施及其实施情况、公众对教育投入的满意度等为主要数据，建立教育投入的信用信息系统，定期录入政府及相关官员在教育投入承诺与落实方面的信用信息。以此为政府信用评价与改善提供可靠数据，为政府及官员政绩考核提供重要依据，为提高教育投入的政府信用水平注入动力和活力。

省级政府促进教育公平的职能定位①

《教育规划纲要》把促进公平作为国家基本教育政策，并明确教育公平的主要责任在政府。当前及今后相当长一个时期，促进教育公平将成为各级政府的重要职责，是中央政府与地方政府分工合力的推进过程。《教育规划纲要》提出，地方政府负责落实国家方针政策，根据职责分工负责区域内教育改革、发展和稳定，并特别强调要进一步加大省级政府对区域内各级各类教育的统筹。显然，加强省级统筹既是一种赋权也是责任的强化，更是教育发展战略和发展方式的一种创新。那么，省级政府在促进区域内教育公平上应当承担什么职能？能够承担什么职能？这种职能在各级政府的职能体系中如何合理定位？在此，通过对安徽教育省情的分析②，旨在为省级政府促进教育公平的职能定位提供现实理据。

一、省级政府促进教育公平的经济社会基础

应该说，教育公平是社会公平的重要基础，反映了教育公平的社会功能，同时应当看到，教育公平又是社会公平的重要方面和内容，社会发展及其公平状况对教育公平有着直接和间接的制约作用。省级政府促进教育公平的职能定位，应立足于一定的经济社会基础。

安徽省是中部地区最靠近东部沿海的内陆省份。改革开放特别是近5年来，安徽省坚持贯彻落实科学发展观，努力把握新一轮经济增长周期的有利时机，抢抓中部崛起和国际国内产业转移的大好机遇，加快培育新的经济增长点，全

---

① 本节完成于2010年，安徽师范大学教育科学学院朱家存教授、安徽省教育科学研究院张守祥研究员亦有贡献。

② 安徽教育省情数据除另注明出处，均根据相关年份《全国年度统计公报》《安徽省人民政府公报》《安徽省国民经济和社会发展统计公报》《安徽统计信息网公众服务版》等综合整理形成，具体不再另作注释。

省经济呈现稳定快速增长的良好态势。但与全国平均水平相比，安徽省域经济社会发展水平及公平度还比较低，表现出以下特点：

（一）经济社会发展和全国平均水平相比仍有相当差距

从经济总量看，2007年全国国内生产总值246619亿元，安徽省仅占全国份额的2.98%，而人口却占全国人口总数的5%；按照2008年初汇价折算，安徽省人均国内生产总值为1580美元，全国平均水平则为2480美元，人均相差900美元。2007年全国财政收入5.13万亿元，人均财政收入约3900元，安徽省财政收入约占全国财政收入总额2%，人均财政收入比全国平均水平少2209元；人均财政支出全国约4000元，安徽省人均财政支出不足全国平均水平的一半。当年全国城镇居民人均可支配收入13786元，比安徽省人均多2312.4元；城镇居民家庭恩格尔系数为36.3%，低于安徽省3.4%；农村居民人均纯收入4140元，人均比安徽省多583.7元，农村居民家庭恩格尔系数为43.1%，低于安徽0.2%。

（二）省域内地区之间发展很不平衡

安徽省所辖可分为皖北、皖中、皖江三大地区。其中，皖江地区整体发展水平相对较高。该区经济发展水平最高的马鞍山市，2007年人均国内生产总值42650元，按2008年初汇价约为5600美元，接近长三角地区的平均水平；城镇居民人均可支配收入16100元，农村居民人均纯收入6100元，均居全省首位；人均财政收入7000元，是全省平均水平的4倍。皖中经济社会发展水平最高的合肥市，2007年人均国内生产总值3500美元，人均财政收入4000元。而同属皖中地区的六安市，2007年人均国内生产总值仅971美元，人均财政收入不足500元。约占全省总人口40%的皖北地区，人均财政收入不足全国平均水平的5%，不足全省平均水平的10%。拥有570万人口的亳州市，2007年人均国内生产总值仅为5823元，按2008年初汇价计算，不足800美元，全市财政收入15.05亿元，人均财政收入不足300元，全年财政一般预算支出30.01亿元，几乎一半靠中央和省级财政转移支付。

（三）县域经济落后制约安徽省整体发展的步伐

以国际通用标准判断，中国整体发展已经进入工业化中期第二阶段，而安徽省开始进入工业化中期的第一阶段。对于安徽省这样一个工业化和城镇化水平都比较低的省份，县域经济发展具有特别重要的意义。但是，县域经济仍然是安徽省经济发展的"短腿"。县域经济占全省地区生产总值的比重，浙江为65%，山东为80%，河南为69.1%、江西为57.3%、湖南为66.2%，安徽仅为47.5%。

以上经济社会发展水平与特点，对安徽省教育发展水平和公平度有着直接影响。根据《2007年全国教育经费执行情况统计公告》，安徽省预算内教育经费占财政支出比例为19.26%（全国当年平均为16.26%），高于全国平均水平3个百分点，居全国第13位。但安徽省各级教育生均预算内教育事业费、生均预算内公用经费与全国平均水平相比，仍有较大差距（见表1）[①]。2007年全国国民人均受教育年限超过8.5年，同是中部地区的山西为8.68年，湖南为8.4年、江西为8.2年，河南为8.15年，湖北为8.38年，安徽仅为7.6年。

表1　2007年安徽省各级教育生均经费与全国平均水平差距比较（单位：元）

各级教育生均预算内教育事业费					
学段	小学	初中	普通高中	职业中学	普通高校
全国平均	2207.04	2679.42	2648.54	3124.01	6546.04
安徽省	1644.73	1793.39	1636.62	1716.60	2852.95
安徽省与全国平均水平相差	562.31	886.03	1011.92	1407.41	3693.09
各级教育生均预算内公用经费					
学段	小学	初中	普通高中	职业中学	普通高校
全国平均	425.00	614.47	509.96	718.00	2596.77
安徽省	296.87	399.85	185.97	214.55	456.47
安徽省与全国平均水平相差	128.13	214.62	323.99	288.90	2140.30

---

① 本节全国及安徽教育发展的数据除另注明出处，均根据相关年份《全国教育事业发展统计公报》《安徽省教育事业统计资料及分析》整理计算。

综观以上，安徽省经济社会发展及其公平状况与发达地区有较大差距，与全国平均水平有一定距离。这种经济社会基础造成教育公平的起点低、困难多、矛盾突出；同时也意味着安徽省在推进"富民强省"战略，全面建设小康社会进程中，应当把促进教育公平作为促进社会公平和改善民生的重要之举。

二、省级政府促进教育公平的教育基础

教育公平总是基于一定教育发展规模、结构和水平之上，教育公平的目标与政策措施，以及省级政府促进教育公平的职能定位，应根据区域内教育发展及公平度的现状来合理确立。安徽省促进教育公平的教育基础可从以下方面表征：

（一）义务教育区域、城乡差异依然严重

义务教育区域差异主要表现为地市之间预算内教育事业费、公用经费和教师配置的差异。2007年全省普通小学生均预算内教育事业费为1644.48元，最高的黄山市为3405.96元，最低的阜阳市为1098.21元。普通小学生均预算内公用经费为296.69元，最高的黄山市为402.02元，最低的滁州市为246.44元。普通初中生均预算内教育事业费1804.91元，最高的宣城市为3025.31元，最低的蚌埠市为1302.19元；普通初中生均预算内公用经费为402.24元，最高的合肥市为559.59元，最低的滁州市为266.74元。在教师配置上，全省初中专任教师15.5万人，师生比为1∶20.76；小学教师25.5万人，师生比为1∶21.57，均高于全国平均水平（全国2007年分别为1∶16.52和1∶18.82），教师数量明显不足。由于省域经济发展区域不均衡尤其是县域经济落后，很多县区紧控教师编制甚至有编不用以减少义务教育开支。据调查，安徽省政府2004年批准阜阳市中小学教师编制数77969人，但截至2007年，该市中小学实际在岗教职工为62867人，编制缺额15102人，有的县缺额最多达到应配备教师的三分之一左右。比如临泉县教职工缺额4985人，达31.6%；农村初中平均班额都在75至82人之间，有的班学生数逾百。一些学校不得不临时聘请代课教师。

义务教育城乡差异主要表现在，城市学校基本办学条件尤其是师资素质明

显高于农村学校。按当年全国平均水平测算，全省义务教育学校尚需仪器设备金额达22.6亿元之多，其中小学缺少仪器价值约12.8亿元，初中缺少仪器价值约9.8亿元。不少县多年不进新教师，教师队伍结构严重失调。一是年龄老化。全省农村中小学45周岁以上中老年教师占教师总数48.6%，部分县多年未进一名小学教师，全县小学教师平均年龄超过45周岁。二是学科结构歧化。农村中小学英语、科学、信息技术、综合实践活动、体育、音乐、美术教师普遍缺乏。三是素质弱化。农村中小学教师队伍较为普遍地存在"四多"现象："民转公"教师多（全省约12万人）、代课教师多、拔高使用和骨干教师流失多、从乡镇机关分流的行政干部担任教师多，队伍构成复杂，整体素质不高。

（二）高中阶段教育的区域、城乡、校际差异突出

一是高中阶段教育区域差异。高中阶段教育的管理权限和投入责任主要在县，由于县际经济发展水平差异，高中教育经费投入的区域差异明显。2007年全省普通高中生均预算内教育事业费为1636.62元，最高的马鞍山市为3046.9元，最低的亳州市为853.77元，相差3.6倍；普通高中生均预算内公用经费为185.97元，最高的池州市为468.46元，最低的亳州市为69.1元，相差6.8倍。全省中等职业学校生均预算内教育事业费为1716.60元，最高的马鞍山市为3289元，最低的巢湖市为1242元；中等职业学校生均预算内公用经费为214.55元，最高的淮南市为564.93元，最低的亳州市为34.18元，相差明显。

二是高中阶段教育的城乡差异。据统计，全省130多所省级示范性普通高中，90%以上集中在县城及以上城市，农村地区不足10%。2007年全省初中毕业生升学率平均为69.02%，其中合肥市、马鞍山市、芜湖市超过80%，而阜阳市仅为49.24%。这些地区农村初中毕业生接受高中阶段教育机会比城市学生大为减少。

三是高中阶段教育的校际差异。由于县域经济普遍落后，普通高中发展主要靠政府出台一些收费政策、校际竞争与自我积累，校际竞争起决定性作用的是高考升学率。无论城市还是农村，普通高中都必须把高考升学率抓上去，尤其是有比较理想的本科达线率、重点院校录取率，就可以大量招收择校生和复读生，以改善办学条件、福利待遇，或以优厚待遇吸引优秀教师来校任教。这

反过来又进一步加剧了城乡高中办学条件和水平的分化。

（三）高等教育与全国平均水平差距显著，省内区域之间差异大

首先，安徽省高等教育与全国平均水平差距显著。一个重要原因是高等教育10多年数量规模急剧扩张，而省级财政对高等教育投入仍按以往常态供给，导致高等教育办学指标渐次下降，成为全国最低的省份之一。2007年全省财政收入1034.5亿元，比上年增长26.7%，其中地方财政收入543.5亿元，增长27%，但高等教育生均预算内教育事业费和公用经费并没有同步增长，双双列全国各省（区、市）最后1位。两者反差直接影响本省与其他省（区、市）高等教育入学机会公平，影响学校建设、师资队伍建设及教学方面投入，间接影响高等教育过程及结果公平。以2007年每10万人口高等教育在校生数看，全国平均为1924人，安徽省为1485人，低于全国平均水平439人，比中部平均水平1920人少435人。2007年全国高考报名人数1010万人，安徽省56.4万人，居全国第3位；全国高等教育毛入学率为23%，安徽省仅为19.7%；海南省、上海市、辽宁省、北京市、浙江省高考录取率分别达85.10%、84.00%、75.00%、73.60%、72.50%，安徽省为51.40%。不仅如此，分布在中部地区的中央部委高校只占总数的12.6%，"211"院校只占总数12.1%，这与中部地区人口占全国28%的比例很不相协调。因此，无论高等教育毛入学率、高考录取率，还是优质高等教育资源的分布，安徽省与发达省份及全国平均水平都存在较大差距。

其次，高等教育区域差异突出。有研究者以2006年各市人均GDP、高校数、专任教师数、高级职称人数等为衡量指标并综合其他相关因素，可将全省高等教育分为五类地区，一类地区的合肥市共有普通高校36所，占全省高校总数的42.86%，而五类地区的巢湖、宣城、安庆、池州、黄山5个地市共8所高校，仅占全省高校总数的9.52%[①]。安徽省高等学校数量及其分布呈现出以一类区域为核心，向外围区域扩散，扩散半径与高校分布数量成反比的特点，五类区域之间高等教育资源配置存在过大差距，对高等教育公平带来深刻影响。

此外，安徽省学前教育、成人教育、特殊教育以及民办教育等，也存在很多突出的教育公平问题。限于篇幅，这里不再赘述。安徽省教育公平的现状与特

---

① 余宏亮.安徽高等教育资源区域配置现状分析[D].芜湖：安徽师范大学,2007.

点，将是确立省级政府促进教育公平的职能定位的实践依据。这也意味着不同省情及教育公平的现状特点不同，省级政府促进教育公平应有不同的职能定位。

三、合理确立省级政府促进教育公平的职能定位

（一）省级政府应将促进教育公平列入经济社会发展基本目标，加大对教育民生事业的财政投入

省级政府在制定"十二五"规划时，应将教育公平纳入国民经济和社会发展的总体目标和指标框架。着眼于国家促进教育公平的总体目标和共同要求，依据《教育规划纲要》，制定本省中长期教育改革和发展规划，列出促进教育公平的阶段性目标和指标，承认差异、缩小差距，建立体系完整、结构合理、机会公平、协调发展的现代国民教育体系。所确立的目标和指标应包括发展性指标与公平性指标两类。前者是基于教育资源总量相对不足的现实，列出进一步扩大规模、加大投入、增加数量和提高效益的指标；后者立足义务教育与非义务教育在教育公平的价值取向和衡量标准的差异，列出促进不同层次和类型教育的机会、过程和结果趋于公平的相应指标。两者相辅相成、不可替代。省级政府以此来统筹经济社会发展的各个方面，合理分配社会资源，加大对教育等涉及民生及社会公平的公共事业的财政投入。特别是随着省级财政能力的增强，省级政府要以更大决心、更多财力支持教育事业。

（二）制定省级政府促进教育公平政策路线图，分步骤整体性推进教育公平

省级政府应在国家相关政策支持下通过教育体制综合改革，动态把握不同阶段促进教育公平的重点，加强区域、城乡之间统筹，加强各级各类教育之间、教育与经济社会发展之间、政府政策意图与人民群众教育诉求之间的协调，制定促进教育公平的政策路线图，分阶段、有步骤地推进省域教育公平。

（1）义务教育阶段。近期政策措施是要加强省级统筹，解决"以县为主"体制下教育资源总量不足与配置体制问题。一是缩小教育资源总量与省域经济

社会发展需要以及人民群众教育诉求之间的差距。虽然国家已建立义务教育经费保障新机制，但教育经费对地方尤其是县域经济依赖性依然很强，县与县之间预算内教育事业费、生均预算内公用经费差距仍然很大，需要通过省级统筹使各县达到省级政府规定的基准线以上。二是解决管理主体错位造成教育资源配置的体制性问题。例如，教师编制及人事权在人事部门，工资保障责任在财政部门，教育干部任免权在宣传组织部门；就教育经费而言，教育部门能够参与的只有教育费附加的支配（很多县也由财政部门直接分配），而不是由教育部门提出方案经人大审查批准后由财政部门执行。因此，应学习中央政府的做法，成立由本级政府最高行政首长任组长的"科教领导小组"，加强对教育的人、财、物协调统筹，实现义务教育资源均衡配置，促进义务教育区域公平。

中长期政策应逐步实现由"省级统筹，以县为主"向"中央分区域宏观调控，以省级统筹为主，县（区）级实施管理"过渡，建立旨在促进公平的义务教育管理体制。"中央分区域宏观调控"指中央确立义务教育办学条件的国家基准，建立义务教育生均教育事业费和生均公用经费的红、黄、橙色预警机制；按地区类别履行中央财政投入责任，通过财政转移支付、专项资金向中部地区县域经济低于全国平均水平一定幅度的县进行重点扶持或财政直补；重新制定义务教育教师编制标准，取消农村与城市学校教师编制差异，将中部省份部分落后地区纳入国家农村教师特殊岗位计划和免费师范生服务区，由中央安排专项资金加以保障。"以省级统筹为主"指发挥省级政府对义务教育资源均衡配置的主导作用。就安徽省而言，省级政府应集中解决两大问题：一是通过省级财政转移支付和专项资金，重点投向皖北、皖西及皖南部分山区等县域经济相对落后、义务教育均衡水平相对较低的县。二是针对皖南山区学校规模小导致教师编制不足、负担重，而皖北、皖西等地县域经济落后造成教师有编难补问题，省级政府将教师编制及工资进行单列，并下达专门编制到有特殊困难的县，避免将教师编制、工资被地方政府挪作他用。实行义务教育教师编制使用和工资发放的省级统筹，新进教师由省级教育主管部门统一招考和配置；对义务教育资源实行省域均衡配置，以促进区域、城乡公平。"县（区）级实施管理"指县（区）在省及中央对义务教育保障投入的前提下，由"保工资、保运转、保安全"的维系状态，转向加强管理、提高质量，建立健全学区管理制度，保障县域均衡，促进教育过程与结果公平。

（2）高中教育阶段。近期政策措施包括：扩大示范高中招生指标的到校生比例；加大省市示范高中学费性收入的统筹力度，支持薄弱高中的建设与发展，建立示范高中与薄弱高中的共建、共享机制，缩小普通高中因体制原因造成的城乡差异和校级差异。同时，设立"农村职业教育发展基金"，改善中等职业教育办学条件，实现高中阶段教育的合理分流，提高中等职业教育师资水平、教育质量和就业质量，增强中等职业教育的吸引力。

中长期政策措施是通过扩大规模和调整结构，基本普及高中阶段教育。一是逐步取消学生参加中考的户口限制，促进高中教育的城乡公平；二是改革高中招生制度，为初中毕业生提供平等的高中教育入学机会；三是提高高中教育的财政拨款比重，降低学费在事业来源收入中的比重，对中等职业学校拨款应高于普通高中，完善高中教育的奖学金和助学金制度；四是进一步调整和优化中等职业教育的专业结构，加强示范性职业高中建设；五是进一步拓宽中等职业教育与高等职业教育的联系通道，积极发展本科职业技术教育，发展相应的专业学位研究生教育；六是调整产业结构、就业结构和收入分配结构，为中等职业技术教育创造良好的制度环境和社会环境。

（3）高等教育阶段。第一，适度扩大高等教育规模，实现高等教育"双百工程"目标（普通高校发展到100所左右，在校生达100万人以上），扩大高等教育资源总量。为此，安徽省高等教育在今后一个时期应保持一定的增长速度，争取中央政府及教育主管部门在招生计划等方面的政策支持，使安徽省高等教育毛入学率和高考录取率2010年分别达到25%和60%左右，2015年分别达到30%和65%左右，2020年分别达到40%和75%左右。第二，中央与省级政府按一定比例配套，分步骤各对高校建设性负债的贷款总额按一定比例予以核销。省级政府加大本省高等教育财政投入力度，并随物价上涨指数提高高等教育生均预算内教育事业经费和生均公用经费的定额水平。第三，中央政府应在国家层面和全国范围加强高等教育资源的公平配置，在学校设置、学位点设立、经费投入、招生计划分配、科研项目等方面，进一步向中西部高校倾斜；中央部委院校应根据各省人口及生源情况调整生源计划投放比例，保证优质教育资源的公平配置。同时，本省应加大省域高等教育布局结构、学科专业结构的调整优化，分类指导，提高质量，办出特色。在层次结构上，积极支持"211"工程建设、重点发展若干所省属重点大学；同时大力扶持若干所新建本科院校和高水平、有特色的高等职业院校，争取建立一批以应用型本科教育为优势的专业学位点；在类型结构上，加强若干所研究型、教学研究型大学建设，支持一批本科院校通过转型，大力发展应用型本科教育。在区域结构上，建设合肥、芜湖两个高等教育核心区，并形成皖东、皖南、皖西、皖北四个高等教育分中心，使之成为促进高等教育区域协调发展的重要驱动轴。第四，中央政府应制定贫困学生资助条例，完善高等教育的国家助学贷款制度，促进群体间教育公平。

（三）促进各级政府之间合理分工与衔接，为省级政府促进教育公平的职能定位创造体制条件

（1）强化省级政府的统筹职能。在现行体制下，由于没有良好的县域经济，又没有国家对西部地区一系列财政直补和转移支付政策，缺乏刚性指标和要求，义务教育"省级统筹"的很多责任往往都落到县级政府身上。[①]为此，首先应通过教育财政和管理体制改革，加大省级政府在促进义务教育县域均衡的财政和行政统筹责任。如加大寄宿制学校建设规划与经费投入、管理运行经费的配套；出台学校布局调整带来学生上下学乘车的相关经费支持与税费减免政策，或由政府购买、社会提供校车服务，政府负责监督；设立农村山区、库区等学校的教师专项编制和机动编制等。在高中教育方面，改进示范高中的管理与评价，建立"薄弱高中建设专项基金"和"农村职业教育发展基金"，扶持一般高中尤其是农村高中发展；进一步改革和完善中考制度和高中招生制度，遏制超大规模的巨型高中，缩小校际差距，促进区域内高中教育的均衡发展。在高等教育上，积极承担起高等教育的投入责任，争取中央财政支持，对高校建设性负债的贷款分步骤、按比例进行核销，帮助高校化解发展性投资所带来的沉重债务负担，为高校融资和发展提供政策支持；加强省市（地）共建，扶持地方新建院校的建设与发展。

（2）强化市级政府的协调职能。市级政府应加强区域内各级各类教育的规

---

　　① 阮成武,庞波.义务教育县域均衡背景下县级政府的职能定位:基于安徽省郎溪县的调查与思考[J].教育发展研究,2010(10):30-34.

划与统筹，做好义务教育"以县为主"和"省级统筹"之间的衔接工作，整体推进区域内义务教育均衡发展；加强对高中教育中观统筹，合理把握普通高中与职业高中的比例和结构布局，加强薄弱学校建设；发展特殊教育事业；加快推进高等教育"省市共建"，切实把高等教育作为地方经济社会发展的重要智力支撑和人才基地，在基础设施、经费投入、产学研一体化等方面加大对高校的支持力度。

（3）强化县级政府的管理职能。县级政府应切实担负义务教育"以县为主"的管理责任，合理规划义务教育的结构布局，加强县级教育主管部门与义务教育学校之间的中观管理，健全学区体制与机制，合理配置县域义务教育人力和物力资源，促进教师和校长队伍、办学设施等方面均衡配置，加强教育过程管理和质量监控，促进义务教育县域、城乡和校际公平；加强对高中教育的规划布局与结构调整，促进义务教育毕业生的合理分流和普通高中与职业高中的协调发展，为学生获得更加公平灵活的教育机会创造制度条件。

（四）形成促进教育公平的评价、监测与监督机制，建立反映教育公平状况的教育统计模式与数据通道

省级政府应制定适合省情的教育公平指标体系，确立义务教育公平指数、高中教育公平指数、高等教育公平指数，建立相应的监测机制，定期将本省促进教育公平目标实现的评价与监测结果，向社会公布，接受公众和社会监督。上级党委、政府和各级人大将教育公平目标实现情况，作为对政府政绩考核和干部任用的核心指标，实行严格的问责制和一票否决制。与此同时，建立反映教育公平状况的教育统计模式与数据通道。目前我国教育统计的主要维度是教育发展水平、教育资源投入、教师状况、各级学业成就等，缺乏教育公平的统计维度，难以清晰地了解和评价教育公平状况。省级政府规划及统计部门应及时调整教育统计模式，确立教育公平统计指标和项目，包括各级教育经费、教育机会等方面的城乡、区域、阶层以及性别的差异系数、教育基尼系数等。为此，应改革教育统计和教育督导评估制度，增加体现教育公平的统计与评估指标，建立相应的数据通道。

促进义务教育均衡发展的县级政府职能定位[①]

2006年修订的《中华人民共和国义务教育法》规定："义务教育实行国务院领导，省、自治区、直辖市人民政府统筹规划实施，县级人民政府为主管理的体制""国务院和县级以上地方人民政府应当合理配置教育资源，促进义务教育均衡发展。"因此，教育部在2009年11月召开的全国推进义务教育均衡发展现场经验交流会上，要求以县域内实现均衡为工作重点，大力推进县域义务教育均衡发展。2010年《教育部关于贯彻落实科学发展观进一步推进义务教育均衡发展的意见》提出："力争在2012年实现区域内义务教育初步均衡，到2020年实现区域内义务教育基本均衡。"《教育规划纲要》提出，义务教育要"率先在县（区）域内实现城乡均衡发展，逐步在更大范围内推进"。

可以说，义务教育无论"省级统筹、以县为主"还是"县域均衡"，都凸显出县级政府的重要职能和作用。那么，在促进义务教育县域均衡过程中，县级政府究竟有哪些职能？哪些职能是难以承担和完成的？如何合理定位其职能？本节基于对安徽省郎溪县的调查，对县级政府促进义务教育县域均衡的职能定位进行分析思考，并提出相应的政策建议。

一、县级政府促进义务教育县域均衡的现实状况

我国义务教育管理体制改革经历了三个阶段，各级政府职能定位也发生了相应变化。1986年至2000年是"以乡镇为主"，2001年开始"实行在国务院领导下，由地方负责、分级管理、以县为主的体制"，要求县级人民政府对本地农村义务教育负有主要责任，要抓好中小学的规划、布局调整、建设和管理，统一发放教职工工资，负责中小学校长、教师的管理，指导学校教育教学工作。

---

① 本节原载于《教育发展研究》2010年第1期，与庞波合作完成，得到安徽师范大学教育学学术团队、郎溪县人民政府、郎溪县教育局大力支持。

概括起来，即统筹规划、经费保障、教育管理。从2005年开始，国务院及相关部委先后出台一系列文件，明确并加强了省级政府的义务教育职能，教育投入和管理重心不断上移。包括要求县级政府负责调整中小学布局结构，优化教育资源；补助公用经费，统发教职工工资；加强对中小学校长、教师的编制与管理；加大对农村学校和城镇薄弱学校的投入。2006年新《义务教育法》颁布后，义务教育开始"实行国务院领导，省级统筹，以县为主"的管理体制。在上述政策背景下，近年来郎溪县委、县政府致力于加强和改进政府职能，在促进义务教育县域均衡上发挥了重要作用。

（一）加强县域教育规划布局，加大公共财政投入，扩大教育资源总量，促进义务教育资源均衡配置

郎溪县地处皖南，下辖4镇、8乡，共有97个行政村，义务教育在校生34900人（小学生20900人，初中生14000人，九年一贯制学校5所（公办2所，民办3所），公办初中12所，中心小学（均为公办）19所，村级完小19所，还有一批村小教学点。近年来，该县在大力调整现有学校布局结构的同时，通过加大公共财政投入，扩大教育资源总量，优化教育资源配置结构和效益，为县域义务教育均衡发展创造相对均衡的教育资源条件。政府在考虑规模效益和人民群众教育诉求的基础上审慎推进学校布局调整工作，做到高中进城、初中进镇、联村设置完小、乡镇设立1所中心小学。村小教学点保留一、二年级，并随学生逐步流向完小、中心小学而顺势撤并；初中以乡镇为主设立，并按县域分布特点形成布局相对均衡的初中教育核心区。

在这一过程中，县委、县政府划地200亩，斥资1.5亿元兴建郎溪一中新校区作为高中部，将老校区改为初中部；同时，计划将县职教中心从十字路镇迁入城区新建，原校址改为十字路初中。这样，普高、职高双轮驱动，不仅提高了全县教育体系的结构重心，而且扩大了义务教育尤其是初中教育资源总量，优化了义务教育布局结构，为人民群众创造更多、更加均衡和优质的教育机会。

（二）发挥政府在促进义务教育县域均衡中的配套管理与服务功能

布局调整所产生的一系列新问题，单靠学校及教育行政部门较难解决，为

此，需要发挥政府的配套管理与服务职能，这里以学生上下学的乘车管理为例来加以说明。郎溪县政府三管齐下，构建了较为完备有效的学生上下学乘车管理网路和模式：交通运输部门重点做好学生乘车的车辆运力调配工作，对运力明显不足的线路，设法增开车辆或增开班次；严把接送学生车辆和从业人员的资格关等。公安部门做好学生乘车的车辆安全检查和驾驶员安全教育工作；加大执法检查力度，严厉查处车辆超载行为等。教育行政部门加强对学生乘车安全工作的指导，帮助学校建立健全乘车安全管理制度；加强对学生乘车安全工作的监督、检查，重点检查学校对学生的安全教育情况、安全管理制度、相关应急预案和事故预防措施的落实情况等。在县政府综合治理和协调下，郎溪县近年来未发生一起学生上下学乘车交通安全事故。

（三）大力扶持民办教育发展，发挥民办学校在留守儿童教育与管理上的优势，使义务教育县域均衡落实到各类学生群体

近年来，郎溪县在引进外资过程中，积极引导外来资金对教育的投入，兴办了江南职业学校和宣城市励志中学两所民办中学，既扩大了教育资源总量，也满足了人民群众多样化的教育需求。政府及教育行政部门积极发挥民办学校在留守儿童教育和管理上的优势，初步探索出留守儿童教育与管理的新模式。在政府审核和监督下，宣城市励志中学通过家长自愿交纳一定费用，将留守儿童交由民办学校托管。民办学校聘用相应的管理人员、服务人员，学生统一住校、就餐，运输公司统一按时接送学生回家与返校。这种机制创新较好地解决了公办学校普遍存在的留守儿童教育难、管理难问题。

（四）落实教师绩效工资政策，发挥政府在促进教师资源均衡配置中的资金和制度保障功能

郎溪县近年来经济发展势头虽较为强劲，但毕竟基础相对薄弱，与宁国县、宣州区等县域经济相对发达的县区相比还有一定差距。县委、县政府立足县情，从落实教育优先发展和促进义务教育均衡发展的高度出发，优先将公共资源配置给教育部门，积极筹资并兑现义务教育教师绩效工资。为加强全县统筹，调动城乡不同学校和教师的积极性，将全县义务教育教师绩效工资中的30%奖励

工资部分做成一个总盘子，按50%（根据学校在校生数）+25%（班级数）+25%（班级学生数）划拨给学校，以体现对薄弱学校和农村学校教师的倾斜。同时，对农村学校教师给予每月80元、给村小教学点教师每月120元的特殊津贴。这对稳定和加强农村教师队伍、吸引城镇教师到农村学校支教发挥了重要的政策导向作用。

二、县级政府促进义务教育县域均衡面临的困难

通过与县委、县政府相关领导，县教育局主要领导和科室负责人，有关中小学校长和相关人员的座谈、访谈，以及现场考察了解，我们梳理出县级政府在促进义务教育县域均衡过程中碰到的主要困难和问题：

（一）如何协调学校布局调整的政府意图与人民群众教育诉求之间的关系

学校布局调整的优点和必要性不必赘言，但实践中面临着政府意图与人民群众教育诉求之间难以完全一致，存在着效益、质量及便利之间的矛盾。例如，村小教学点的教学条件差，难以稳住高素质教师，在村小教学点任教的绝大多数是居住在本村或临近的"民转公"教师，年龄老化现象严重，素质相对较低。而政府硬性撤并村小教学点又是当地老百姓所不愿意的，结果往往只能是让村小教学点自然萎化。老百姓不愿送孩子去或不愿让孩子转到完小或中心小学，等到没有学生了，学校才自然关闭。如该县梅诸二小就因政府计划要进行调整，而老百姓不愿意，所以几年来学校只能修修补补，维持现状，基础设施建设和条件改善都停了下来。这对于所在学校的教师和学生来说都是不公平的。

此外，政府试图将义务教育学校布点相对均衡地分布在县域内各地，不过越来越多的家长宁愿放弃政府提供的就近入学和免费上学政策，而想方设法把自己的孩子转入城区学校就读，或缴纳不菲的学费到民办学校就读。政府为稳定农村学校生源而抬高学生进城就读的门槛，如要求"五证齐全"（城镇用工劳务合同证明、居住证等），但一些家长为了给孩子获得进县城就读的机会，选择到县城打临工或到县城买房子，以取得暂住证和劳务合同证明。这使得不少刚

刚规划建设好的农村学校又出现空心化现象，面临生源减少、学校萎缩的状况。

（二）县级政府促进义务教育县域均衡还缺乏应有的配套政策支持

调查发现，县级政府在促进义务教育县域均衡方面因缺乏相关的配套政策而陷入困境。一是学校布局调整带来学生上下学乘车管理问题。对此，该县从县委、县政府到教育行政部门，将此作为学校布局调整的配套工程和学校安全的头等大事，采取一系列强有力手段。这些做法虽取得较好成效，但仍存在突出问题，首先学生上下学乘车的相关主体之间存在难以相容的利益矛盾。因为，学生上下学所乘车辆都是由社会上的运营户提供，乘车费用由学生家长承担。政府对车辆规格要求高了、严了，保障了安全，运营户的收益就会降低，时间一长就不愿承担；若运营户提高收费，则家长的意见又很大。第二个问题是寄宿制学校的建设与管理问题。郎溪县目前尚无一所完全意义的寄宿制学校，很多学生有寄宿的需要，一些学生上下学距离在10公里以外，但学校的积极性却不高。因为，目前义务教育学校公用经费是按学生人数拨付的，只能用于正常办公和教学维持，而寄宿制学校需要增加水电、早晚自习看管、日常管理和生活服务的人员编制和经费支出。因政府没有相应的政策支持，学校只得从统一拨付的公用经费中开支，这必然挤占其他方面的支出。而且，学生24小时在校，涉及住宿、饮食、安全管理等一系列问题，加大了学校和教师的负担和责任。如何完善寄宿制学校的编制及经费配套补助政策，是促进义务教育县域均衡的一个新问题。

（三）教师编制和管理政策与学生就学的流动性之间存在矛盾

安徽省自2008年开展新一轮中小学教职工编制核定工作，此次教师编制核定的标准是师生比，比原先的编制标准有一定改进，但这也给农村学校教师配备带来新的问题，难以适应农村特别是山区、库区学校的实际特点和需要。郎溪县核定教师编制2207人，实有教师2467人，理论上存在超编，实际上却仍然缺编。这是由于近年来农村学生的城乡流动、区域流动相当普遍，很多学校学生数减少，按照1：23的统一标准核定编制和配备教师，很多班级达不到规定人数，甚至一些村小教学点学生总数达不到一个编制数。相反，城市学校的学生数呈激增之势，很多学校难以容纳而只得增加班级。政府为解决城镇学校规模扩大而带来的教师不足问题，普遍的办法是公开招考，这样一来又把一些优秀教师从农村学校抽走了。这反过来进一步导致农村学校教师资源弱化，家长竞相把孩子转入城镇学校就读。这不仅大大增加了农村学生接受义务教育的成本，也导致了农村学生接受义务教育的结果不公平。

（四）促进义务教育县域均衡存在公平与质量之间的价值冲突

现阶段，县级政府发展义务教育存在多种取向——是促进均衡还是使更多学生考上示范高中进而为上大学奠定基础？虽然国家将义务教育县域均衡作为教育的"重中之重"，但家长和社会关注的还是升学。前者强调的是公平，后者注重的则是效率，在很多情况下，追求公平会影响效率。如一位校长反映，电脑派位、均衡分班后，学生的文化知识基础参差不齐，尤其是英语基础差别很大，上级又不给分快慢班或重点班进行分层教学，于是出现教师上课难、管理难的现象。以至于一些优秀学生被外地的名校提前抢走，这对于本地高中生源素质和高考升学率存在潜在影响，政府及教育行政部门左右为难。

而且，政府均衡取向的教育政策与普通高中的利益也是相悖的。普通高中基于自身发展需要，自然希望遴选相对优秀的初中毕业生，以利于取得更好的高考成绩。但按照有关政策要求，省级示范性高中要从70%的统招生计划中拿出65%的指标，分给各乡镇初中在基本控分数线以上进行录取，这显然不利于普通高中升学率的提高。升学率问题解决不好，人民群众就不会满意，就无法真正解决义务教育县域均衡问题。

三、县级政府促进义务教育均衡发展的职能定位政策建议

应当说，县级政府促进义务教育县域均衡存在的困惑与问题有着体制上的原因。其中，有的是因为省级统筹不够造成的——或该统筹而未统筹，或已统筹而未统筹好；有的是因为县级政府职能定位自身造成的——或是"以县为主"还不到位，或是"以县为主"难以担当；也有的是中央政府政策供给不足造成的。为此，应认真分析原因，确立能够有效促进义务教育县域均衡的县级政府

职能定位。

（一）县级政府应承担与其职责和财力相匹配的职能

2006年《义务教育法》虽然原则规定了国务院和县级以上地方人民政府的责任，但并没有明确规定县级以上政府的具体责任及分工，尤其是没有明确省级政府统筹的具体目标和刚性指标。这使省级政府在教育财政投入上也采取了"以县为主"的原则，没有为县级政府发展义务教育制定一般性教育转移支付政策或确定刚性的省级政府教育财政投入比例，造成县级政府的教育财政职责和权力不匹配。相关研究表明，政府间"财权上移，事权下移"的财政关系，严重削弱了县级政府自有财力对农村教育的预算内收入[①]。笔者通过调查发现，这种情况在中部地区比较普遍，因为中部地区既没有东部地区相对发达的县域经济，又没有国家对西部地区一系列财政直补和转移支付政策，"省级统筹"因没有刚性指标和要求，很多管理责任和财政负担都落到县级政府身上。

由此，在现行教育法律框架下，首先应通过教育财政和教育行政体制的调整，加大省级政府在促进义务教育县域均衡上的财政和行政统筹责任。如加大寄宿制学校建设规划与经费投入、管理运行经费的配套；出台学校布局调整带来学生上下学乘车的相关经费支持与税费减免政策，或由政府购买、社会提供校车服务，政府负责监督；设立农村山区、库区等学校的教师专项编制和机动编制；制定出台相关管理政策，加强对跨县域、地区的高中招生行为管理，建立有利于促进义务教育县域均衡的教育政策；确立义务教育县域均衡的监测指标体系，建立相应的监测和督导机制。其次，针对教育经费支出的"中部塌陷"现象及其带来的义务教育城乡、县级严重失衡问题，建议中央政府通过财政转移支付、特岗计划、教师培训、设立寄宿制学校建设基金、提高农村教师绩效工资标准等政策，加强对中部地区义务教育的支持力度，以此保障县级政府在促进义务教育县域均衡中承担职能与其职责和财力相匹配。

（二）县级政府应承担其他各级政府不可替代的职能

义务教育县域均衡包括三个层面：县域义务教育与县域经济协调发展；城乡

---

① 江依妮,张光.中国省内财政分权的演进与农村义务教育投入[J].教育与经济,2008(3):57-61.

之间教育以及学校发展均衡协调；教育活动中对待学生的公平和平等①。首先，县级政府应当将促进义务教育县域均衡作为"城乡基本公共服务均等化，城乡、区域协调发展，使广大农民平等参与现代化进程、共享改革发展成果"的重要目标，纳入县域经济社会发展总体规划，实现义务教育县域均衡与城镇化和社会主义新农村建设的良性互动与协调发展。为此，县政府应从县域经济社会发展、人口增长与流动以及城镇化发展趋势出发，科学合理地进行义务教育学校布局调整和学校建设规划，为农村学生"就近入学"提供与城镇学校均等化的教育资源。其次，县级政府不应以城镇教育的扩张作为破解农村教育难题的出路，或任由农村学生通过种种途径和方式进城就读，而应坚持城乡教育统筹、协调发展，引导农村孩子"就近入学"并为其创造应有的条件、提供必要的质量保障；在学校基础设施、师资与校长队伍、学校管理和学校文化等方面，加强对农村学校的指导与支持，建立完备、方便、优质的农村教育体系，促进城乡学校发展的均衡协调。第三，保障留守儿童、城镇困难家庭儿童、上下学路途远及山区和库区儿童的就学，加强学生上下学乘车条件的改善和规范管理；注重村小教学点的办学条件、教师配备及其工作生活条件的改善，确保基本教学质量。以此保障城乡、校际之间学生在教育活动中得到公平和平等对待。

（三）县级政府应承担能够合理满足人民群众教育诉求的职能

新时期现阶段，农村学生及其家长的教育诉求呈现出新的特点，以往主要在城镇存在的"择校"现象正在向农村蔓延，农村学生及其家长不再将完成义务教育作为最高教育目标，而是作为接受更高层次教育的基础，以期获得社会地位升迁和代际流动的机会。因此，县级政府应积极协调义务教育的效率、质量和便利之间的关系，公平与质量之间的关系，合理满足人民群众的教育诉求。为此，县级政府应将义务教育均衡发展纳入民生工程范畴，在布局调整和学校发展规划、入学与招生政策等方面，建立和完善人民群众的教育诉求表达机制；加强对学校管理、办学行为监管和督导，促进校际之间的质量均衡；加强对民办学校的扶持与监管，确保教育的公益性；协调各级各类学校之间、学校与学生及家长之间的教育利益关系，为人民群众提供公平、优质的义务教育。

---

① 于发友.县域义务教育均衡发展研究[D].济南:山东师范大学,2005.

教育利益协调：素质教育政策的制度创新及其路径①

《教育规划纲要》一方面正视"中小学生课业负担过重，素质教育推进困难"的客观现实，一方面把"坚持以人为本、全面实施素质教育"作为教育改革发展的战略主题。如何打破"推进困难"与"全面实施"之间的矛盾和困局，需要素质教育政策通过制度创新来驱动和保障。

应当说，素质教育政策既是一个教育价值的导向和选择过程，又是一个关涉千家万户的教育利益分配过程；缺少利益分析及其关系协调的素质教育政策，本身就存在价值冲突、行为失范、规范失灵和可行性缺失的隐患。不待言，价值选择是素质教育政策的重要职能，但价值分析的来源是利益分析。因为，价值来自满足人的需求的客体即利益，利益是价值存在的基础，正是不同利益的存在，才产生不同的评判价值②。利益是社会关系的本质，国家、集体或个人思想与行为都可以从其利益诉求中找到根源。列宁说，利益是"人民生活中最敏感的神经"③。哈贝马斯认为，现代社会，人们"用利益导向行为取代了价值导向行为"④。这里试图形成素质教育政策的利益分析框架，揭示素质教育政策制定、执行、评价与变更过程中的利益博弈状态⑤，为通过制度创新以促进教育利益协调，以此提高素质教育政策的合理性和有效性，为全面实施素质教育提供具有激励和导向功能的制度路径。

---

① 本节原载于《教育发展研究》2010年第20期。

② 李北群.论教育政策的利益分析：必要性、框架及应用[J].江苏社会科学,2008(6)：210-214.

③ 列宁全集(第十六卷)[M].北京：人民出版社,1988：136.

④ 尤尔根·哈贝马斯.合法化危机[M].刘北成,曹卫东,译.上海：上海人民出版社,2004：29.

⑤ 按照S.泰勒等人观点,政策既包括先于文本的政策过程,也包括政策文本产生之后而开始的政策过程,以及包括对作为一种价值陈述及行动期望的政策文本的修正和实际行动。这里将素质教育政策理解为从政策制定到实施、评价以及变更过程中,政策的相关主体(决策主体、执行主体和对象群体)之间充满价值选择和利益博弈的动态过程。

一、素质教育政策的利益分析框架

利益分析是与价值分析、行为分析、规范分析、可行性分析相区别又紧密联系的教育政策分析维度。教育政策的利益分析是从利益的视角回答"利益如何分配，分配给谁"等问题①。在此，选取素质教育政策的利益目标、利益分配等基本维度，借以形成素质教育政策的利益分析框架。

（一）大众取向与精英取向：素质教育政策的利益目标

素质教育政策在利益目标上，始终存在着大众取向与精英取向。这既表现为政策决策主体自身价值选择上的两难，也表现为政策决策主体与执行主体、利益主体在政策制定、执行、评价、变更中的利益博弈与冲突。

大众取向主张，素质教育就是全面贯彻党的教育方针，面向全体学生，促进学生全面发展，以提高国民素质为根本宗旨。1985年《中共中央关于教育体制改革的决定》首次提出"提高民族素质"，并置于"多出人才，出好人才"前位。1993年中共中央《中国教育改革与发展纲要》要求"中小学要由'应试教育'转向全面提高国民素质的轨道"；1997年原国家教委《关于当前积极推进中小学实施素质教育的若干意见》提出"素质教育是以提高全民素质为宗旨"；1999年中共中央、国务院《关于深化教育改革全面推进素质教育的决定》指出："全面推进素质教育，要坚持面向全体学生，为学生的全面发展创造相应的条件，依法保障适龄儿童和青少年学习的基本权利，尊重学生身心发展特点和教育规律，使学生生动活泼、积极主动地得到发展。"大众取向的意见持有者主要是政策研制和决策主体——国家及教育主管部门、参与政策研究和咨询论证的专家学者和专门机构，以及部分执行主体如一些校长、教师和主流媒体等。但这种取向始终面临一个现实挑战：如何处理素质教育与考试的关系、提高全民素质与人才培养和选拔的关系，由此造成"转轨"的维艰与难产。因而，这种目标取向多处于一种被提倡的"应然"状态，在实施过程中则出现种种政策失真现象。

① 刘复兴.教育政策的价值分析[M].北京:教育科学出版社,2003:78.

素质教育政策的精英取向，首先在于政策决策主体希望素质教育在整体提高国民素质的同时，能够更好地培养和选拔优秀人才。改革开放之初，国家对教育的任务要求是"多出人才，快出人才"，根据"两条腿走路"方针，提出"要办重点小学、重点中学、重点大学。要经过严格考试，把最优秀的人集中在重点中学和大学"①。这种政策导向极大调动了广大教育工作者、学生及其家长和社会的积极性，却又导致学校、家庭和社会片面追求升学率，强化精英人才观，形成一种以"应试"为目标、手段和标准的精英教育体系。针对由此导致的应试教育倾向，1999年《关于深化教育改革全面推进素质教育的决定》提出，实施素质教育要"以提高国民素质为根本宗旨，以培养学生的创新精神和实践能力为重点"，试图用"根本宗旨"与"重点"的关系，来缓和提高全民素质与培养选拔人才之间的矛盾冲突。在具体政策上，通过大力发展高中教育和推进高等教育大众化，以扩大优质教育资源，缓解中小学生升学压力，为素质教育实施创造条件。这种政策导向改变那种否定考试和升学的"转轨"取向，兼重人才培养与选拔。

此外，精英取向还广泛存在于政策执行主体——一些地方政府领导和教育行政部门、学校和教师的观念和行为之中。虽然国家教育主管部门、理论界和一些主流媒体大力推行素质教育，但很多地方政府及教育主管部门、学校却在扎扎实实搞"应试教育"，以追求高分和高升学率为宗旨。升学率、重点院校录取率成为评价政府政绩、学校知名度、校长业绩、教师绩效和学生成才的核心指标。与此同时，素质教育政策的对象群体——学生及其家长，更是热衷于精英人才观和精英教育机会与资源的获得，以升大学、上名牌作为个人成就及家庭教育成败的标志。

（二）公益向度与私益向度：素质教育政策的利益分配

素质教育政策的公益向度，系指国家推行素质教育的目标、内容、方式及评价标准，是着眼于社会的整体利益、长远利益，以维护和实现公共教育利益，并努力限制和纠正各种偏颇、错误的利益倾向。这是素质教育政策确立以来党和国家以及教育主管部门各种政策文件一贯坚持的指导思想和方针。如《关于

---

① 邓小平文选(第二卷)［M］.北京：人民出版社，1994：40.

深化教育改革全面推进素质教育的决定》指出："实施素质教育，就是全面贯彻党的教育方针，以提高国民素质为根本宗旨，以培养学生的创新精神和实践能力为重点，造就'有理想、有道德、有文化、有纪律'的德智体美等全面发展的社会主义事业建设者和接班人。"其中，无论提高国民素质还是培养具有创新精神和实践能力的人才，都是符合公共教育利益和国家利益的。这种公益取向及其实现尽管给不同个体和群体都带来一定的直接与间接利益，但对不同个体、群体尤其是对不同学生及其家庭来讲，这种利益分配是极不均衡的。国家和政府有责任采取相应政策措施来维护教育利益分配的合理、公正和公平。因为，这本身就是公共政策尤其是教育政策的重要任务和功能。

素质教育政策的私益向度，是政策执行主体和对象群体在与公益取向的素质教育政策博弈过程中，更多偏向于个人利益、局部利益、当前利益的追求，表现出对素质教育目标的偏离、功能的僭越和精神的违背。因为，素质教育政策所分配的虽不是物资、经费、权力等直接和现实的利益形态，却是与学习者将来实现社会流动与成层紧密相连，进而成为其获得一定成就、财富和地位的十分重要的社会资本和文化资本。作为社会成员和社会基本细胞的家庭，其接受教育和投资教育主要不是为了公益，而是为了获得个人教育利益的最大实现，以此获得更为优越的社会资本和文化资本。尤其是当市场以及社会自治力量介入教育领域以后，这种私益取向更加显示活力。在此之下，素质教育政策倡导的目标理念和规范要求显得苍白乏力。因为，是"分数"而非"素质"决定着谁能升大学，上什么样大学，录取到什么专业，这将是其未来职业选择和岗位获得的文化资本。

有趣的是，学校及教师往往踟蹰于两种利益向度之间。一方面，学校及教师接受国家委托和授权，贯彻教育方针，促进全体学生的全面发展，实现素质教育的公共利益。与此同时，又要致力于组织及个体自身利益，如学校办学质量、生源、知名度、经济效益以及校长和教师个人声望、地位和收入等。面对国家要求与学生及其家长的利益诉求，学校和教师很难作择一式选择，而是进行一种变通与妥协，上演"轰轰烈烈搞素质教育，扎扎实实抓应试教育"的双簧戏，以至于出现所谓的校长和教师对其切身利益谋求而导致"学校对学生的发展不负责"的现象。

（三）素质教育政策的利益取向及其关系特点

据此，我们可以初步形成素质教育政策的利益分析框架：素质教育政策在制定、执行、评价与变更过程中，围绕精英取向与大众取向两种利益目标，各种利益主体将公益向度或私益向度的利益诉求投入其中。由于利益关系的复杂、多元和变化，各类主体在素质教育政策实施过程中并不总是同心、同向和同步的，而是充满博弈和矛盾，或主动参与，或被动卷入；或利益获得，或利益受损；或纷争与冲突，或妥协与联盟；或占据优势甚至垄断，或居于劣势甚至放弃。这种利益博弈使素质教育政策包含的价值、行为、规范与可行性，发生性质、程度、方向的偏离、僭越与错位，成为政策失真的病灶。

二、素质教育政策的利益博弈形态

利益分析框架的建立让我们不难发现，当前我国处在全面深刻的社会转型期，这种社会转型是以利益再分配（利益分化与重组）为原动力和突破口，实现社会利益转型进而带来社会结构的深刻变化。这种新的社会结构是以职业为基础的社会分层机制代替既往以身份为依据的社会分层机制，个人职业选择及其社会成层主要受制于社会成员的社会资本、文化资本和经济资本。在此之下，受教育者的教育程度、学业成就分化以及由此而获得的不同教育资格证书或文凭，作为一种身份文化或符号资本，成为参与社会交换以获得一定社会地位和职业的一般等价物。而且，由于学校之间的层次、类型和等级方面的差异，受教育者所获得的身份文化（或符号资本）是不同的[①]。由此，教育以及受教育，不再是一种国家发展和稳定的需要，也不单是个人的知识习得、素质养成、品质形成和文化熏陶，而成为关涉每个社会成员一种实实在在、不可或缺的切身利益。不仅如此，教育利益及其分化还进一步延伸和影响到社会成员其他相关利益的获得与实现。这既给教育发展与改革带来巨大动力和活力，也带来尖锐复杂的利益矛盾与冲突。因为，谁成为"人才"，谁成为"公民"，以及成为哪

---

① 谢维和.教育活动的社会学分析：一种教育社会学的研究[M].北京：教育科学出版社，2000：316.

种层次和类型的人才，对于学生个人及其家庭来说其利益实现是大不相同的。可以说，素质教育的实质障碍不是应试教育，而是这一政策没有眷顾各相关主体之间的教育利益关系及其协调。根据上述分析框架，可以对素质教育政策过程的利益博弈作进一步分析：

（一）精英—公益形态

政府及教育主管部门制定素质教育政策，面对提高国民素质与培养选拔优秀人才之间的矛盾，需要作"精英—公益"形态的教育政策安排。如基础教育"重点校""示范校"设立与评估，高等教育"211""985"工程，都是旨在培养和选拔高素质人才，以保证科教兴国、人才强国战略的顺利实施。与此相应的各种"奥赛"及高考加分、部分名牌大学自主招生以及国防生、免费师范生招生政策，都是旨在集中优质教育资源和选拔优秀生源，为国家培养和选拔所需要的优秀人才。这虽然使部分优秀学生及其家长的私益诉求得到一定满足，也给部分学校带来特定的利益，但更主要是实现了国家利益、公共利益。

（二）大众—公益形态

这是近年来国家及教育主管部门极力倡导推行的素质教育政策取向。即通过实施素质教育，培养经济社会发展所需要的数以亿计的高素质劳动者，尤其是一大批具备精湛专业技能、能够解决生产操作难题的高技能人才，把沉重的人口负担转化为巨大的人力资源。为此，国家大力普及九年义务教育、发展职业技术教育，一方面为了缓解中小学生升学压力，增强中小学生就业和发展能力；同时也为国家和社会输送所需要的高素质劳动者和高技能人才，促进劳动力转移和产业结构调整。然而，很多学生及其家长尚未从传统的精英人才观解放出来，加之国家未能给这种素质教育政策提供充分的政策资源和利益输入，学生及其家长还难以从这一政策获得所企望的利益结果。因而，这一政策取向的政府倡导与学生及其家长企望之间仍有很大差距，存在"一头热"的现象。

（三）精英—私益形态

虽然，"精英—私益"形态是素质教育政策明确反对和要极力纠正的，却是政策过程中利益博弈的客观产物。很多学生及其家长在精英取向素质教育政策导向和驱动作用下，单纯追求私益向度的利益满足，以期实现个人教育利益的最大化。许多学生及其家长抱定"上重点、考名牌"的信条，甚至出现严重的教育私事化倾向。这些学生和家长从特定的私益诉求出发，放弃政府政策所提供的教育机会，而宁愿通过权力和金钱寻租以获得理想的教育机会，对国家及学校确立的教育目标、课程设置、教育活动进行功利化取舍，将教育关系变作一种利益交换关系。在目前市场化行为、竞争机制、绩效评价和分配制度驱使下，很多学校及教师也不同程度地投入其中。这种教育私事化倾向以私益目标代替公益目标，造成教育公共性的式微。

（四）大众—私益形态

部分学生及其家长在不能实现"精英—公益"政策所带来的教育利益情况下，转而降低或转移对教育的期望，主动或被动认同国家及教育行政主管部门推行的大众取向素质教育，以求个人利益在这一政策下的实现。如：很多家长要求孩子"成不了才，但要成人"，或希望孩子学习更多知识和本领为就业和人生发展打下一定基础。有些学生及家长不再迷恋于上普通高中和大学，转而选择中等或高等职业院校，或选择应用性较强的院校和专业，获得就业的一技之长。当然，也有一些家长在降低期望值的同时降低了教育成本投入，只求孩子上完初中或高中，甚至令其放弃学业而去打工挣钱。

综观以上，由于利益差距而带来各类主体之间的教育利益博弈，造成素质教育政策实施过程教育利益格局的畸变。即严重偏向"精英—私益"形态，游离"精英—公益"形态、"大众—公益"形态，存在"大众—私益"形态缺位。（见图1）

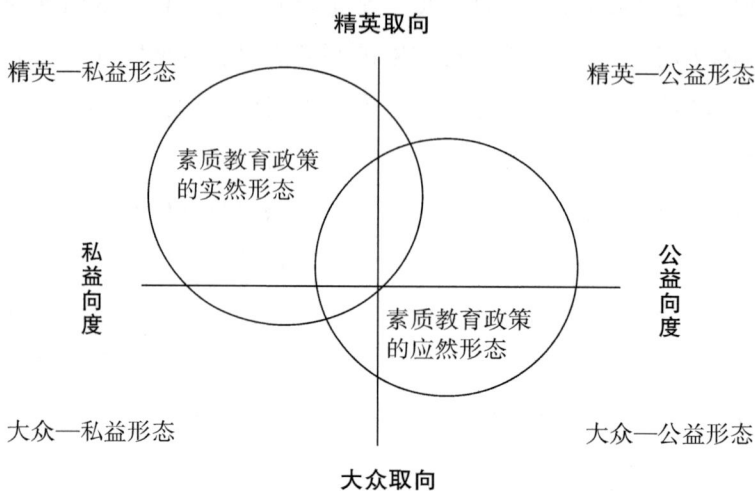

精英取向

精英—私益形态　　　　　　　　　　精英—公益形态

素质教育政策
的实然形态

私益向度　　　　　　　　　　　　**公益向度**

素质教育政策
的应然形态

大众—私益形态　　　　　　　　　　大众—公益形态

大众取向

图1　素质教育政策的利益博弈形态

三、基于教育利益协调：素质教育政策的制度创新路径

面对新时期社会利益格局深刻变化、统筹兼顾各方面利益难度加大的社会现实，党的十七大提出要"统筹个人利益和集体利益、局部利益和整体利益、当前利益和长远利益，充分调动各方面积极性"。胡锦涛同志在第四次全国教育工作会议上指出"教育是国计，也是民生"。《教育规划纲要》开宗明义指出："教育是民族振兴、社会进步的基石，是提高国民素质、促进人的全面发展的根本途径，寄托着亿万家庭对美好生活的期盼。"作为一种指导各级各类教育的国家意志，素质教育政策既是关乎国家发展、民族振兴的"国计"，也是与人民福祉和切实利益密切相关的"民生"。新时期人民群众对教育的期盼呈现出新的特点：希望获得更加平等的受教育机会，通过教育改变命运，创造幸福生活；希望接受更高质量的教育，切实让子女成人成才；希望拥有灵活多样的受教育途径，拓宽自我发展的道路，获得更多选择的机会；希望通过教育获取知识，丰富精神文化生活，提升精神境界①。基于此，素质教育政策难题的破解，应当摆

---

① 刘延东.锐意进取 改革创新全力推进教育事业的科学发展[N].中国教育报,2009-01-04(02).

脱"从应试教育向素质教育转轨"的思维定式，将国家、集体、个人等利益主体的教育利益诉求投入决策系统，依据一定价值取向并通过制度创新加以统筹，实现教育利益关系协调。

（一）促进精英取向与大众取向利益均衡，拓展素质教育政策的利益目标

新中国建立的学制系统在保证劳动人民子女受教育平等权利的同时，也表现出一定的双轨特性，即贯穿于整个学制系统的学校等级制度，优质教育资源政策性地向着重点学校、城市学校聚集。这实际上将教育系统分成精英教育与大众教育两个相互隔离的教育体系。近年来高等教育大众化的实现，没有降低反而在某些方面强化了人们对精英教育的热求。人们之所以千方百计想获得精英教育机会，是它给学生及其家庭、相关教育机构和教师带来的直接和间接利益远远高于大众教育。比如"211""985"高校以及示范性高中，政府拨款、学生升学机会和就业出路、学校收费标准和教师待遇等，都明显高于其他学校。

在新的发展阶段，创新型国家建设对数以千万计的专门人才和一大批拔尖创新人才的需要，凸显出精英取向素质教育政策的重要性和必要性。与此同时，经济社会发展对高素质劳动者和高技能人才的迫切需要和亿万学生就业成才的热切需求，也客观上要求大众取向的素质教育政策。为此，素质教育政策应当通过政策调节和利益输入，消解学制系统的双轨特性，促进各类学校尤其是高等学校办学层次、类型、人才培养定位的多样化、特色化，创造各级各类教育和人才培养上的"一流"，培育形成各级各类的优质教育资源，促进大众教育与精英教育的利益均衡。

与此同时，按上述分析框架，现阶段尤其要完善"大众—私益"和"大众—公益"取向的素质教育政策，建立相应的教育利益实现机制和利益补偿机制，满足人民群众多样化教育需求。为此，政府应提供相应的制度资源和政策激励，如制定新的学校分类标准、评估标准、入学标准和拨款标准，鼓励各级各类学校通过自身努力，满足经济社会以及人民群众多样化教育需求。同时，通过相关法律规定，纠正用人过程中的院校歧视、学历歧视、性别歧视等现象，完善以能力为本位的人才录用和干部选拔制度。在各行各业劳动用工中，建立

统一的技术资格制度，在全社会实行学业证书与职业资格证书并重的制度。无论接受的是普通教育还是职业教育，只有具备相应的技术资格，才能享受相应的工资待遇。这些基本制度的建立与完善，从根本上改变单一的精英教育导向，拓展形成对素质教育具有更大导向作用的教育利益目标。

（二）促进私益向度与公益向度的利益整合，协调素质教育政策的利益关系

现阶段无论教育投入、责任还是收益，各级各类教育都具有一定的私人性和私益性，同时也与教育机构——学校自身及校长、教师切身利益息息相关。十七大报告确立新时期教育方针是"坚持育人为本、德育为先，实施素质教育，提高教育现代化水平，培养德智体美全面发展的社会主义建设者和接班人，办好人民满意的教育"，集中体现了公共利益与群众满意的统一。时任国务院总理温家宝指出，《国家中长期教育改革和发展规划纲要（2010—2020）》的制定，要"充分考虑群众的期盼，把促进教育公平，满足人民群众不断增长的多层次、多样化的教育需求作为规划的重点，把促进人的全面发展，办人民满意的教育作为规划的落脚点"[①]。因此，素质教育政策应将学生及其家庭的教育利益诉求公开化、合法化，纳入政策目标并创造公平公正的实现途径，避免用国家需求代替学生及其家长的多样化、个性化教育需求。其次，素质教育政策应兼顾学校及教师等方面的利益诉求。在当前体制下，学校无疑成为一个具有成本投入、产出和分配功能的利益实体，需要靠自身创收来提高办学效益。这种办学效益一头连着校长及教师个人福利待遇和职业发展，一头连着政府招生、录取、收费政策以及社会选择，制衡两端的支点是考试分数和升学率。要改变学校和教师以加重学生课业负担、损害学生身心健康发展等手段来追求单位及个人利益的利益驱动倾向，政府应加大对学校经费投入，均衡配置教育资源，促进学校良性竞争，做到通过制度的改造与创新，使校长和教师切身利益的获取同其促进学生发展的实绩紧密关联起来，让校长和教师心无旁骛地奉献于学生的健康

[①] 温家宝.百年大计　教育为本：在国家科教领导小组会议上的讲话[EB/OL].(2009-01-04)[2010-04-19].http://www.gov.cn/ldhd/2009-01/04/content_1194983.htm.

成长与发展[①]。

三、加强政策导向和机制创新，促进素质教育政策的利益协调

首先，政府应加强对教育管理部门及学校在教育机会分配、教育资源配置、教育证书认证与授予方面的管理与监督，确保公平公正、公开透明，防止对教育公益性的侵损与破坏，切实保障人民群众对教育的知情权、参与权、表达权、监督权。其次，改变"受益人缺席"状态，允许教育利益相关者参与决策活动，加强各自利益表达，建立和完善群众利益表达渠道和对教育建言献策的平台，积极利用社会力量监督和评价教育、参与教育管理，引导各种利益主体通过公开合法有序的方式进行利益博弈。如教育政策听证会、教育论坛、意见征求等方式，使各方面意见都得到一定的反映，使教育决策过程能充分体现各种利益主体的利益诉求，促进利益公正。最后，素质教育政策应通过相应的规制，以确保学校和家庭在教育目的、内容、过程、质量评价等方面，切实贯彻和体现国家教育方针，遵守公共价值观念和社会行为规范，遵循国家课程标准，培养公民基本素质，使学生及其家长、学校、教师的教育利益活动在公共性框架内运行，而不能任由其扩张膨胀。

---

① 吴康宁.为什么学校会对学生的发展不负责[J].教育研究,2007,28(12):21-25.

第四章　中国式教育现代化策略定位研究

构建人生出彩的机会共享机制：基于教育利益整合[①]

当下教育改革面临的深层次矛盾，是新时期以来教育利益分化形成的结构性矛盾。诚然，教育利益分化凸显不同个体和群体的利益主体地位，激发教育的动力和活力，扩大教育获得的利益空间，彰显教育成层功能，使一部分社会成员分享了人生出彩的机会。但这种分享是非均衡、差序化与多质性的，难以契合现阶段党和国家确立的共享发展理念，实现共享人生出彩机会的新目标。

习近平总书记指出：要"努力让每个孩子享有受教育的机会，努力让13亿人民享有更好更公平的教育，获得发展自身、奉献社会、造福人民的能力"[②]。"营造人人皆可成才、人人尽展其才的良好环境，……努力让每个人都有人生出彩的机会。"[③]《中华人民共和国国民经济和社会发展第十三个五年规划纲要》（以下简称《十三五规划纲要》）进一步提出："共享是中国特色社会主义的本质要求。"如何通过教育利益整合，突破利益分化所形成的各种制度藩篱，增强教育系统的一致性、融通性和整体性，构建人生出彩的机会共享机制，是现阶段教育改革的必然进路。

---

① 本节原载于《教育发展研究》2016年第17期。
② 习近平谈治国理政[M].北京：外文出版社,2014:191.
③ 习近平.论党的青年工作[M].北京：中央文献出版社,2022:87-88.

一、教育利益分化：人生出彩机会的非均衡、差序化与多质性分享

在改革开放前的总体性社会，社会的利益结构表现出高度的整体性，其基本特征是个体利益、局部利益绝对服从于国家整体利益；同时在国家利益的协调与控下，个体之间在利益上趋于平均化[①]。国家几乎支配所有重要社会资源，包括人的生存和发展的各种机会，如升学、就业、晋升等。在此之下，教育利益高度整合，国家利益至上的价值导向，集中统一的计划体制，形成地区、学校之间"全国一盘棋"的利益格局，不同学校及不同行业之间具有很强的同质性，利益差别并不突出。个人接受教育主要是为国家和社会做贡献，而不是以人生出彩为目标和动力。在这种体制下，社会纵向流动机会相对较少，且主要受身份因素（阶级、户籍等）的制约。一是以阶级成分为依据建立的身份等级体系，"使各个阶层的人拥有不同的参政权利、声誉地位及活动自由度，尤其与人们生活息息相关的上大学、就业、提干等方面紧密挂钩。"[②]高校招生名额向长期从事革命工作的工农干部、知识分子干部及产业工人等特定阶层倾斜。另一个重要制约因素是户籍。1958年《中华人民共和国户口登记条例》规定："公民由农村迁往城市，必须持有城市劳动部门的录用证明，学校的录取证明，或者城市户口登记机关的准予迁入的证明，向常住地户口登记机关申请办理迁出手续。"这个条例使农村学生唯有取得"学校的录取证明"方能进入城市，否则，被制度性地与城市区隔开来，毕业后回乡务农，进而失去社会纵向流动的机会。

改革开放实现由总体性社会向分化性社会的深刻转型，社会结构分化带来各个领域的利益分化，教育也不例外。1985年《中共中央关于教育体制改革的决定》（以下简称《决定》）确立"从教育体制入手，有系统地进行改革"的思路，改革管理体制，调整教育结构。而"体制改革的核心内容之一是利益的重

---

① 李景鹏.当代中国社会利益结构的变化与政治发展[J].天津社会科学,1994(3):31-37.
② 刘金伟."总体性社会"结构背景下中国社会建设的特点浅析[J].理论界,2013(9):11-13.

新分配与调整，从而结构分化在很大程度上体现为一种利益分化"①。此后，经过《中国教育改革和发展纲要》（以下简称《纲要》）、《面向21世纪教育振兴行动计划》（以下简称《计划》）以及相关教育法律的持续推动，以教育利益分化为主线的教育改革不断深化，国家与不同地区、学校之间分化成为不同的教育利益主体，围绕着各种教育机会和资源的分配与获得，形成由一定利益关系构成的教育利益结构。特别是中考和高考、毕业分配等制度恢复和建立，促进了社会纵向流动，激发了教育的活力与动力，使相当一部分社会成员分享了人生出彩机会。但这种分享是非均衡、差序化和多质性的。

（一）地区之间教育利益分化，实现人生出彩机会的非均衡分享

《决定》指出："中央认为，在新的经济和教育体制之下，各地将有充分的可能发挥自己的经济和文化潜力，加快教育事业的发展。不仅要承认全国各省市区之间经济文化发展的不平衡性，而且要承认在一个省、一个市、一个县范围内的发展也是不平衡的，所以必须鼓励一部分地区先发展起来，同时鼓励先发展起来的地区帮助后进地区，达到共同的提高。"在这一精神指引下，国家将发展基础教育责任交给地方，实行地方负责、分级管理，将全国义务教育分为三类地区，分别提出不同的目标要求，鼓励经济文化发达地区率先达到中等发达国家教育水平。与此同时，作为教育领域最重要的利益资源——招生计划和指标，中考实行县区定额制，高考实行分省定额制。各省（区、市）的录取定额并不是按照考生数量平均分配的，而是按计划体制下形成的优先照顾城市考生的准则②。由此，"全国一盘棋"的教育利益格局开始打破，不同地区（县区、省市）成为相对独立的教育利益主体。这一政策在调动地方办学和管理积极性，促进教育事业总体发展的同时，也使地区之间教育发展水平差距不断拉大，教育利益分配的异质性增强，甚至出现地方保护、本位主义和政策壁垒。高考分省定额制、中考县区定额制，使优质教育资源相对集中的省（区、市）和县区，学生获得优质教育的机会明显占优，中西部及其他相对落后地区的学生在户籍、

---

① 孙立平,王汉生,王思斌,等.改革以来中国社会结构的变迁[J].中国社会科学,1994(2):47-63.

② 余澄,王后雄.高考改革的公平风险分析[J].课程·教材·教法,2015,35(9):83-89.

居住地等条件限制下被制度性区隔了，不同省（区、市）和县区的考生在人生出彩的机会分享上存在严重的非均衡性。据研究，2009年北京大学对广东和安徽考生设置的门槛，比北京考生整整高100倍；上海考生进复旦大学的机会是全国平均的53倍，山东考生的150倍，河南考生的274倍，内蒙古考生的288倍[①]。

（二）学校之间教育利益分化，实现人生出彩机会的差序化分享

新中国建立的学制系统是一个双重结构，在大力普及初等教育和扫盲的同时，为适应工业化和现代化对大量专业技术人才的需要，从小学到大学建立了一套以重点院校为主体的精英教育体系。这一系统在"文革"中遭到破坏。改革开放之初，为了多出人才、快出人才、出好人才，1978年教育部颁布的《关于办好一批重点中小学试行方案》提出，小学、初中、高中及完全高中与高一级学校招生数形成3∶1的"小金字塔"结构，建立从国家级到县市区级的重点学校体系。1985年《决定》提出，对办学水平评估成绩卓著的学校给予重点支持。1993年《纲要》提出建设100所左右重点大学和一批重点学科（即"211工程"）；1994年《〈纲要〉实施意见》提出每个县重点办好一两所中学，全国重点建设1000所左右实验性、示范性的高中。此后高等学校又进一步启动"985工程"。与此同时，为适应经济发展对高技术、高技能人才需求，缓解高考压力和大学生就业压力，《决定》和《纲要》积极扭转教育结构不合理的状况，实行小学后、初中后、高中后三级分流，形成初等、中等、高等职业教育与普通教育共同发展的教育体系。与职业教育相比，普通教育在招生录取批次、经费安排等诸方面，都居于优先地位。由此，从国家级到省级、地市级、县级，形成从普通教育-重点、普通教育-非重点、职业教育-重点、职业教育-非重点的学校差序格局。

这种差序格局在扩大办学自主权、推行招生计划和毕业生分配制度的多种政策共同作用下，突出了学校的利益主体地位，加大不同层级序列学校之间办学水平分化和利益差别。学校走向利益独立化、责任具体化和内向化，竞相追求各自的办学业绩和效益。不同层级序列的学校，录取批次和文凭的"含金量"大不相同，学生获得的就业岗位、社会地位和待遇也相差甚大。相反，就读于

---

① 刘海峰,李木洲.高考分省定额制的形成与调整[J].教育研究,2014,35(6):73-80.

不同层级序列学校的中小学生，却要面对全省（区、市）和全县（区）统一的高考和中考录取分数线；毕业于不同层级序列的高校学生，同样要面临共同的就业市场竞争。学生进入重点学校就自然获得更多优质教育，更容易获得高的教育成就和更高含金量的教育证书和文凭，进而进入更高的职业岗位和社会阶层。反之亦然。如果说重点院校与非重点院校的学校分层，导致不同学生的人生命运一次次分层，那么，小学后、初中后和高中后的普教与职教分流，则是在进行人生命运的一轮轮分轨。学生接受不同类型的教育，将迎来不同的职业目标和社会经济地位；就读于不同层级序列学校的学生，在人生出彩的机会分享上呈现差序化，在教育过程的分层与分轨过程中就实现了社会分层。研究表明，曾在重点高中就读的人相对于普通高中就读的人，能够显著地获得较高教育水平，初职职业地位平均增4.3（$p < 0.001$），并最终获得较高的职业地位[①]。

（三）个体之间教育利益分化，实现人生出彩机会的多质性分享

改革开放使阶级身份作为利益分配标准的体制机制逐步消解，户籍、票证制出现松动或被取消，国家对公民个人的直接干预和管控逐步减少，个人对国家的依附性明显降低，自主性明显增强。在教育上，原先各种先赋特权被取消（如工农兵推荐上大学），代之以高考制度的恢复，个人努力、能力及知识水平等自获因素，在教育获得和社会纵向流动中发挥突出作用。全国统一高考及"分数面前人人平等""择优录取"的人才选拔机制，点燃了万千学子通过上学和考试改变人生命运的梦想，无数青少年由此获得人生出彩的机会。1985年《决定》改变统包统分的高校招生和毕业生分配制度，确立计划招生、用人单位委托招生、计划外招收少数自费生等三种招生方式，自费生交纳一定数量培养费，毕业后可以由学校推荐就业，也可以自谋职业。1994年启动高校并轨招生，学生从统招统分到自费上学、自主择业。由此，国家不再是所有重要资源和机会的垄断者和提供者，社会开始发展成为一个庞大的资源和机会获得的源泉。全民所有制以外的非公企业和社会组织发展迅速，并成为学生就业的重要平台和渠道。社会身份划分标准发生剧变，各种具有自致性、以职业身份为标志的

① 王威海,顾源.中国城乡居民的中学教育分流与职业地位获得[J].社会学研究,2012(4):242-243.

身份系列逐步形成，并成为新生一代的就业追求。在此之下，个体作为教育利益主体的地位日益凸显，进而按照自己的意愿和选择，构筑人生梦想，成就出彩人生。

不过，在这种政策之下，个体所在家庭的经济资本、文化资本和社会资本开始对教育获得及能力分化产生重要影响。研究表明，"家庭文化资本对子代小学入学机会的影响较大，而对其小升初、初升高的机会的影响有依次降低的趋向"；"更为重要的是，文化资本对子代升学机会的影响不因教育机会总量的变化而变化，即使是在教育扩展到接近饱和状态时也未有下降的迹象，而是表现了明显的加强趋势。"[①]其中，户籍、家庭财产状况、居住地等先赋因素的影响清晰可见。不同家庭背景下，人生出彩的机会是多质性、不公平的。由此导致进城农民工子女平等就学难，流动子女异地高考门槛高，大学生就业的"拼爹"现象，以及"寒门难出贵子"等现象。

由上可见，改革开放以来国家教育利益重心下移所实现的地区、学校、个体之间教育利益分化，实现了人生出彩的机会分享。这种分享打破了国家的教育利益垄断和少数阶层和特定人群的教育利益专享，是教育改革带来的发展红利，实现了历史性突破和社会进步。但这种分享在对象、程度和获得路径等方面，存在着非均衡、差序化和多质性等诸多局限。这些在教育改革中出现的问题，需要通过进一步深化教育改革来合理解决。

二、由分享走向共享：教育利益分化形成的体制机制障碍

诚然，以教育利益分化为进路的教育改革，在本质上是一种非均衡发展机制。它在推动教育事业发展的同时，使不同教育利益主体之间的利益差别和冲突日益突出。其所释放的人生出彩机会由一部分人分享，而难以为每个人所共享。甚至一部分人"出彩"，意味另一部分人"出局"。在教育改革和发展新形势下，实现人生出彩机会由分享走向共享，需要进一步破除教育利益分化所形成的体制机制障碍。

---

① 刘精明.中国基础教育领域中的机会不平等及其变化[J].中国社会科学,2008(5):101-116,206-207.

（一）入学机会供给的体制机制障碍

入学机会是实现教育成层的最基本前提。入学机会供给存在非选择性入学和选择性入学两种机制。两者分别适用于义务教育和非义务教育。就前者而言，现阶段问题焦点在于法律规定"应当保障适龄儿童、少年在户籍所在地学校就近入学"与家长高烧不退的"择校热"之间冲突难解。其实质是不同学区和学校存在明显的教育利益差别。其中"户籍所在地""就近"的规定，变成学生非选择性入学的两道限制性甚至强制性的屏障，成为其享有均等教育机会的束缚。尤其是一些地方政府在义务教育入学机会的供给方式上存在缺陷，特别是城镇化及人口流动带来流动就学的频繁发生，如何实行跨越城乡、区域的协同治理，以增强入学机会供给的可移动性、便利性和公平性，还存在体制机制上的障碍。就后者来说，教育主管部门的指令性招生计划和刚性的招生政策，高一级教育机构和学校居于主动和优势的地位，使受教育者入学机会存在一种被剥夺感和不公平感。同时，政策的决策主体、实施与政策的利益主体之间，缺乏信息对称和地位权利的平等的沟通平台，导致入学机会缺乏选择的空间、自由度，学校与学生缺乏相互选择的多样性和匹配度。

（二）教育结构衔接融通的体制机制障碍

教育成层是由学制系统不同教育阶段分流和分层进而形成一定的教育结构实现的。目前而言，虽然义务教育"重点校""重点班"在政策和法律上都被明确取消，但由历史积淀和政策惯性形成的所谓"名校"，仍然是优质教育资源（如"名班主任""名师""名校长"等）的聚集地，成为择校的主要目标。因此，应逐步消解义务教育"名校"（尤其是公办名校），促进优质教育资源共享，消除学校分层带来的教育过度竞争。就非义务教育而言，目前存在的问题，一方面是教育分流和分层过于注重人的素质能力"量"的差异，而忽视人的素质能力之间"质"的差别，以分数高低及分数线来划分不同学生进入不同层次和等级的学校，而疏于学制分流及学校类型的多元化。

另一方面，在初中后和高中后分流机制上，职业教育与普通教育相比，无论入学标准还是获得高一级教育的机会都低得多，两者相互隔离和脱节，导致职业教育难以获得与普通教育相匹配的学制地位，中等和高等职业院校往往是学生无可奈何的选择。《教育规划纲要》特别是十八届三中全会提出："试行普通高校、高职院校、成人高校之间学分转换，拓宽终身学习通道。"2015年《教育法》修正案提出："推动各级各类教育协调发展、衔接融通。"但就现实而言，普通教育、职业教育、继续教育之间，无论是入学机制，还是教育过程和学习成果的认可，仍然缺少公平、开放和便利的衔接融通途径、标准和方式，以实现对等互认和互转机制。

（三）教育—就业衔接的体制机制障碍

如果说前两种体制机制障碍是起点性和过程性的，那么，教育—就业衔接的体制机制障碍则是一种结果性障碍。根据阿兰·C.柯兰霍夫的研究，从学校到工作的过渡进而实现就业，其实质性差异主要来自三个根源，即教育系统的分层化程度、教育计划的标准化程度、授予的教育证书是普通的学术证书还是与特殊职业相关的证书[①]。三者间的特定结合，形成教育证书与职业岗位之间的特定联接模式。与西方一些典型国家相比，我国教育制度体系具有高分层化、低标准化和教育证书分化度高的特点。高分层化表现在高等教育从"985"到"211"、部属院校、省属高校和省市共建高校，以及所谓"一本""二本""三本"的录取批次和证书层级差异；而且，普通教育高于职业教育的地位（虽然职业教育也有国家示范性高等职业院校和中等职业学校）。这导致不同层级和类型学校给毕业生传递的身份文化差异巨大，形成就业市场的"校历主义"和院校歧视，也加剧了整个社会的"名校情结"和应试教育倾向。低标准化是指除义务教育和普通高中，其他层级和类型的学校特别是高等学校，一直缺乏比较统一的教育标准，至多是教学指导委员会确立一些指导性标准。这种低标准化导致很多学校的教育质量难以得到相关行业及用人单位的认可，毕业生难以参与就业市场的平等竞争，助长了"校历主义"和院校歧视。此外，普通教育与职业教育截然分立，两种证书所代表的教育成就与毕业生首份工作的职业层级之间联接度低。职业教育证书虽然与职业体系的对应性强，但其蕴含的文化资

[①] 莫琳·T.哈里楠.教育社会学手册[M].傅松涛,孙岳,谭文武,等译.上海:华东师范大学出版社,2004:599.

本明显低于普通教育证书。这必然导致一部分人难以通过教育实现高质量就业，成就出彩人生。

综观以上，人生出彩机会的非均衡、差序化和多质性分享，根源在于教育利益分化所导致的教育起点、过程和结果的体制机制障碍。这些体制机制障碍形成教育系统内部的差异性和隔离性，像道道关卡和闸口，将不同教育利益主体区隔在不同的利益区间内，难以公平共享到人生出彩的机会。

三、教育利益整合：构建人生出彩的机会共享机制

如果说教育利益分化实现的是人生出彩的机会分享，那么，让每个人共享人生出彩的机会则需要通过教育利益整合，以构建公平公正的机会共享机制。应当说，教育利益分化与整合不是相互对立和排斥的，而是推动教育发展的"双桨"，对人生出彩具有同样重要的意义，只是在教育发展不同阶段需要确立的不同方式和策略。在新形势下，针对教育利益分化形成的教育利益差别、矛盾和冲突，需要通过教育利益整合，拆除突破利益固化的制度藩篱，为人生出彩构建公平公正的机会共享机制，以此促进教育系统各部分与层次之间的协调统一、衔接融通，增强教育系统的一致性、融通性和整体性。

（一）保障性机会共享机制

保障性机会共享机制是针对教育利益分化所导致的不同地区和家庭背景下的教育起点不公平，为共享人生出彩的机会提供普惠、均等和可持续的教育保障。它是由公共财政保障教育经费支出，国家为全体人民提供的均等可及的基本公共教育服务，是社会福利体系和教育民生的重要组成部分。新修订的《教育法》第十一条增加"国家采取措施促进教育公平，推动教育均衡发展"一款，将教育公平上升为国家行为，均衡发展上升为整个教育发展战略。《十三五规划纲要》提出"加快基本公共教育均衡发展"，将均衡发展由原先的义务教育拓展到义务教育、普惠性幼儿园、高中阶段教育、残疾人群特殊教育、民族教育等广泛领域，并明确各个层级和类别基本公共教育的保障范围、程度和重点。这为保障性教育机会共享机制的构建，提供了重要的法律保障和制度基础。

应当区分的是，保障性教育机会共享机制分为普惠型和补偿型两种。普惠型机会共享机制适用于义务教育，补偿型机会共享机制则适用于其他层级和类型的基本公共教育，两者在保障程度和方式上有所区别。就前者而言，应进一步明确中央和地方各级政府等保障主体的事权和支出责任，提高政府对师资、经费、信息化等方面的要素保障水平，填补长期以来地区之间教育利益分化带来的教育发展的"凹地"和"短板"。伴随居住证制度改革，应革新基本公共教育服务的供给机制和方式，保障居住证持有人在居住地平等享有基本公共教育服务。同时，及时推动城镇公共服务向农村延伸，逐步实现城乡基本公共教育服务制度并轨、标准合一，实现城乡基本公共教育一体化。补偿型机会共享机制的构建，则应进一步加大对特殊类型地区（革命老区、民族地区、边疆地区和困难地区）扶持力度，将教育扶贫纳入国家脱贫攻坚体系，实现基本公共教育服务的托底供应和精准保障，以弥补这些区域或群体在先赋或后致因素上的局限，获得与其他区域或群体平等的发展机会。

（二）竞争性机会共享机制

从终极意义上说，共享人生出彩的机会，最初是由恩格斯提出的"所有人共同享受大家创造出来的福利""使社会全体成员的才能得到全面发展"[①]。但在社会主义初级阶段的"共享"，只能是一种"差异性的共享"[②]。这种共享不是走西方国家的福利主义道路，也不是搞平均主义的劫富济贫，而是要以全体人民的共建共创为基础，使每个人获得付出与回报成适当比例、各得其所的人生出彩机会。尤其是教育作为实现社会纵向流动的一种后致因素，更多依赖个体自身的努力和能力。竞争性机会共享机制的构建，正是为教育成层及共享人生出彩，提供一种公平竞争的机会、平台和规则。

首先，应消弭各种外在的身份因素如城乡、地区和户籍等因素对教育机会和资源获得的限制，尤其要完善义务教育学籍流动管理机制，改革高考分省定额制、中考县区定额制，避免优质教育资源分配受到户籍、居住地等因素的制度性区隔。以此破除制度藩篱，建立底层人群在竞争性教育机会获得上的补偿

---

① 马克思恩格斯文集(第一卷)[M].北京:人民出版社,2009:689.
② 李占才.共享发展的思想内涵和实践导向[J].湖湘论坛,2016,29(3):5-12.

和救助机制。目前，国家实施中西部高等教育振兴计划，面向贫困地区定向招生专项计划和支援中西部地区招生协作计划，扩大重点高校对中西部和农村地区招生规模；各地实行省市示范高中招生指标按比例切块分配到校，从高分到低分依次录取，不得设置最低录取控制线；市（区）、县（区）内示范高中联合招生，按生源成绩平行分配，逐步形成示范高中公平竞争机制。这些政策都为竞争性机会共享机制提供了实践范例。其次，在教育—就业衔接机制上，应消除各种用人制度中的身份因素限制，破除社会底层人群在获得国家掌控的公共职位上的制度性障碍，建立以能力为本位的教育选拔机会、用人选拔机制和流动考评机制，使各个阶层和人群获得同质同等的公平竞争机会。第三，消解公共职位与非公共职位在工资收入、社会声望、发展前景及参与政治生活上的制度性不平等，使不同所有制下各种社会组织都能成为创新创业和实现人生出彩的广阔舞台，实现体制内和体制外的平等发展。

（三）融通性机会共享机制

2015年修正的《教育法》第十一条第一款增加了"推动各级各类教育协调发展、衔接融通，完善现代国民教育体系"的法律内容，切中了新时期以来教育利益分化形成的学校差序格局，促进各级各类教育"衔接融通"。这为打通教育过程的体制机制障碍，构建人生出彩的融通性机会共享机制，奠定了法律基础。

具体而言，融通性机会共享机制的构建，首先要改变在教育分流上过于注重人的素质能力"量"的差异而忽视"质"的差别，消解单一的学校分层体制，强化学校分类发展、办出各自特色和优势，引导各级各类学校争创多元化的一流。其次，改变"一考定终身"的弊端，逐步消除高校招生分批次录取所导致的"校历主义"和院校歧视，完善分类考试、综合评价、多元录取的考试招生制度。第三，改变"入学即毕业"的僵化体制，形成体系开放、机制灵活、渠道互通、选择多样的人才培养体制机制。在入学后各教育环节完善分流机制，应建立灵活而公平的转学机制和学分互认制度，促进不同学校之间等级界限的淡化与弱化，使不同起点和背景的学生都可以根据自己的职业兴趣和生涯规划，选择不同的学校和专业①。鼓励学生选择多种成长成才的机会通道，使之获得各具优势和专长的教育成就。第四，完善普通高校与职业院校学分转换机制，促进职业教育与普通教育的双向互认、纵向流动，认可多种学习成果。从而为每个人通过教育改变自身命运、共享人生出彩的机会，创造更加公平、灵活和便利的机会通道。

（四）协同性机会共享机制

教育在对社会纵向流动发挥积极作用的同时，也受到社会流动机制及各种社会政策的制约。"教育改革不能取代社会改革。""为了实现在生涯中和生活质量上更大的平等这一长远目标，应当在一个含有学校但比学校更加宽广的背景中，即在整个社会中采取行动。"①因此，构建人生出彩的机会共享机制，需要加强教育政策与社会政策之间的协同。十八届三中全会正是将教育改革置于全面深化改革的大格局下统筹推进，将教育与就业、收入分配等社会事业创新改革衔接起来。如：结合产业升级开发更多适合高校毕业生的就业岗位；政府购买基层公共管理和社会服务岗位更多用于吸纳高校毕业生就业；实行激励高校毕业生自主创业政策；扩大中等收入者比重，逐步形成橄榄型分配格局。这将从就业、收入分配等重要环节上，为共享人生出彩机会创造更加公平公正的社会制度环境。

---

① 2015年8月笔者访问美国俄亥俄州高等教育厅，了解到该州每年有40000名学生成功转学，该厅转学咨询与服务为学生节省了8000万美元。该厅与各大学订立协议，达成校际之间学分互认和转学的框架。各大学与教授之间通过商谈，在课程科目、内容、质量、任课教师资质等方面形成互认的条件与标准，学生通过教育厅网站所明确的各校之间可以互认学分的课程，实现对等互转。这样，学校之间的等级界限被打破了，大大改变了美国社会的教育价值观，学生的选择空间和发展空间大大拓展。同时，大学对学院和系主任的考核，在重视科研项目和成果的同时，主要根据注册学生数和学生选课(学院开课)的多少，以及能够把学生留得住，直到学生毕业和顺利离开学校、实现就业。这种自由选择的市场机制，对学校、学院和教师都是一种严峻挑战，充分体现了以学生为本的办学理念。

① 张人杰.国外教育社会学基本文选[M].上海:华东师范大学出版社,2008:179.

教育现代化进程中的教育发展压力及其纾解路径①

近代以来，中国早期教育现代化就是在救亡图存的内外巨大压力下开始的。从"教育救国"到"教育兴国"，教育发展一直是"负重前行"，每一步都承载着巨大发展压力。特别是作为后发现代化国家，面对日益加大的发展差距，教育发展及其现代化进程还承载着日益巨大的赶超压力和国内社会矛盾以及民生压力。经过新中国成立后特别是改革开放以来40多年的探索和努力，我国教育发展实现了一系列重大的历史性跨越。与此同时，正如二十大报告指出："我们的工作还存在一些不足，面临不少困难和问题。主要有：发展不平衡不充分问题仍然突出，推进高质量发展还有许多卡点瓶颈，科技创新能力还不强；确保粮食、能源、产业链供应链可靠安全和防范金融风险还须解决许多重大问题；重点领域改革还有不少硬骨头要啃；意识形态领域存在不少挑战；城乡区域发展和收入分配差距仍然较大；群众在就业、教育、医疗、托育、养老、住房等方面面临不少难题。……"②就教育而言，虽然在2012年以来持续保持教育投入占GDP 4%，教育发展的财政压力相对减轻，但总体而言，教育发展压力应当说是有增无减，如质量压力、公平压力、结构压力更加突出，发展动力、压力和阻力并存，任务艰巨。党的十八大就曾提出："变压力为动力，化挑战为机遇，坚定不移推进全面建设小康社会进程。"③二十大报告着眼于建设堪当民族复兴重任的高素质干部队伍，提出广大干部队伍"着力增强防风险、迎挑战、抗打压能力，带头担当作为"④。新时代新征程，以中国式教育现代化支撑教育强国建设，办好人民满意的教育，既要激发教育发展动力，也要形成教育发展压力的应对机制与策略。《中国教育现代化2035》则提出，到2035年，总体实

---

① 本节核心内容原载于《教育发展研究》2013年第19期，原题为《建立教育发展的压力纾解与转化机制》，此次内容有修改。

② 习近平著作选读（第一卷）[M].北京：人民出版社，2023：12.

③ 胡锦涛文选（第三卷）[M].北京：人民出版社，2016：616.

④ 习近平著作选读（第一卷）[M].北京：人民出版社，2023：54-55.

现教育现代化，迈入教育强国行列。我们必须立足社会主义初级阶段基本国情，把握教育发展阶段性特征，有效缓释教育发展压力，主动应对教育发展面对的挑战，变压力为动力，化挑战为机遇，确保2035年教育现代化目标如期实现。

一、教育发展压力的理论认识

关于教育发展压力，国内研究是自20世纪80年代从人口增长对教育形成巨大压力开始的。研究者认为，我国人口基数大，年龄构成轻，青少年占很大比重，需要接受教育的人口占总人口的比例和绝对数都很高，在很长一段时间都将给教育发展造成很大压力。之后，市场经济发展、中国加入WTO，带来教育利益分化与国内和国际的激烈竞争，学校办学质量和效益的压力加大，学者们开展了关于这方面的相关研究；同时，严重的应试教育倾向和中小学生过重课业负担，引起学者们对学生的学业压力、升学压力和教师的工作压力的研究。此后，随着教育规模扩大特别是高等教育大众化的推进，教育发展压力进一步集中在大学生就业压力上。同时，教育体制改革特别是费改税带来的教育财政体制改革，教育上的乱收费现象以及教师工资发放困难、新教师入编带来农村教师补充机制梗塞现象，教育发展面临巨大财政压力。进入新世纪以来，随着我国经济社会发展以及城乡二元结构、人口流动和收入差距的扩大，"上学难""上学贵"问题日益突出，教育发展又面临巨大的民生压力，甚至成为人民群众的"新三座大山"，主要表现在教育发展水平差距、机会不公平、教育成本过高，以及公平的竞争权、选择权和发展权的保障等方面，老百姓戏称为"压力山大"；特别是教育发展的民生压力往往与政府职能以及社会稳定有着密切关系，因此，这又进一步成为每年"两会"代表热议的话题，也成为党和政府面临的巨大压力。与此同时，创新型国家建设和创新拔尖人才的迫切需求，引发人们对教育的种种批评和质疑，教育发展同样面临巨大的社会压力。大学生就业难与企业用工荒并存等现象，引起学者们对我国中等和高等教育供需脱节等教育发展的结构性压力研究。

国内学者的研究可以归结为以下几方面：一是研究人口数量、结构对教育规模、结构、师资、教育资源等构成的压力，以及人口与教育资源配置失衡所形成的压力进一步带来社会规范和就业体制中的种种矛盾；一些学者还进一步研究由于人口的过度增长造成教育经费相对不足，迫使面临巨大压力的教育系统不得不转向家长和社会来寻求资金，进一步带来教育公平的缺少和质量的滑坡，以及文凭热的泡沫效应，那些持有文凭却找不到工作或找不到合适岗位的人失望愤懑进一步使学校面临巨大社会压力。一些学者着手研究教育对社会分层的影响及受教育程度与经济收入、生育率、就业、优生的关系，揭示教育发展对提升个体社会地位、生活水平和质量的功能，探讨办好人民满意教育的必要性与可能性。

二是运用教育现代化以及相关社会发展指标构建教育发展的种种指标和民生指标体系，进行教育发展面临的种种挑战的前瞻和战略分析，研究教育发展的目标、内涵和方式如何与经济社会发展以及人民群众对教育的需要进一步相适应，或根据满意度指标调查分析公众的教育满意度及其制约因素。

三是研究现阶段教育改革发展热点问题及其走势。学者们认为参考群体变化造成的相对剥夺感，是公众对教育批评和不满的社会心理机制；"上学难""上学贵"等突出的教育发展问题是我国在特殊阶段出现的特殊的社会现象。有学者根据库兹列茨曲线研究认为，我国教育将呈现一种倒"U"形走势，在一个阶段的恶化后将会逐渐走向积极的方面。

四是开展相关政策研究，从健全基本公共服务体系、促进教育公平、转变教育发展方式等方面，提出基本实现教育现代化和办好人民满意教育的标准与策略。在这一研究过程中，教育社会学的研究最为系统和深入，其运用结构功能主义、冲突主义等多种社会学理论框架来系统解释教育发展与社会发展的关系变化所产生的种种教育问题，以此进一步发展成为习惯的教育政策分析和教育制度的研究。新世纪以来，随着各种发展研究的兴起，国内逐步萌生和廓现出发展教育学的学科意识和体系轮廓。虽然发展教育学并未直接提出教育发展压力这一明确概念，但它的学科宗旨和问题聚焦无不与社会发展和人的发展对教育发展形成的各种压力和问题有关。

国际上，1972年联合国教科文组织国际教育发展委员会在其报告《学会生存——教育世界的今天和明天》中，就明确提出，教育体系受到内部和外部两方面的压力。内部压力来自体系内部的失灵与矛盾……外部压力在我们这个时代特别坚强有力[1]。该报告指出,过去的经验表明:这些内部压力和紧张状态还不足以激起教育结构上的变化。……未来行动的方向主要将从外在因素推演出来[2]。报告提出,政府推动教育发展有许多动机,一方面是外在的,包括人口增长、经济发展、政治因素等方面的压力,另一端则来自所谓"人民压力",即"家长方面和现有的与未来的学生方面的压力",具体说,是家长和学生将教育作为促进社会变动的基本手段,即使教育所开辟的前景实际上是虚幻的。无论这种压力采取的形式是要求、抗议甚至政治的敌对状态,它的效果和官方扩充教育的政策所产生的成果是一致的[3]。报告总结道:把这些方面结合起来,就说明了为什么会有一种空前的压力要求各个阶段的和各种形式的教育[4]。只不过,由于24岁以下的人在各地分布不平衡,学校各阶段入学人数不同以及社会—经济的条件各异,世界各地所感受的这种压力程度不一样。

此后,国际21世纪教育委员会1996年向联合国教科文组织提交的报告《教育——财富蕴藏其中》同样指出,"目前,全世界都在要求教育系统不仅做得更多一些,还要做得更好一些。正如我们所看到的,教育系统在各方面的要求下,必须满足经济和社会发展的需要,这种需要对于最贫困的民众来说极端重要。教育系统还应满足文化和伦理方面的需要,这也是它们应负的责任。最后,它们还应对付技术的挑战,虽然这可能会产生各种危险,但技术是进入21世纪的主要手段之一。因此,每个人都对教育有所期待。家长、就业的或失业的成人、企业、集体、政府,当然还有儿童和青年学生或大学生,都对它抱有很大的希望。"[5]这对教育系统造成了一种空前的压力,对教育的需求已经达到而且有时是远远地超过了其所能及的程度。该报告进一步指出:"但是,教育不可能包揽

---

① 联合国教科文组织国际教育发展委员会.学会生存:教育世界的今天和明天[M].华东师范大学比较教育研究所,译.北京:教育科学出版社,1996:117.

② 联合国教科文组织国际教育发展委员会.学会生存:教育世界的今天和明天[M].华东师范大学比较教育研究所,译.北京:教育科学出版社,1996:117.

③ 联合国教科文组织国际教育发展委员会.学会生存:教育世界的今天和明天[M].华东师范大学比较教育研究所,译.北京:教育科学出版社,1996:56.

④ 联合国教科文组织国际教育发展委员会.学会生存:教育世界的今天和明天[M].华东师范大学比较教育研究所,译.北京:教育科学出版社,1996:57.

⑤ 联合国教科文组织.教育:财富蕴藏其中[M].联合国教科文组织总部中文科,译.北京:教育科学出版社,1996:149.

一切，它使人们产生的某些希望也必然会落空。因此，应该作出选择；这些选择可能是困难的，特别是在教育系统的公平合理和质量方面的选择可能更加困难。这些选择就是社会的选择。""教育系统不可能无止境地满足迅速增加的需求。它们要为所有人提供同等的受教育机会。要尊重兴趣和文化的多样性，又要满足各种各样的需求。考虑到财政上的困难，不得不以最佳方式来分配资金，以使数量与针对性、公正与质量相互平衡。由于缺少一种最佳的分配模式，资金的分配尤要明确体现与每个社会为其经济、社会和文化发展而作出的决断相符的集体选择。""在发展中国家，对教育的巨大需求往往伴随着严重的资金短缺。在这种情况下，要作出选择特别困难，有时会导致某些课程走进死胡同。"[①]"这些需求的压力在很大程度上都落到政府当局方面，因而需要在组织方面进行选择，这种选择实际上又往往是社会——政治上的选择。决策者们确实面临着相互矛盾的利益：经济界要求应具备的资格和技能越来越多；科学界需要经费开展研究工作，需要负责造就青年研究人员的高水平的高等教育；文化界和教育界需要资金提高入学率和发展普通教育；最后是学生家长协会总是希望有更多高质量的教育，也就是说希望好教师的数量不断增加。既然无法满足所有的需求，这种窘境就特别的严重，因为这不是对个人利益通常进行的裁断：这种种需求反映了种种正当的期待，它们都与教育的基本使命相符。"[②]

此外，一些学者也开展了深入研究。柯林斯（Randall Collins）认为，教育发展的动力在于教育对人的就业、福利和发展具有促进和改善作用，但随着学位持有人数的增多和教育证书的膨胀，教育发展会驱使教育总成本提高。教育证书的膨胀曲线与升高的教育成本曲线相交达到一定的坐标点，教育发展达到一个临界点，形成教育发展的高原状态与低谷，使之在人们为取得教育证书而努力竞相斗争与证书膨胀的预算支出变得无法负担的临界点之间来回反复。Carnoy M 和 Samoff J 研究发现，发展中国家在转型过程中，人民往往将教育视为"通往一切的路径"，但结果同样不容乐观，面临巨大压力。库姆斯进一步将教

---

① 联合国教科文组织.教育:财富蕴藏其中[M].联合国教科文组织总部中文科,译.北京:教育科学出版社,1996:149-150.

② 联合国教科文组织.教育:财富蕴藏其中[M].联合国教科文组织总部中文科,译.北京:教育科学出版社,1996:150-151.

育发展面临的种种压力概况为"世界教育危机"并进行了系统考察，诸如学习需求的急剧增长、青年失业率的不断上升、日益严重的财政困难、国与国之间及各国内部大量存在的教育差距与教育不平等现象，并提出解决这些问题的措施和途径。

国内学者对改革开放以来不同时期我国教育发展面临的压力及其原因有了广泛研究，并针对人口结构、经济发展以及教育自身发展对教育发展带来的挑战与矛盾，提出各种形态的教育发展压力。但总体来说，这些研究缺乏对教育发展压力的形态、类型与性质进行纵向演变和相互关系的总体把握，特别是对新时期我国"新四化"建设以及"五位一体"总体布局背景下教育发展压力的具体形态、类型、性质及其形成机制，还缺乏必要的实证考察和理论分析，进而探寻合理有效的教育发展压力应对的机制与策略，激发动力、消解阻力，使压力成为推动教育发展的现实力量。国外的研究特别是有关国际教育机构提交给联合国教科文组织的研究报告，有大量的文献数据和宽阔的历史视角分析了世界范围内教育发展的线索与规律，揭示了教育发展与社会发展的关系，特别是关于教育改革发展面临的内部与外部压力的具体形态、原因及其在不同经济社会条件下的多样态表现，做了深入而广泛的揭示。但这些报告对于社会主义国家特别是中国国情研究甚少，甚至是有意忽略或另眼相看，反映出一种西方中心主义的取向。

因此，如何合理借鉴国际经验，立足我国教育发展的特殊国情，研究现阶段教育发展压力的形态、类型、性质以及形成机制和社会基础，构建我国教育发展压力缓释系统，努力防止压力成为阻力，使压力释放成为推动教育发展的现实力量，建立人力资源强国，办好人民满意的教育，还需要开展深入研究。

二、开展教育发展压力及其纾解研究的意义与价值

对目前教育发展面临的困难、挑战和问题也有大量的研究与分析，如教育发展不平衡和教育公平问题，教育质量和结构性矛盾问题，等等。将教育现代化面临的来自外部和内部的各种挑战和要求，概括和抽象成一个新的教育理论范畴——教育发展压力，并通过对此开展系统深入的理论研究、实证研究和对

策研究，探寻教育发展压力的缓释路径和应对策略，从而变压力为动力，激发教育改革发展的活力、聚集教育发展的合力、化解教育改革发展的阻力，显然是有重大理论意义和良好发展前景的。

教育发展压力是教育发展过程所承受的内在逼迫力与外在逼迫力的总和，是能够改变教育发展方向、内涵和方式并影响教育发展目标实现程度的一种现实力量。诚然，教育发展总是与一定的动力、阻力、压力密切相关。其中，教育发展动力是推动教育活动沿着由低级向高级发展的力或力的系统，它使教育活动呈现合目的性与合规律性的运动态势；教育发展阻力是教育动力的反面存在，是指阻碍或滞缓教育发展的力或力的系统，它则使教育活动呈现失调、停滞、中断甚至倒退的运动态势；与前两者不同的是，教育发展压力则是介于动力和阻力之间的一种中性力量，是教育发展主体及其过程背负一定的负担和面临一定的挑战，每前进一步都要消耗一定的能量，以推动发展进程、接近发展目标。当这种压力在一定的承受程度和范围之内，并为主体所自觉意识和体认，主体就会有一种危机感、紧迫感、使命感和责任感，由此而激发自身的潜力和创造性，这种压力会转化和释放为推动教育活动的外驱动力甚至是一种内生动力。反之，当压力超过一定的承受能力或不被主体所体认和调适，压力会成为一种教育发展的阻力甚至是一种破坏力。可见，教育发展动力、阻力和压力是相互转化的。一个重要的关键环节是建立有效的压力缓释机制，将压力转化和释放为教育发展动力，同时，也避免压力得不到纾缓和减轻而异变为教育发展阻力甚至成为一种破坏力。

压力，在汉语中是指垂直作用于物体表面的力。压力首先是一种社会现象，是单一连续引起身体及心理紧张的事件，具体说，是个体因某事件打破身体的平衡与负荷能力带来的刺激，或者超出个体能力所能适应的范围所表现出的一种激动、紧张、不安等心理体验的总和。同时，压力也是一个社会现象，表现一种社会压力，即社会所承受的外在逼迫力和内在逼迫力的总和，是能改变个体、群体和社会的活动方向并使之符合特定目标的总和。教育发展是人作为主体的社会活动，教育发展压力既表现出心理学所指称的心理压力，更表现为一种社会压力，是心理压力和社会压力的复合形态。但比较而言，教育发展更主要是一种与经济、政治、文化、人口等因素密切关联的社会活动，教育发展压力更主要表现为一种社会压力。教育发展压力与教育压力有联系但又有区别。教育压力是与经济、科技、文化、卫生等社会系统和部门相比，教育所承担来自政府、市场、社会所赋予的各种职责和使命而形成各种内在和外在逼迫力的总和。

开展教育现代化进程中的教育发展压力研究，其意义和价值在于：

首先，回应教育发展的政府需要和民生诉求，为实现教育现代化和建设教育强国提供政策思路。教育发展压力是与教育发展过程伴生的一种外在和内在逼迫力，在我们这样一个后发现代化国家更加明显，面临强国与惠民的双重压力，压力来源和结构极其复杂。正确认识和深入分析各种教育发展压力及其形成原因和制约因素，有利于政府合理有效地研判教育发展态势，解决教育发展面临的各种矛盾和问题，提高推动教育发展的政策制定的科学性与正当性；同时，有利于政府解决好人民群众在教育领域最关心最直接最现实的利益问题，提高办好人民满意教育的针对性与实效性，处理好建设人力资源强国与办好人民满意教育之间关系，促进教育事业全面、协调、可持续发展。

其次，变发展压力为发展动力，为实现教育现代化和建设教育强国提供政策工具。教育发展压力与教育发展动力、阻力关系密切。我国新时期教育事业一手抓发展，一手抓改革，但改革不是最终目的，而是作为推动教育发展的动力机制。激发教育发展动力，一方面要深化改革，将改革作为推动教育发展的最大红利；与此同时，也要研究教育发展自身及其与外部因素的关系，以及由此而形成的教育发展压力，探索教育发展压力的形态、类型及其形成原因，形成教育发展压力应对的机制与策略，激发教育改革动力，消解教育发展阻力，激发教育发展活力，形成教育发展合力，进而打开教育发展的新思路、新空间，使压力成为推动教育发展的现实力量。

第三，拓展教育学学科视野和研究空间，为教育发展观的确立与深化提供学理支撑。近些年来，随着经济发展、社会发展、文化发展以及可持续发展的加速，各相关学科以发展作为研究对象和问题。如发展哲学、发展经济学、发展政治学、发展社会学、发展地理学、发展心理学、发展伦理学。与此同时，教育学也开始关注教育发展及由此引发的诸多问题研究，如教育公平问题、城镇化与流动儿童和留守儿童教育问题、社会发展与青少年心理健康教育问题、大学生就业问题等。但相比其他学科而言，这些研究大多没有上升到发展教育学的学科高度；另一方面，发展教育学研究又往往热衷于自身学科归属、体系建构之类的问题，而没有接上教育发展实践问题的"地气"，显得空泛。以教育体系内部和外部的严峻挑战和突出问题，抽象成一个新的教育理论范畴——教育发展压力，研究教育发展压力的形态、类型、性质和形成机制，通过国家与公民以及政府、学校、家庭之间教育权义关系剖析，从法理上构建以权利公平、机会公平、规则公平为主要内容的教育公平保障体系，探寻教育发展压力应对机制与策略，在教育理论上具有开创意义。

三、开展教育现代化进程的教育发展压力研究的学术路径

教育现代化进程中的教育发展压力研究，应以教育学特别是教育社会学和发展教育学为学科支撑，吸收整合管理学、新闻学与传播学等理论和方法，从教育发展动力、阻力与压力的关系出发，紧紧抓住教育发展压力的中性特征，研究教育发展压力系统结构、压力源及其形成、压力类型及其性质，借鉴国外教育发展的相关研究，开展教育发展压力的基本理论研究；同时，通过数据分析、实际调查、政策分析与案例研究等，对新中国成立以来特别是现阶段我国教育发展压力的形态、类型、结构、性质等进行深入的实证研究，对相关国际教育发展过程中面临的压力及其应对进行比较研究，进一步分析我国基本实现现代化进程中教育发展压力的特质。进而对我国现阶段教育发展压力的形态、类型、结构进行科学的划分、描述和表征，重点在于根据教育发展压力形成机制及其结构特点，探寻教育发展压力与动力、阻力、活力、合力的转化路径，将教育发展压力释放、转化为教育发展动力、活力和合力，以此消解教育发展阻力，激发教育改革动力，增强教育发展活力，形成教育发展合力，拓展教育发展的新空间、新路径。

首先，形成教育发展压力研究的问题视角。事实上，在我们这样一个后发型现代化的世界上最大的发展中国家，教育发展面临国计与民生的双重压力，压力来源和结构极其复杂。为此，应从教育发展与社会发展的关系、教育发展与人的发展的关系以及教育自身不同要素之间关系三个维度，分析不同时期教

育发展的价值定位，揭示由此形成的教育发展压力的结构、形态、类型、性质、功能，研究其形成机制和社会基础，在此基础上确立适合基本国情的教育发展压力评价和监测指标，并对新中国成立以来特别是现阶段教育发展压力的变迁、现状、趋势进行考察研判，最终为建立教育发展的纾解与转化机制奠定理论和实践基础。目前，学术界关于教育发展动力、阻力方面的研究较为常见，特别是教育发展的动力机制——教育改革创新的相关研究更是成为研究的主导面，同时，对教育改革发展的阻力或阻抗现象，也有相当多的研究，而对介于两者之间的中性力量——教育发展压力理论研究、实证研究和对策研究则相对缺乏。这就需要以教育作为重要的国计民生的轴心，在改革开放以来特别是现阶段教育发展与社会发展以及人的发展关系演变中把握教育定位的变化，凸显教育发展压力的压力源及其制约因素，揭示出我国现阶段教育发展压力更加趋于多向度、多主体、多重性，压力结构具有复杂性和动态性。在此基础上，研究现阶段教育发展压力的体制机制根源，探讨教育发展压力应对的机制与路径，为教育发展集聚正能量。

其次，探索教育发展压力纾解的政策策略。我国教育现代化从早期探索到新中国成立以来特别是新时期以来的不断推动，都是基于一种后发型现代化，既具有内在压力，也具有很强的外在压力。这种内外叠加的教育发展压力，变成我国教育现代化一个"与生俱来"、相辅相成的重要构成部分。同时，教育发展压力又随着经济建设、政治建设、文化建设、社会建设要求以及人民群众民生改善对教育的依赖程度不断提高而不断变化，表现出历史发展性和现实必然性。教育发展压力除受制于教育发展的阶段性、内涵、方式与水平等自身因素，还受制于教育基本法律制度对教育权义主体之间的权义关系界定与划分这一根本因素。因此，教育发展压力应对，应拓宽思路，转变教育发展方式，实现教育发展机制创新。

第三，创新教育发展压力纾解的方法路径。我国教育现代化从早期的"教育救国"到今天的"科教兴国"，一直承载着巨大的赶超压力。面对这些压力，人们往往谈"压"畏难、谈"压"生厌、谈"压"添烦，难以将其释放为教育实践的正能量。所谓教育发展压力，是指在教育发展目标确立及其实现过程中，相关主体背负一定的负担和面临一定的挑战，由此形成一种影响教育发展方向、内涵、方式及目标实现程度的现实力量。这种压力如果得到合理纾解，为主体自觉意识和体认，就可激发其自身的潜力和创造性，并转化为推动教育发展的动力。反之，当压力超过一定的承受力或不被主体所体认时，往往成为一种阻力甚至破坏力。因此，教育发展压力是一种介于动力和阻力之间的中性力量，要努力建立和形成教育发展的压力纾解与转化机制，使之成为推动教育改革发展的正能量，进而将教育民生改善作为教育优先发展的领域和方向，不断缓释人民群众及舆论场域对教育的集体焦虑，着力解决好人民群众在教育领域最关心最直接最现实的利益问题，建立和完善基本公共教育服务体系，提高办好人民满意教育的针对性与实效性。

教育民生需要"安全网"和"减压阀"①

在全面建成小康社会进程中，没有哪一项事业像教育那样，寄托着如此之多的希冀——它连着当下与未来、现实与理想；没有哪一项事业像教育那样，承载着如此之重的使命——它一头连着国计，一头系着民生。

诚然，民生是一个动态的、由低向高不断上升、丰富和发展的历史范畴，其核心是人民生活水平的不断提高，并最终实现人的全面发展。教育纳入民生，是由全面建设走向全面建成小康社会，为人民生活水平全面提高和人的全面发展提供实现路径和发展通道；同时，这也反映了党和国家执政理念和执政方式的深刻变革。保障和改善教育民生，需要以增进教育民生福祉、缓释教育民生压力为突破口，从正向与逆向双向发力、双面拓展。一方面，是多谋民生之利，以满足人民群众不断增长的多层次多样化教育需求，为教育民生编织"安全网"；另一方面，是多解民生之忧，解决好人民群众最关心最直接最现实的教育问题，为教育民生装配"减压阀"。

一、教育民生缘何"压力山大"

教育成为一项关涉千家万户切身利益的民生大计，意味着教育不再是一种超出多数人生存与发展需要范围、享受不了也并不依赖的奢侈品，而是成了每个社会成员及其家庭离不开、少不了的生活必需品。正是在每个社会成员及其家庭普遍将获得更多更好的教育作为民生目标的场域下，教育自然也就成了千家万户难以言弃和避开的一种民生压力。

国际上，1972年联合国教科文组织国际教育发展委员会在其报告《学会生存——教育世界的今天和明天》中，就明确提出："教育体系受到内部和外部两

---

① 本节原载于《中国教育报》2014-04-25(07)，原题为《教育民生需要"保障网"和"解压阀"》。

方面的压力。"①一方面是外在的，包括人口增长、经济发展、政治因素等方面的压力，另一方面则来自所谓"人民压力"，即"家长方面和现有的与未来的学生方面的压力"，具体说，是家长和学生将教育作为促进社会变动的基本手段。1996年国际21世纪教育委员会向联合国教科文组织提交的报告《教育——财富蕴藏其中》同样指出："每个人都对教育有所期待。"由此，对教育系统造成了一种空前的压力，对教育的需求已经达到而且有时是远远地超过了其所能及的程度。该报告进一步指出："教育系统不可能无止境地满足迅速增加的需求。它们要为所有人提供同等的受教育机会。要尊重兴趣和文化的多样性，又要满足各种各样的需求。考虑到财政上的困难，不得不以最佳方式来分配资金，以使数量与针对性、公正与质量相互平衡。由于缺少一种最佳的分配模式，资金的分配尤要明确体现与每个社会为其经济、社会和文化发展而作出的决断相符的集体选择。""决策者们确实面临着相互矛盾的利益：经济界要求应具备的资格和技能越来越多；科学界需要经费开展研究工作，需要负责造就青年研究人员的高水平的高等教育；文化界和教育界需要资金提高入学率和发展普通教育；最后是学生家长协会总是希望有更多高质量的教育，也就是说希望好教师的数量不断增加。"②

近代以来，中国早期教育现代化就是在救亡图存的内外巨大压力下开始的。从"教育救国"到"教育兴国"，教育发展一直是"负重前行"。特别是作为后发现代化国家，面对日益加大的发展差距，教育现代化不仅需要承载巨大的赶超压力，而且还面临着国内社会矛盾及民生压力。应当说，新中国建立的教育体系曾作为社会主义制度优越性的一部分，受教育者通常享受免费教育或者付出极低的成本，具有很强的福利性。但在相当长一个时期，教育先后定位于政治场域或经济场域，作为一种上层建筑或国民经济建设的重要支撑，而对民生改善的功能没有充分显现。在这种特定场域下，教育既没有成为人们普遍享用和不可或缺的生活必需品和民生福祉，同时，教育也没有构成一种普遍面临

---

① 联合国教科文组织国际教育发展委员会.学会生存：教育世界的今天和明天[M].华东师范大学比较教育研究所，译.北京：教育科学出版社，1996：117.

② 联合国教科文组织.教育：财富蕴藏其中[M].联合国教科文组织总部中文科，译.北京：教育科学出版社，1996：150.

的民生压力。

改革开放30多年来，经济社会及教育发展实现了一系列重大的历史性跨越。特别是新世纪以来，我国开始由生存型社会进入发展型社会，教育、就业、分配、社保、医疗、安定，成为老百姓最关心、最直接、最现实的民生关切。此时，教育相应地走进了社会场域，纳入以改善民生为重点的社会建设范畴。与此同时，正如十八大报告指出："当前，世情、国情、党情继续发生深刻变化，我们面临的发展机遇和风险挑战前所未有。""社会矛盾明显增多，教育、就业、社会保障、医疗、住房、生态环境……等关系群众切身利益的问题不少，部分群众生活困难。"①特别是原先具有较强福利性质的教育体系和制度，在"穷国办大教育"的财政压力下逐步解体，各级学校实行并轨收费，教育的福利性与公平性日渐式微，教育机会获得及学业成就取得的公平性成为一种突出的民生问题。近些年来，经济社会发展带来人口流动和人的发展需求日趋强劲，教育、就业、收入分配等发展性矛盾也日益突出，而在城乡二元体制等制度环境下，这些矛盾更显得复杂与纠结。人民群众面对的所谓"新三座大山"，教育就是其中一座。在此之下，教育民生便成了多数社会成员及其家庭的"压力山大"。2011年2月24日，教育部时任部长袁贵仁在全国教育形势分析报告会上列出的"入园难""择校热""学生减负""高考改革""职业教育""创新人才""师德建设""教育投入"等八大教育热点难点问题，样样都连着教育民生福祉，样样又是教育民生压力之源。

二、缓解教育民生压力难在哪

压力是一种心理现象，也是一个社会现象。作为一种社会现象，压力是个体、群体和社会所承受的外在逼迫力和内在逼迫力的总和，以此影响和改变其活动方向并使之符合特定目标。教育作为一种以人为主体的社会活动，教育民生压力既表现为一种心理压力，更表现为一种社会压力。但比较而言，教育民生与经济、政治、文化、人口、就业等因素关联密切，因此，教育民生压力更

---

① 中共中央文献研究室.十八大以来重要文献选编（上）[M].北京：中央文献出版社，2014：180.

主要表现为一种社会压力。

就现实而论，一段时间以来由于人口的过度增长造成教育经费相对不足，这迫使面临巨大财政压力的教育系统不得不转而向家长和社会来寻求资金，以扩大教育资源总量。虽然，这一改革促进了教育发展，提供了更多的教育机会，但教育民生压力并没有因此缓解。因为，它造成教育机会分配以考试分数为依据的竞争性获得，与以权力和金钱为依据的赞助性获得的双轨制；加之，与入学、升学、就业等相关的各种教育资源分配，又与户籍、居住地、学校等级等因素捆绑在一起，导致城乡、区域、校际之间教育利益分化甚至走向固化。特别是基本公共教育服务存在城乡二元体制及户籍等准入门槛的制度性区隔，导致城乡之间及城市非农业人口与进城务工人员对基本公共教育服务获得的差别；社会底层群体在教育程度、就业行业、经济收入等方面的弱势地位存在一致性及相互强化的现象，面临获得基本公共服务的自我能力较弱与制度性保障相对欠缺的双重困境。

在这种特定体制机制下，人人对教育心存期盼，又对教育心存焦虑，于是产生各式各样的教育民生压力。一些人"有学上"无忧，一些人仍面临各种各样的"上学难"；一些人解决了"有学上"问题，但又萌生"上好学"的新诉求；一些人不满足于"上好学"的一般性政策安排，而是希望能够上好学校、进好班级、挑好老师、选好座位，以获得好的成绩，能上好的大学、选择好的专业，将来进好的城市、找到好的工作……；一些人虽然上了学、获得了文凭，却找不到工作或找不到合适岗位而失望愤懑。这一系列教育民生压力的产生，一方面反映出教育资源总量还相对不足，教育质量还不够高，特别是优质教育资源总量还相对短缺；但同时也有一个教育资源配置的公平性问题。而且，后者更是牵动老百姓的神经，带来一种相互攀比、集体焦虑，以及各种各样的相对剥夺感的袭扰。

总体看来，现阶段教育民生压力主要表现在区域、城乡教育发展水平差距带来的教育机会不公平、教育成本过高，以及由于体制机制原因造成的公平参与权、选择权和发展权得不到应有保障。这种体制机制原因说到底，是国家与公民之间教育利益关系的非对称性，教育的公平性、福利性不足，社会成员及其家庭在教育上承受相对过重的经济压力、机会压力、竞争压力、发展压力。

这种教育民生压力，既可能成为人们竞相获得教育福祉的动力，也可能成为一种挑战、焦虑、负担、烦恼和障碍，甚至异化为教育发展以及青少年健康发展的一种干扰力、破坏力。由此，人们对教育的满意度就要大打折扣了。

三、为教育民生提供"安全网"和"减压阀"

教育民生压力的承受者虽然是社会成员及其家庭，但事实上，这种压力也是政府、教育机构必须面对和承受的。因为它直接影响到人们对教育的满意度，进而影响其对政府及相关教育政策的认可度与支持度。习近平总书记在十八届一中全会讲话指出："改革开放和社会主义现代化建设的根本目的，就是要通过发展社会生产力，不断提高人民物质文化生活水平，促进人的全面发展。检验我们一切工作的成效，最终都要看人民是否真正得到了实惠，人民生活是否真正得到了改善，这是坚持立党为公、执政为民的本质要求，是党和人民事业不断发展的重要保证。""在前进道路上，我们一定要坚持从维护最广大人民根本利益的高度，多谋民生之利，多解民生之忧，在学有所教、劳有所得、病有所医、老有所养、住有所居上持续取得新进展。"①在新的发展阶段，教育民生直接关系着人民群众的所思、所盼、所忧、所急。如何正确处理最广大人民根本利益、现阶段群众共同利益、不同群体特殊利益的关系，切实把人民利益维护好、实现好、发展好，教育民生建设既大有可为，又任重道远。可以这样认为，人民群众对教育的满意度与教育民生福祉成正比，与教育民生压力成反比。进一步言，越是能够有效增进教育民生福祉，人民群众对教育的满意度就会提高，同样，越是能够有效缓释教育民生压力，人民群众的教育满意度也会随之提高。因此，现阶段教育民生既需要"安全网"，也需要"减压阀"。

一方面，为教育民生编织"安全网"。习近平总书记在致联合国"教育第一"全球倡议周年纪念活动贺词中指出："中国将坚定实施科教兴国战略，始终把教育摆在优先发展的战略位置，不断扩大投入，努力发展全民教育、终身教育，建设学习型社会，努力让每个孩子享有受教育的机会，努力让13亿人民享

---

① 中共中央文献研究室.习近平关于社会主义社会建设论述摘编[M].北京:中央文献出版社,2017:3.

有更好更公平的教育，获得发展自身、奉献社会、造福人民的能力。"①教育民生作为民生之基，需要在不断提高和保障教育投入水平的同时，从法律层面调整国家与公民的教育权义关系，形成新的教育权义结构，构建以权利公平、机会公平、规则公平为内容的教育公平保障机制，充分保障公民平等接受教育和实现发展的权利。具体说，应在现行各种教育民生政策基础上，以"兜底线""补短板"为重点和突破口，达到"保基本"的水平线。这里所说的"基本"，是指法律保障的社会成员人人普遍享用、不以竞争和排他方式获得的一种基本的教育福祉。它与社会成员基本生存权、发展权相联系，而同户籍、家庭资本及各种体制性因素等完全脱钩。当然，这并不是重蹈西方福利国家搞一揽子教育福利政策的老路，而是要科学合理地确立所"保"的"基本"之内涵与水准，如何"保"以及由谁来"保"的方式与机制。在我国社会主义教育制度框架下，教育民生保障应当是政府主导、府际协同、社会参与，遵循系统性、普遍性、公平性原则，根据教育民生需求结构的内在逻辑，建立以弱势群体为重点、全体人民普遍分享且相对平等的教育设施及制度保障系统，编织一张惠及全民的教育民生保障安全网，实现全体人民学有所教、教有所保。

另一方面，为教育民生装配"减压阀"。在进入发展型社会的当下，似乎存在着对教育越重视，教育民生压力越大的怪现象。每个社会成员及其家庭从教育的入口——幼儿园或小学，就面临着"入园难"和"择校热"的困扰，孩子很难再像往常那样无忧无虑，家长更是担心孩子"输在起跑线上"。而一旦进入教育的流水线，孩子和家长不仅面临每一个教育层次和阶段的出口和接口的挤压、再"排队"，而且，这种压力还进一步投射到孩子每一次测验、每一场考试之中。似乎过了这一村，就再也没有那一店了；似乎孩子哪一次成绩比拼和机会获得都是输不起的。以至于政府及教育主管部门极力提倡"减负"，甚至下达种种最严的"减负令"，可是家长们却不太买账，甚至想出各种法子给孩子"加码""添料"，生怕自己"减负"会吃亏。一些有条件的家长已在寻思着让孩子从中学甚至小学阶段去国外留学，因为这似乎可让孩子免受国内教育体制和考试制度下的种种学业压力，家长自然也轻松了许多。

可见，在织就教育民生"安全网"的同时，还要装配教育民生"减压阀"。

---

① 习近平谈治国理政[M].北京:外文出版社,2014:191.

所谓减压阀，是通过调节而将进口压力减至某一需要的出口压力，并依靠介质本身的能量，使出口压力自动保持稳定。十八届三中全会指出："当前，我国发展进入新阶段，改革进入攻坚期和深水区。必须以强烈的历史使命感，最大限度集中全党全社会智慧，最大限度调动一切积极因素，敢于啃硬骨头，敢于涉险滩，以更大决心冲破思想观念的束缚、突破利益固化的藩篱，推动中国特色社会主义制度自我完善和发展。"就教育改革而言，其中的"硬骨头"和"险滩"，无不与教育民生压力息息相关。"啃硬骨头"和"涉险滩"的一个重要目标任务，就是通过推进教育领域改革，为教育民生装配"减压阀"。

事实上，近年来党和国家在教育上所作出的一系列重大教育决策，正是为了缓释教育民生压力。我们应在现有基础上，通过进一步调查研究，把准现阶段教育民生压力的形态、类型、结构、来源及其形成机制。进而从教育的入口、接口与出口，从教育的起点、过程与结果，从教育的质量、效率与公平，从教育的规模、层次与结构，从教育的培养、评价与选拔，分别加以考察与剖析，找到其中最突出、最薄弱和最严重的问题与矛盾，触碰教育领域最深层的体制机制障碍，进行综合改革和整体性治理。以此突破教育利益固化的藩篱，克服教育民生政策的碎片化倾向，加强制度设计和体系定型化，以促进基本公共教育服务的获得性公平和非基本公共服务的竞争性公平。从而，让人民群众在获得教育福祉的同时，对教育少一分攀比失衡，多一分合理预期；少一分疑虑埋怨，多一分理解信任；少一分相对剥夺感，多一分相对公平感；少一分焦虑纠结，多一分满意度。

中国式教育现代化如何统筹实现强国与惠民①

很长一个时期以来，无论是教育学教科书、教育理论研究，还是政府政策文本，都是从"大社会"的角度来理解和建构教育与社会的政治、经济、文化的关系。由此，教育作为"国计"，服从和服务于党和国家的需要，实现教育的国家利益，为国家的文明和富强服务。党的十七大报告提出要加强以保障和改善民生为重点的社会建设，首次将教育纳入以"改善民生为重点的社会建设"，这是新中国成立以来教育定位的一个重要的理论创新。进而将教育与人民群众切身利益直接联系起来，使教育成为实现人的全面发展、创造美好生活的重要途径。党的二十大报告改变此前一个阶段将教育定位于以改善民生为旨向的社会建设领域，确立教育的战略全局定位，将教育、科技、人才作为全面建设社会主义现代化国家的基础性、战略性支撑。一方面，坚持全面贯彻党的教育方针，落实立德树人根本任务，培养德智体美劳全面发展的社会主义建设者和接班人，以立德树人和着力造就拔尖创新人才；另一方面，围绕办好人民满意的教育，提出要"坚持以人民为中心发展教育，加快建设高质量教育体系，发展素质教育，促进教育公平"。这充分反映中国式教育现代化是服务国家富强与民生改善的价值统一。因此，我们不能仅仅将教育功能窄化为改善民生，而应通过深化改革和制度创新，加强教育利益关系协调，实现教育的"国计"与"民生"两大功能兼重。那么，如何基于两者之间的关系及其制约因素，通过制度创新以实现教育的国计功能和民生功能的兼重？这是需要进一步研究与探索的教育理论问题。

一、充分实现国家教育利益

新中国成立后很长一个阶段，教育一直是作为"国计"。从新中国成立至改

---

① 本节完成于2018年，此次有修改。本书系首次发表。

革开放初，教育更多注重人的思想改造，实现特定的政治利益；改革开放后，随着工作重心的转移以及对教育本质问题的讨论，教育逐步注重经济利益，成为生产力重要的基础性要素，也成为个体改变自身身份和经济地位的重要通道。此间，曾出现过一些问题，特别重视教育的人力资本功能，而忽视了人的思想教育、价值观引领和道德品质的培育。1989年，邓小平同志就曾严肃指出："十年来我们的最大失误是在教育方面，对青年的政治思想教育抓得不够，教育发展不够。"①此后，党和国家努力纠正以分数和升学率为核心的片面应试教育，大力推行素质教育，促进学生德智体美全面发展。近年来，党和国家提出文化建设，促进文化大发展大繁荣，发挥文化育人作用。新时代新征程，教育作为"国之大计、党之大计"，必须充分实现国家教育利益，核心是要紧紧扭住培养什么人、怎样培养人和为谁培养人这个教育的根本问题和总开关，将立德树人作为根本任务，培养德智体美劳全面发展的社会主义建设者和接班人，造就堪当民族复兴大任的时代新人。同时，更新教育思想观念，聚焦中国式现代化对人的知识、能力和素质提出的新要求，着眼于科技强国和人才强国的战略需要，全面提高人才自主培养质量，着力造就拔尖创新人才，支撑、催生发展新质生产力。

此外，充分实现国家教育利益，还应从教育的战略全局定位出发，统筹教育的政治、经济、文化和人口发展之间关系，为全面建设社会主义强国提供基础性、战略性支撑。一是坚持社会主义办学方向，用中国特色社会主义共同理想凝聚力量，切实将社会主义核心价值体系融入国民教育和精神文明建设全过程，并转化为人民的自觉追求。二是坚持教育优先发展，大力实施科教兴国和人才强国战略，统筹职业教育、高等教育、继续教育协同创新，推进职普融通、产教融合、科教融汇，主动适应全面建设创新型国家需要，加快从教育大国向教育强国、从人力资源大国向人力资源强国迈进。三是完善思想政治工作体系，推进大中小学思想政治教育一体化建设，深化爱国主义、集体主义、社会主义教育，加强中华民族优秀传统文化教育，用社会主义核心价值观铸魂育人，培养自信自立的中国特色社会主义新一代。第四，以高质量教育体系支撑人口高

---

① 邓小平文选(第三卷)[M].北京:人民出版社,1993:287.

质量发展。"人口质量提升和结构优化，根本靠教育。"①中国式现代化是人口规模巨大的现代化，教育在我国人口红利由人口数量红利向人口质量红利转变、向人才红利转变中发挥重要作用。一个时期以来，学术界在探讨教育与人口的关系上，偏向于教育对控制人口数量和提高人口素质的功能。随着近年来我国人口出现的趋势性特征，中国式教育现代化不仅要建立和完善适应人口规模巨大的现代教育体系，大力发展素质教育，促进德智体美劳全面发展，全面提高人口科学文化素质、健康素质、思想道德素质和审美素质，而且，面对少子化、老龄化、区域人口增减分化对教育提出的挑战，还要建立适应人口变化趋势的教育资源配置体制机制，建立优质均衡的基本公共教育服务体系，大力发展终身教育，增强教育的适老性和开放性，建设学习型社会。

二、致力于保障和改善教育民生

与教育作为"国计"相对应的是，新中国很长一个时期建立的计划体制，国家全面控制包括教育在内的各种社会资源，社会与任何具体的社会联合体的联系都被切断了，人民群众生活在一种整体性社会之中，个体利益受到抑制，社会多样性逐步消失，社会中间层日益萎缩，剩下一具易于操纵的"社会"空壳。在此体制下形成一种"单位制"，并通过单位向"单位人"分配资源，社会成员的资源需求完全依靠于单位这个唯一的提供者。单位以外几乎不存在满足人们资源需求的任何其他空间。取得单位人身份，是人们梦寐以求的理想。正是由于单位成员对单位的这种深深的依赖性，使得社会成员形成了对单位一致的认同，既维持了单位的存在与发展，也维持了个人在单位内部的成员资格，社会结构高度整合。

党的十七大以来，中国特色社会主义建设开始形成经济建设、政治建设、文化建设、社会建设、生态文明建设"五位一体"总体布局。其所指称的"社会"是一个"小社会"的概念。主要有两大方面：一是社会的实体建设，包括社区建设、社会组织建设、社会事业建设、社会环境建设等；二是与此相应的制度建设，包括社会结构的调整与构建、社会流动机制建设、社会利益关系协

---

① 李永智.把教育强国建设作为人口高质量发展的战略工程[J].红旗文稿,2023(21):43-45.

调机制建设、社会保障体制建设、社会安全体制建设、社会管理体制建设等。社会实体建设提供公共产品和公共服务，社会制度建设则使社会更加有序与和谐。其中，社会事业同广大人民群众的生产生活密切相关，关系到每个家庭和个人的福祉和前途。教育、医疗、文化等公共事业面向全体民众提供公共服务或公共产品。教育从"国计"向"民生"的转向，以及今后要实现两者的统筹与兼重，实质是教育利益关系及其分配结构的一种转变。诚然，教育利益作为教育系统输出的"产品"是一种关系性的资源，即教育利益本身是教育体系中人们追逐的目标，同时它也具有资源价值，是为分配其他资源而设置的规则和手段。这种资源意味着可以转换为社会阶层体系中的其他有价物，并对另一些人予以封闭和排斥。

教育从"国计"向"民生"的转向，正是要从"小社会"层面来理解和建立教育与社会的关系，将教育作为一项重要的社会事业，并融入社会管理体系，以解决人民群众在教育领域中最关心、最直接、最现实的利益问题为重点，促进教育公平和社会公平，改善和惠及民生服务。所谓教育惠民，首先，也是基础性的，是要着力解决广大人民群众在教育领域的一系列民生关切。如：解决老百姓"上学难、上学贵""入园难、入园贵"的问题；解决"择校"问题，促进义务教育均衡发展；大力发展职业教育，提高职业教育吸引力；减轻中小学生课业负担，改革考试评价制度；扶持贫困地区、民族地区教育；健全学生资助制度，保障经济困难家庭、进城务工人员子女平等接受义务教育，等等。教育作为"民生"，就是要着力解决教育领域内与广大人民群众最直接最现实的利益问题。其中，既存在一些基础性民生问题，也存在一些发展性民生问题。保障和改善教育民生，需要有步骤、分类型进行推进，不宜简单化和搞平均主义。其次，教育的民生功能还进一步表现在，教育对促进学生就业、收入分配具有重要作用。为此，教育改革应促进教育机会、过程以及结果的公平，发挥教育成就对就业、分配的积极作用，使教育成为社会成员向社会上层流动的工具。从而在提高教育的社会收益率同时，提高教育的个人和家庭收益率，改变人的社会地位和生活状况，以实现亿万家庭对美好生活的期盼。

三、促进教育利益协调的制度创新

无论从历史还是逻辑层面而言，教育与国计民生的关系都存在各种样态：教育既是国计也是民生；是国计而非民生；是民生而非国计；既非国计也非民生。将教育作为"国计"又作为"民生"，实现两者的兼重与统一，不仅受制于一定的历史阶段和社会条件，也受制于一定的价值原则和执政理念。概言之，教育作为"国计"与"民生"之间的矛盾，主要表现为公益性与私益性之间的矛盾。传统上，公益与私益一直处于对立状态，而在现代宪法保障基本权利的理念下，无条件地以牺牲个人基本权利而满足公益的绝对性已面临挑战。教育改革不是批判、限制和清除学习者及其家庭的私益诉求，而是要将这种利益诉求公开化、合法化，并通过一定的制度安排使之与其他各方面利益关系达致协调发展。

为此，应发挥政府和公共财政的作用，通过构建优质均衡的基本公共教育服务体系，增强服务的可及性、公益性，努力满足人民群众教育诉求，将公共利益转化和释放为学习者及其家庭教育诉求的实现。当然，学习者及其家庭的教育诉求往往具有自利性和独占性。其中，一部分与国家、社会等公共利益交叉一致，即实现私益的同时也实现公益；一部分是由个人创造而流入集体或社会之中，成为个人利益的溢出部分；还有一部分存在有悖甚至损害他人、集体和社会利益的可能性。为此，国家应通过制定教育法律与政策，对学习者及其家庭的个性化、选择性教育诉求进行引导与规制。进而在帮助每一位学习者实现教育诉求的同时，也能使其肩负公共使命与社会责任，自觉关注、维护和实现国家利益和社会利益。

实现教育的"国计"与"民生"兼重与统一的最重要结合点是培养什么人、为谁培养人以及怎样培养人。坚持以人为本、全面实施素质教育是教育改革发展的战略主题，重点是面向全体学生，促进学生全面发展，着力提高学生服务国家服务人民的社会责任感、勇于探索的创新精神和善于解决问题的实践能力。这既是攸关社会主义现代化建设大业的"国计"，也是寄托亿万家庭对美好生活期盼的"民生"。2018年，习近平总书记在全国教育大会讲话指出：教育改革发展要"立足基本国情，遵循教育规律，坚持改革创新，以凝聚人心、完善人格、开发人力、培育人才、造福人民为工作目标，培养德智体美劳全面发展的社会主义建设者和接班人，加快推进教育现代化、建设教育强国、办好人民满意的教育。"①这一重要论断为中国式教育现代化统筹实现强国与惠民提供了思想理论基础和方法论。

---

① 习近平在全国教育大会上强调：坚持中国特色社会主义教育发展道路 培养德智体美劳全面发展的社会主义建设者和接班人[EB/OL].(2018-09-10)[2018-10-11].http://jhsjk.people.cn/article/3028477/.

教育改革为实现中国梦提供重要支撑①

中华民族伟大复兴的中国梦，无论国家富强、民族振兴，还是人民幸福，教育——都是筑梦的基石、圆梦的路径。深化教育领域综合改革，既要为国家富强、民族振兴提供知识支撑和人才支持；同时，也要以更大勇气攻克体制机制的顽瘴痼疾，促进教育公平正义，使人民群众更多分享教育改革和发展红利，筑就共享人生出彩的中国梦。

"出彩"原意为"表现出精彩来"，延伸义为"十分完美地展示自己的长处"。从人生发展角度看，人生出彩就是"一个人的理想实现、梦想成真"，实现社会纵向流动、彰显人生意义与价值。在现代社会，教育对于实现社会纵向流动变得极为重要，教育机会和成就的获得，就成了社会纵向流动、实现人生出彩的更加普遍而有效的实现机制。

如果说，人生出彩是实现社会纵向流动的个体梦想，那么，每个人共享人生出彩的机会，则是一种需要制度设计和保障的社会梦想。因为，"出彩"与"共享"难以兼容和统一。通常，"出彩"只是少数人的幸运和福佑，难以为每个人所共享。教育要为每个人提供人生出彩的机会，就要建立一种公平公正的机会和资源配置的机制和规则，以排除或弥补各种先赋因素对于教育获得的影响。唯有清除教育公平公正的体制机制因素，拆除堵塞社会成员上升通道的藩篱，让每个人在公平公正的教育制度环境中，凭借个人智慧和努力获得可以预期的向上发展通道，才能拥有共享人生出彩的机会。当下，升学与就业、日益增长的教育需求与优质教育资源相对不足之间的尖锐矛盾，成为亿万社会成员争相通过而又难以逾越的关卡。其实质是"人生出彩的机会"充满竞争而难以共享。如何由少数人、部分人的"出彩"，发展成为每个人共享人生出彩的机会，是教育领域综合改革必须解开的制度困境和实践难题。

---

① 本节主要内容被安徽省中国特色社会主义理论研究中心采用(本人为执笔人)，原载于《安徽日报》(理论版)2015-07-27。

党的十八届三中全会《中共中央关于全面深化改革若干重大问题的决定》（以下简称《决定》）提出，深化教育领域综合改革。一方面，将教育改革置于全面深化改革特别是推动社会事业改革创新的大格局中，统筹解决教育、就业、收入分配、社会保障、医疗卫生领域等人民最关心最直接最现实的利益问题；另一方面，抓住教育领域的基础性和根本性问题，以若干具有高度关联性的关键问题为突破口实施综合改革，进而率动全局。这种内外联动、整体突破的改革方略，就是要从教育的起点、过程、结果等多个环节，解开人生"出彩"与"共享"之间难以兼容和统一的死结，构筑共享人生出彩的教育机会通道。

一、实现教育起点机会共享

社会流行的"不要让孩子输在起跑线上"，虽然是家长对子女未来发展的过度焦虑，却也反映出教育体系及其制度安排的公平性存在缺陷，造成人民群众的获得感缺失。《决定》提出，逐步缩小区域、城乡、校际差距，大力促进教育公平。尤其是统筹城乡义务教育资源均衡配置，实行公办学校标准化建设和校长教师交流轮岗，不设重点学校重点班，破解择校难题，以促进义务教育均衡发展。显然，这些改革举措是给每个人共享人生出彩提供公平的入口和起点。

二、实现教育过程机会共享

人们常批评学生和家长们"千军万马挤过独木桥"，殊不知"独木桥"是制度安排的产物，老百姓能奈几何？以改革构建共享人生出彩的教育机会通道，就是要增加入口、通道和出口，疏通关节和接口，形成体系开放、机制灵活、渠道互通、选择多样的人才培养体制。《决定》提出，义务教育免试就近入学，试行学区制和九年一贯对口招生；加快现代职业教育体系建设，培养高素质劳动者和技能型人才；创新高校人才培养机制，促进高校办出特色争创一流；试行普通高校、高职院校、成人高校之间学分转换。这正是从教育过程各环节加以分流，拆除不必要的关卡，形成纵横连贯、开放互通的教育机会路网。尤其是习近平总书记关于大力发展现代职业教育的重要批示强调："职业教育是国民教育体系和人力资源开发的重要组成部分，是广大青年打开通往成功成才大门的重要途径。"以此形成人人皆可成才、人人尽展其才的教育体系衔接机制，让每个人共享人生出彩的机会。

三、实现教育结果机会共享

《决定》将教育改革列在"社会事业改革创新"首要位置，既显示出教育的基础性地位，也反映了教育结果对于就业、收入分配等方面的重要影响。为此，要以考试招生制度改革为突破口，带动教育领域综合改革全局。2014年，《国务院关于深化考试招生制度改革的实施意见》提出：把促进公平公正作为改革的基本价值取向，整体设计从基础教育到高等教育考试招生制度改革，形成分类考试、综合评价、多元录取的考试招生模式。进而构建衔接沟通各级各类教育、认可多种学习成果的终身学习"立交桥"，多种学习渠道、学习方式、学习过程相互衔接的人才成长"立交桥"。

与此同时，《决定》将教育与就业、收入分配改革衔接起来。如：结合产业升级开发更多适合高校毕业生的就业岗位；政府购买基层公共管理和社会服务岗位更多用于吸纳高校毕业生就业；实行激励高校毕业生自主创业政策；健全资本、知识、技术、管理等由要素市场决定的报酬机制；扩大中等收入者比重，逐步形成橄榄型分配格局。这将从就业、收入分配等环节，为教育结果的机会共享创造更加公平公正的制度环境。

习近平总书记指出："中国梦是民族的梦，也是每个中国人的梦。"①深化教育领域综合改革，就是要以努力办好人民满意的教育为宗旨，在重要领域和关键环节实现突破，为每个人共享人生出彩的机会，构筑公平通畅的教育通道，为实现民族复兴的中国梦汇聚磅礴的智慧和力量。

---

① 习近平著作选读(第一卷)[M].北京:人民出版社,2023:98.

主要参考文献

1.著作类

[1] 马克思，恩格斯. 马克思恩格斯全集（第一卷）［M］.北京：人民出版社，1972.

[2] 马歇尔. 经济学原理（上卷）［M］.北京：商务印书馆，1981.

[3] 刘复兴. 教育政策的价值分析［M］.北京：教育科学出版社，2003.

[4] 邓小平文选（第二卷）［M］.北京：人民出版社，1983.

[5] 钱亦石.现代教育原理［M］.福州：福建教育出版社，2006.

[6] 顾明远.世界教育大事典［M］.南京：江苏教育出版社，2000.

[7] 褚宏启.教育现代化的路径［M］.北京：教育科学出版社，2000.

[8] 中共中央关于全面深化改革若干重大问题的决定［M］.北京：人民出版社，2013.

[9] 康德.论教育学［M］.赵鹏，何兆武，译.上海：上海人民出版社，2005.

[10] 保罗·朗格让.终身教育引论［M］.滕星等，译.北京：华夏出版社，1988.

[11] 孙中山.孙中山全集（第2卷）［M］.北京：中华书局，1982.

[12] 联合国教科文组织.教育：财富蕴藏其中［M］.联合国教科文组织总部中文科，译.北京：教育科学出版社，1996.

[13] Spencer H. Essays on Education［M］. London: J.M.Dent&Sons, 1949.

[14] 约翰·杜威. 杜威全集·晚期著作：1925～1953.第5卷:1929～1930［M］.孙有中，战晓峰，查敏等，译. 上海：华东师范大学出版社，2015.

[15] 习近平.做党和人民满意的好老师［M］.北京：人民出版社，2018.

［16］康永久.教育制度的生成与变革：新制度教育学论纲［M］.北京：教育科学出版社，2003.

［17］范先佐.教育投资体制改革的理论与实践问题研究［M］.武汉：华中师范大学出版社，2003.

［18］马克思恩格斯全集（第三十三卷）［M］.北京：人民出版社，2004.

［19］冯建军.教育基本理论研究20年（1990—2010）［M］.福州：福建教育出版社，2012.

［20］顾明远，檀传宝.2004：中国教育发展报告：变革中的教师与教师教育［M］.北京：北京师范大学出版社，2004.

［21］兰德尔·科林斯.教育成层的功能理论和冲突理论［M］//张人杰.国外教育社会学基本文选.上海：华东师范大学出版社，2009.

［22］谢维和，等.中国的教育公平与教育发展（1990—2005）：关于教育公平的一种新理论假设及其初步证明［M］.北京：教育科学出版社，2008.

［23］杨东平.中国教育公平的理想与现实［M］.北京：北京大学出版社，2006.

［24］郑金洲，瞿葆奎.中国教育学百年［M］.北京：教育科学出版社，2002.

［25］约翰·杜威.民主主义与教育［M］.王承绪，译.北京：人民教育出版社，2001.

［26］罗素.罗素论教育［M］.杨汉麟.译.北京：人民教育出版社，2005.

［27］习近平谈治国理政［M］.北京：外文出版社，2014.

［28］李金奇.教育民生论［M］.北京：教育科学出版社，2015.

［29］石中英.知识转型与教育改革［M］.北京：教育科学出版社，2001.

［30］陈永明.国际师范教育改革比较研究［M］.北京：人民教育出版社，1999.

［31］谢维和.教育活动的社会学分析：一种教育社会学的以研究［M］.北京：教育科学出版社，1999.

［32］中共中央文献编译室.十四大以来重要文献选编（下）［M］.北京：人民出版社，1999.

2.期刊类

［1］程斯辉，李中伟.从政治教育学到民生教育学：中国共产党领导教育的与时俱进［J］.复旦教育论坛，2011（9）：5-14.

［2］田正平，李江源.教育制度变迁与中国教育现代化进程［J］.华东师范大学学报（教育科学版），2002（3）：39-51.

［3］顾明远.关于教育现代化的几个问题［J］.中国教育学刊，1997（3）：10-15.

［4］王炳照.试谈孔子教育思想的阶级属性［J］.北京师范大学学报（社会科学版），1981（6）：64.

［5］吴康宁.中国教育改革为什么会这么难［J］.华东师范大学学报（教育科学版），2010（12）：11.

［6］潘懋元.杨贤江（李浩吾）教育思想：中国近代教育史研究资料［J］.厦门大学学报（文史版），1954（1）：127-139.

［7］谭维智.国家视角下的教育民生论［J］.教育研究，2014（12）：4-12.

［8］周光礼.教育科技人才三位一体 共同支撑高质量发展［N］.光明日报，2022-10-31（5）.

［9］李北群.论教育政策的利益分析：必要性、框架及应用［J］.江苏社会科学，2008（6）：210.

［10］温红彦，杨明方.周济：素质教育是“老大难”问题 多难都要推进［N］.人民日报，2005-12-29（13）.

［11］阮成武.由冲突到分享：素质教育政策新视角［J］.中国教育学刊，2008（3）：7-10，20.

［12］全国人大教科文卫委员会调研组.加大教育经费投入 保障教育事业发展［J］.求是，2011（4）：47-49.

［13］范柏乃，张鸣.政府信用的影响因素与管理机制研究［J］.浙江大学学报（人文社会科学版），2009（2）：43-52.

［14］阮成武，庞波.义务教育县域均衡背景下县级政府的职能定位［J］.教育发展研究，2010（10）：30-34.

［15］刘海峰.高考改革：公平为首还是效率优先［J］.高等教育研究 2011（5）：1-6.

［16］邢永富.教育公益性原则略论［J］.北京师范大学学报（人文社会科学版），2001（2）：50-54.

［17］张学文.教育综合改革应由"教育工具论"向"教育民生论"转型："十八大"报告"努力办好人民满意的教育"之学理解读［J］.清华大学教育研究，2013（1）：17-21.

［18］金汉杰.安徽省农村税费改革与农村教育工作的思考［J］.中国教育政策评论，2001（0）：116-125.

［19］程红艳.教育公平与教育质量关系之辩［J］.南京社会科学，2014（11）：116-123.

［20］范先佐，郭清扬，付卫东.义务教育均衡发展与省级统筹［J］.教育研究，2015（2）：67-74.

［21］刘精明.中国基础教育领域中的机会不平等及其变化［J］.中国社会科学，2008（5）：101-116.

［22］王艳玲，李慧勤.乡村教师流动及流失意愿的实证分析：基于云南省的调查［J］.华东师范大学学报（教育科学版），2017（3）：134-141，173.

3.网络资源类

［1］霍小光.习近平：脱贫致富从根儿上要把教育抓好［EB/OL］.（2015-02-15）［2020-08-12］.http://politics.people.com.cn/n/2015/0215/c70731-26569572.html.

［2］中共中央 国务院.国家中长期教育改革和发展规划纲要（2010—2020年）［EB/OL］.（2010-07-29）［2015-03-20］.http：//www. moe. gov. cn/srcsite/A01/s7048/201007/t20100729_171904.html.

［3］习近平在全国教育大会上强调：坚持中国特色社会主义教育发展道路培养德智体美劳全面发展的社会主义建设者和接班人［EB/OL］.（2018-09-11）［2019-05-07］.http://cpc.people.com.cn/n1/2018/0911/c1024-30284697.html.

［4］温家宝.百年大计 教育为本：在国家科教领导小组会议上的讲话［EB/

OL〕.（2009-01-04）〔2010-04-19〕.http：//www.gov.cn/ldhd/2009-01-04/content_1194983.htm.

〔5〕中共中央 国务院.关于全面深化新时代教师队伍建设改革的意见〔EB/OL〕.（2018-01-20）〔2020-11-02〕. http://www. gov. cn/xinwen/2018-01-31/content_5262659.html.

后 记

本丛书的整理出版，有着几个方面缘由。首先，是完成安徽师范大学出版社交给我的一项任务，为母校安徽师范大学百年庆典准备一批学术作品。同时，也是在同事和弟子们鼓动下为自己从教40周年和跨入耳顺之年留下一份学术纪念。书中的字里行间印着自己学术探索和成长的行走足迹。

1983年，邓小平提出"教育要面向现代化，面向世界，面向未来"。那年，我在母校也是我现在的工作单位安徽师范大学读大学三年级。那时的人们，充满着对"四化"蓝图的畅想与信心，无论是校园广播里还是在学生宿舍的洗漱间里，到处都飞扬着《在希望的田野上》的欢快旋律。我们这些学教育学的同学，常常躺在宿舍的床铺上争论着教育的学术问题：有的坚持常春元教授在"教育原理"课上讲的教育是上层建筑的观点，有的同意于光远先生在文章中提出的教育具有生产力属性的观点，还有的同学则觉得给我们上公共课的刘楚明老师提出教育既是上层建筑又是生产力的观点更有道理。在那个经济拮据的年代，我们大多数同学都订阅了《教育研究》杂志，条件稍好的同学还订阅了多份杂志，追踪教育学术刊物各种充满学术论争的观点和歧见。这对我们这些刚刚跨入教育学的青年学子来说，是多么好的学术启蒙和引领！

我的教育研究之路特别是对教育现代化的研究，起步和基点都是始自我所从事的教育工作——师范教育及其服务对象——基础教育。回顾起来，我对教育现代化的研究大致上是从"小"到"大"，从"点"和"线"再到"面"和"体"，又是由"实"而"理"跃升的。对我的学术视野扩展和路线延伸起重要引领和提升作用的，是2001年在北京师范大学做访问学者期间，谢维和先生在指导我开展教师教育研究——随着教育现代化的推进如何将小学教师培养带入高等教育，以及随着教育现代化带来的教师专业化如何实现教师形象的提升与统整。同时，他基于教育社会学基本理论和方法形成的基础教育和高等教育的研究思路和论见，也深深启示了我。他告诫我，做教育研究一定要有国家视野、恢宏之气。此后，我的研究开始突围。这个"围"就是自己学术视野的局限。我尝试着将自己的研究问题引入教育现代化的历史进程和国际视野中，纳入更加全局和宏大的学术语境来思考和生发。

对我的学术突围发挥同样引领作用的，是 2008 年进入安徽师范大学政法学院攻读马克思主义基本原理博士学位，导师蒋玉珉教授，以及陶富源教授、王先俊教授等，他们从经济学、哲学、中共党史和新中国史等多个学科视角给我带来新的学术启示。特别是让我开始用马克思主义社会发展思想和人学思想，开展教育改革发展中利益协调及其制度创新问题的研究，并以此作为底层逻辑开展教育现代化的理论研究和政策研究。在此，我要向我的先生们致以诚挚敬意和感恩！

当然，对我的研究起到直接支撑和推动作用的，是我所在的工作单位特别是回到母校工作以来，在朱家存教授、周兴国教授的带领以及我本人的参与下，教育科学学院在学科和学位点建设进程中，我们的团队主要聚焦教育现代化进程中的教育公平问题、教师队伍建设问题，并将这些问题延伸到学前教育、义务教育、高中教育、职业教育和高等教育各个阶段和领域，形成教育现代化相关的基本理论研究、政策分析研究和技术应用研究。本书的一些成果正是团队成员参与、支持和合作所取得的。在这期间，学校领导要我牵头开展高等教育研究所和教师教育协同创新中心的创建工作，推助我由此开展相关问题的研究。这也使我关于教育现代化研究延伸到教育的更多更新的领域，在此过程中，我是一个参与者，但更多是一个受益者。

在最近 20 年的学术探索中，我的研究直接或间接地指向教育现代化。虽然很多研究的动因和语境并非直接指向这一宏大主题，但事实上，都是将教育现代化或作为背景，或作为目标，或作为论域展开的。在这一过程中，渐次形成一批以教育现代化的中国进路为中心论题的研究成果。比如，《学有所教：建立现代国民教育体系的新目标》（2008），《中国教师现代化的路径选择》（2011），《中国基本实现教育现代化的路径选择》（2012），《论中国特色教育现代化路向、路基与路径》（2012），《中国式现代化的教育定位与布局》（2023），《中国式教育现代化：道路与进路的辅成》（2023），等。本书收录的其他相关成果则是这一研究主题的不同形式和展开、延伸、深化。从社会发展和时代背景上看，这些关于教育现代化的研究成果，都是在国家推动教育现代化迈出重大新步伐的关键节点开展和取得的。这些研究也得到学术界和上级部门的关注和首肯。2021年，我以"教育现代化"为方向申报的国家重大人才工程项目特聘教授岗位得到批准。2022年，在学校和上级行政部门支持下，由我领衔组建的"安徽省教育治理现代化研究团队"，入选安徽省高校优秀科研创新团队，得以将教育现代化作为主题的学术研究进一步深入和体系化开展。我高兴地看到，一批中青年学者加入其中并迅速成长。这是教育现代化之需，也是教育现代化带来的学术际遇。在此，向支持这一研究的上级领导、我所供职的安徽师范大学的领导和教育科学学院同仁致以诚挚的感谢！

本丛书的出版，要感谢安徽师范大学出版社张奇才社长和戴兆国总编辑的大力支持，特别是编辑吴毛顺、孔令清，他们为本书出版付出了艰辛劳动。作为一名教师，所取得的研究成果总是离不开与学生们的教学相长。在日常教学和研究生指导过程中，学生们提出的问题或是帮助他们解决学术问题的过程，也是激发我不断思考和学术探究的过程。本丛书一部分成果正是我与博士和硕士研究生共同研究所取得的。还有，他们长期以来在各个岗位特别是在教育战线取得的出色成就和所做出的默默奉献，无疑是对为师者最好的勉励和慰藉。在此，也向他们表示感谢。

本丛书的大部分篇幅都曾在各类学术期刊发表并转载，得到编辑和审稿专家的大力支持和宝贵指导，在撰写过程中参考和借鉴了国内外学者的研究文献。这在书中都有标注并列入了参考文献。在此，谨向以上专家和同行表示衷心感谢。

从教40周年和耳顺之年的学术回顾，自然要感谢我的父母和家人。2015年，我在《教师职业的理性与诗意》一书扉页写下"谨以此书献给我的父亲和母亲，是他们教导我在人生的田地间不辍耕耘，播种并收获爱与善良。"现在，我只能以这套丛书告慰他们了。我的夫人张勤知女士数十年如一日，支持我的工作及人生的关键选择，给我提供生活上的照顾和事业上的协助。孩子从上学、工作到建立小家庭，直至取得国际领先的技术成果，靠的是自己的努力和小俩口的相互扶持。这些都使我有更多的闲暇和专注，潜心于学术工作。在此，我也要向我的家人们表示由衷感谢！

最后由衷说一句，本丛书关于中国式教育现代化进路的研究，只是对这一宏大学术话题和时代课题的一点点粗浅体会和心得，衷心希望得到大家的帮助和指教。

阮成武

2024 年初夏夜